NEW MARKETING

REVOLUTION AND TRENDS

新营销

变革与趋势

周艳　吴殿义　龙思薇◎等著

中国财经出版传媒集团
经济科学出版社
Economic Science Press

图书在版编目（CIP）数据

新营销变革与趋势/周艳等著．—北京：
经济科学出版社，2021.5
ISBN 978-7-5218-2557-2

Ⅰ.①新…　Ⅱ.①周…　Ⅲ.①市场营销学
Ⅳ.①F713.50

中国版本图书馆 CIP 数据核字（2021）第 089409 号

责任编辑：刘　博
责任校对：蒋子明
责任印制：范　艳　张佳裕

新营销变革与趋势
周　艳　吴殿义　龙思薇　等著
经济科学出版社出版、发行　新华书店经销
社址：北京市海淀区阜成路甲 28 号　邮编：100142
总编部电话：010-88191217　发行部电话：010-88191522
网址：www.esp.com.cn
电子邮箱：esp@esp.com.cn
天猫网店：经济科学出版社旗舰店
网址：http://jjkxcbs.tmall.com
北京密兴印刷有限公司印装
710×1000　16 开　17.75 印张　330000 字
2021 年 5 月第 1 版　2021 年 5 月第 1 次印刷
ISBN 978-7-5218-2557-2　定价：65.00 元

作者简介

周艳，中国传媒大学广告学院网络与新媒体系教授，《媒介》杂志编委会副主任。承担新媒体概论、新媒体运营专题、广告媒介实务等专业课程。主要研究领域：新媒体产业、内容生态、营销传播等。代表性著作有：《新媒体概论》《互联网的媒体化战略》《内容银行：数字内容产业的核心》等；代表性论文有《数据工具在媒体内容运营中的应用研究》《互联网下半场内容创作的乱象与破局》《内容价值管理产品的发展路径探析》《海外媒体用户运营观念及策略分析》等。

吴殿义，中国传媒大学广告学院网络与新媒体系副教授，内容银行实验室常务主任，《媒介》杂志核心编辑。承担新媒体概论、大数据技术与应用、数字营销技术原理、智能融媒体用户研究等课程。主要研究领域：新媒体产业经营、内容评估、营销技术、数据挖掘等。代表性著作有《基于全媒体大数据的内容价值评估体系研究》《新媒体概论》等；代表性论文有《视频内容跨屏传播评估的产品及其发展》《内容价值管理体系的发展路径研究》《数字化视角下的大数据七十年：发展与思考》《矛盾与回应：六问新营销》《数字化营销工具在图书营销中的发展与应用研究》等。

龙思薇，中国传媒大学广告学院网络与新媒体系讲师，内容银行实验室副主任，《媒介》杂志核心编辑，承担海外新媒体运营专题研究、新媒体专业英语、数字媒体营销传播、海外新媒体产业研究等课程。主要研究领域：海外媒体融合、品牌营销传播策略、营销技术、消费者洞察等。代表性著作有《内容银行内容价值评估体系的方法研究》《海外媒体融合运营》《互动营销案例 100》等；代表性论文有《海外传媒集团数字化转型的路径与思考》《区域自媒体运营特征及内驱力研究》《海外媒体用户运营观念及策略分析——以 Disney、BBC、ViacomCBS 为例》《海外媒体巨人的智能融媒体平台建设》等。

作者简介

前言

当前，我们的市场面临着百年未遇的变局：从宏观角度来看，全球经济呈现出“L”型走势，进入所谓的“新常态”，这意味着利润获取的难度增大是必然的；商业市场环境复杂多变，产品的生命周期变短，消费者的兴趣产生与转移可能就是一眨眼的工夫；从信息传播的角度来看，互联网作用之下，各类媒体“核爆样”的增加，信息传播数量之多、更新速度之快……

面对知识、信息、环境的碎片与动态交织的局面，营销人显得有些无所适从，形式纷繁复杂，掌控难度增加，带来选择困难且效果难以计测。这反过来又导致思维的碎片化、路线的碎片化和策略的碎片化。

因此，对于营销从业者而言，是时候重新审视自己的行当——“营销”了。即使碎片化已经湮没了我们的视野，但作为营销人，不能丧失审视这个时代以及消费者的能力。站在一个未曾经历的十字路口，有必要将营销的本质核心、战略目标、实施路线、技术手段等进行梳理，理清原点方可议论未来。

重归原点，先要回答“营销是什么”？教科书、行业协会都已给出太多版本的概念解释，笔者更倾向于“营销是供需双方消除信息不对称以达到交易的平衡状态”的简明概括。不论世界如何改变，“营销”所努力实现的即为供给方明确需求方的需求痛点，需求方获悉供给方的服务所在，信息传递中促成交易的这一可持续循环的过程，本身并未发生变化。

那我们历时四年持续思考和探索的“新营销”趋势与变革又如何理解呢？市场环境剧变之下，营销所面临的已非传播或转化单一命题的调整，而是多个核心变化的叠加冲击，新的逻辑与模式自然成为探索方向。新营销需要我们真正回归消费者视角，思考如何与消费者建立持续而长久的关系，从单次的“买卖”变成长久的“共生”，长期服务、全周期挖掘价值，实现闭环运营。

因此，新营销的解决方案，不应该是各种营销工具的低维组合和几何叠加，也不是传统营销方法的局部优化；它是基于对营销本质需求的深刻理解、对消费市场质变的敏锐洞察、对新型传播规律的体系性思考、对销售促进要素的整合高效利用，从而对商业要素进行创新重构，并构建形成理论、方法、工具齐备的完善体系。

具体而言，“新营销”的“新”体现在以下三个核心逻辑。

逻辑之一，体系化重构。

种种新常态之下，新营销是理念、目标、实操策略等各个方面的思考与认识。

在宏观环境方面，我们告别了高速增长，进入新一轮转型阶段，市场空间依然广阔但竞争也空前激烈。卖方市场刚性需求主导的“黄金时代”已经过去，买方市场弹性需求占据舞台，商业体系自然相应发生变革——商品交易不再是终点而是起点，紧随其后的是将商品服务化与资产化，持续运营与消费者的关系。

与此同时，当下的营销者所面对的，已经是在信息和物质丰裕时代成长起来的新一代消费者，他们生于重叠铺展、无限衍生的网络世界，随时变迁时刻跳转。他们对物质的满足感趋于平淡，对多样化、人性化的服务和体验更为重视和渴求。极度碎片、分割的时空和需求，和商品消费增长渐趋平稳的总体市场，共同构成了营销者所面临的新环境。

在媒体和渠道的两端，均出现了平台与碎片的聚散博弈。一方面，巨头把持数据、用户、流量与通道，成为营销中无法回避的“权力者”，似乎已将登顶王座；另一方面，平台的成本高企、数据封闭、效果“黑箱”，又带来细分角色的潜流暗涌。同时，无限的内容与商品，自然导向社交化的信息流转，不同的媒体、渠道，与多样的社交形式、圈层，交织形成空前复杂动态的传播与销售格局。

环境急遽变化，高速增长市场中潜伏的危机无所遁形，诸如流量造假、销售转化低下、营销资源浪费等乱象在近几年集中爆发。在商业底层逻辑发生变革的背景下，对营销进行升级的需求愈发凸显，并且，这种升级不能停留在单点的改进和创新，必须是体系化的重构与再造。

逻辑之二，运营为王。

动态复杂环境下，不再有什么万用灵药，一切营销要素都在动荡之中，企业需要通过信息、情感、利益、服务等纽带来搭建更深层、更高频的用户关系，从而构建竞争壁垒。这其中尤其应重视内容、社交等元素的价值，展开精细化的运营。

内容需要精细化运营。在层叠交错的时空中捕捉心智开展互动，优质内容不可缺位。内容出现在与消费者沟通的各个维度，包括邮件、短信、海报、话题、直播、短视频等。营销所需内容动辄数以万计，碎片内容应做物料化管理，非此无法兼顾效率与安全。而在内容传播扩散过程中，方方面面的关系、需求要及时回应和反馈，内容既处在动态变化中，则必须管理好各种角色、技术与内容，共同创造价值。

社交需要精细化运营。商品价值的实现需要转化力，持续销售则依靠社交关系。社交连接建立有赖于各种“人”，营销中存在不同类型的角色，或可击穿圈层或可贴身服务、或具专业性或具区域力，种种能力不一而足，找到、评估，继而组合、赋能、培训、管理与激励，才能实现单点到动态多点的有效连接。连接亦有赖于各种“场”，渠道已非双线，媒体中亦随处可见社交元素，社交渗透入传播销售的方方面面，连接建设自然需要在此发力。同时，必须置入简便快捷的销售入口或商品信息，让连接之触点成为转化之结点，方为有效连接。

逻辑之三，营销技术的内化。

人力无论如何不能应对万花筒一般的新环境与消费者，依靠传统手段去捕捉变动不居的消费者已不可能，基于大数据的技术可以为营销者所用，甚至必须要为营销者所用。这其中尤其要关注的，在于营销技术的应用绝不是简单的购买，而必须通过“内化”真正落地。

数据是智能的支撑材料，企业营销可用、必用的数据，类型多样来源宽广，有些是企业长期积累但并未给予足够的关注和整理，有些是位于外部可以通过各种方式索取或合作，也不乏重要数据而企业无法触及，总之数据实际散落各处、格式权限均不统一，亟须归拢。掌握数据，此为内化的第一层含义。

围绕着营销技术的种种概念不断出现，提供营销技术的企业林林总总，既有大型的营销技术平台，亦有小而美的垂类技术服务商，还有针对营销技术落地而提供施工方案的专门机构。这其中所涉技术门类又更加复杂多样，数据库、数据挖掘、自然语言处理此类“老概念”自不必提，区块链、深度学习等新概念不断浮出水面，对这些技术、机构的应用与组合，才是对营销者的真正考验。市场上从不会有放之四海皆准的万灵丹，所有的技术、数据、合作者只有在营销者具备理解力的前提之下，才能真正发挥价值。理解技术，此为内化第二层含义。

数据与技术均在掌控之中，还需将其转化为具体可用的操作性工具，而不是在数据仓库中空转、蒙尘。要知道一线的营销者亟须工具系统来达成营销目标，无论是动态的价格体系、多样的投放管理，还是海量的内容创意、实时的客服响应、便捷的转化交互界面，千头万绪之中既要结合自身情况把握优先级，又要贴紧一线的需求真正实现效率提升，绝非易事。打造工具，此为内化的第三层含义。

总之，市场恒新、变局恒存，唯有依靠全面观察与冷静判断。我们深信变化背后有其根源，直面变化应是求得答案的最短路径。新环境、新理念、新趋势、新变革，由此四维，持续四年的研究铺开了一幅新营销的全景，希望能够带来一些思考。

迈入充满考验和机会的新商业时代，企业不得不走出舒适区，对内整合再造，对外赋能共赢，理清与产业各方的利益连接，打通媒介和渠道、传播和销售，在市场中获得新动能。

市场依然广阔，只是换了新颜。时代转变、破旧立新，这样的过程必然伴随着阵痛与取舍。营销人必须理性看待、冷静处理新旧交替中的起伏动荡。希望我们对于新营销的探索，能够给业界带来一些思考与启示。

新营销的研究历时四年。这一研究的源起，得到了行圆汽车创始人邵京宁先生和公司姜叶女士的大力支持，新营销 2.0、3.0 的研究中，也多次与邵京宁先生、姜叶女士交流，获益颇多，在此特别致谢。在研究过程中，我们走访了广告主、媒体、代理机构、数据服务机构等行业各方角色，并撰写了大量前期成果，在此基础上完成了这部书稿。在此感谢百胜集团、宝洁、中国银联、长城汽车、雀巢中国、蓝月亮、雅培、美赞臣、创维酷开、链家地产等广告主，以及谷歌、亚马逊、领英、快手、京东、字节跳动、孩子王等平台，甲骨文、Salesforce、碚曦投资、行圆汽车、电通安吉斯中国、安索帕、德凯威、传立、竞立、省广股份、英扬传奇 & 喜邑互动、聚胜万合、国双科技、尼尔森、秒针、酷云、二更、车影工场、青藤文化、特赞、筷子科技、赛诺贝斯、微思敦、安锐卓越、58同城、亦复互动、映天下、天擎天拓、集和等营销服务机构提供的支持，感谢业界同仁分享一线的宝贵经验和深刻思考。

这本书是团队合作的成果，谨在此感谢研究团队的付出和努力，感谢马涛、吴凤颖、甘玲、崔阳阳在第一部分“环境篇”中的贡献，感谢陈苏城在第二部分“理念篇”中的贡献，感谢关瑶、甘玲、吴凤颖、高国华、周晓琳、亢得霖、朱容州、陈可缨、王仁铎、张漠、聂乃知在第三部分“策略篇”中的贡献，感谢陈苏城、周晓琳、张泽群、吴倩、崔阳阳、胡睿忱、林沛杰、潘子卿、赵轩、李及言、尚晓东、施扬峥在第四部分“趋势篇”中的贡献。从2017到2020年，与大家在广告学院501研究所共同推动新营销研究，是难忘的回忆。

周　艳

2020年12月1日

目录

第一部分 环境篇

第二部分 理念篇

第三部分 策略篇

第一部分

环　境　篇

在新的经济、技术、人口等环境下，消费者、媒介、品牌价值等都在发生深刻变革，营销传播、销售转化面临着新的命题，而传播、销售的分离又更进一步加剧了这种挑战，营销正在全面进入新时代。

第一章

新营销，新环境

第一节 行业巨变

一、消费者之变：认知和触达难度增大，亟须更深入的消费者洞察

消费者是所有营销活动的中心，消费者需求的改变影响了广告主的营销定位，更推进了媒介环境的加速变化。当今消费者热衷追求品质消费，分散在更加细化的圈层部落中，想要准确认知并精准触达目标消费者，需要营销者进行更深入的洞察研究，将洞察的维度和视角深入到精神内核领域。

（一）卖方市场转向买方市场，消费需求发生结构性变化

在消费升级大趋势下，越来越多的消费品类由卖方市场向买方市场变迁。买方市场意味着供给的丰富，此时消费需求出现结构性变化，弹性需求成为主导，消费者更关注品质格调、个性专属、体验服务等（见图1－1）。

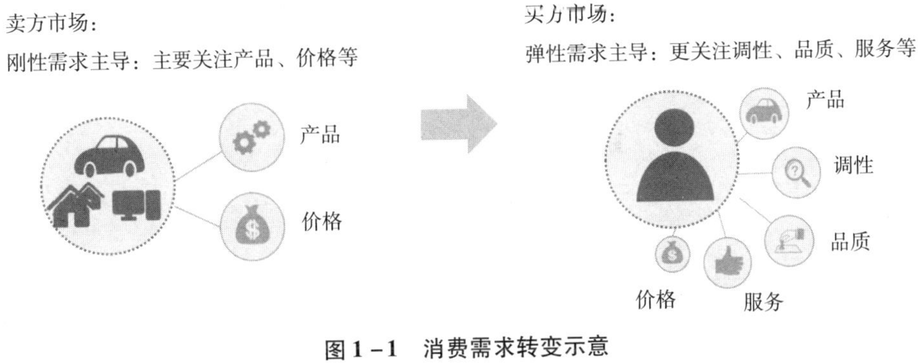

图1－1 消费需求转变示意

消费需求的转变在很多消费领域都有所体现。例如，消费者增加更多支出购买更优质的旅游产品，而不再是省吃俭用或主要消费于购物；消费者最重视的消费因素是就餐环境，而非口味、价格、口碑；年轻人的消费趋势中包括宠物修剪毛发的开销已经高于主人理发的费用；在汽车消费领域年轻人在汽车消费领域对个性的追求，购车时更关注汽车的“颜值”，是典型的“外貌协会”。可见当今消费者更关注产品的调性、品质、服务等，消费需求已发生明显变化。

消费者需求的变化对市场提出了新的要求，产品极大丰富，同质产品竞争激烈，在这种供大于求的背景下，消费者成为商业市场第一核心，深度洞察消费者心理需求，成为未来营销的必修课。

（二）消费市场分崩离析，圈层营销异军突起

消费市场的分崩离析，一方面使消费者摆脱原先的固化模式束缚，消费行为更加自由；另一方面消费者呈现多样性，消费群体越来越细碎，消费行为快速变化，给认知和触达消费者带来困难。具体表现为伴随着互联网和社交网络的发展，消费者分散到无数“圈层”之中，形成一个个重叠分布的群落，使得碎片式的消费行为特征愈发明显（见图1-2）。

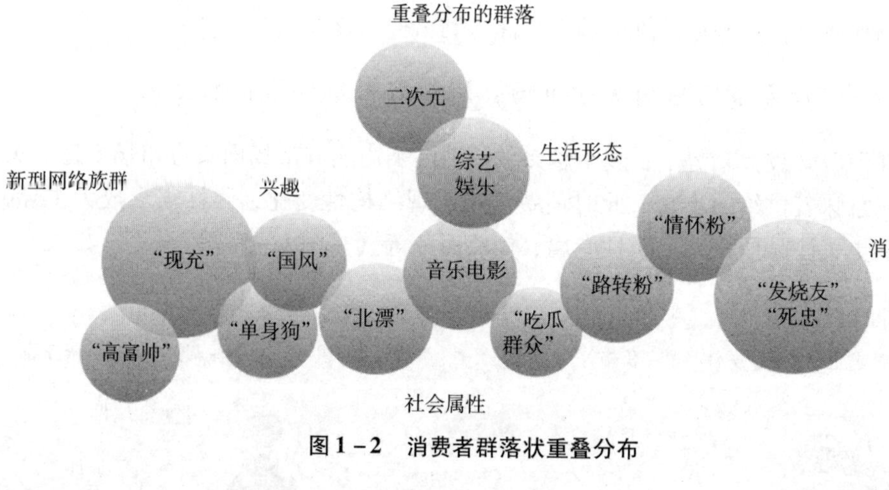

图1-2 消费者群落状重叠分布

新观点

对企业品牌来说，原先的按年龄、按地区的切分方式已经很难找到目标消费

者，因为消费者已分散在一个个圈层部落中。

——娃哈哈集团原市场部部长①

历史较久的品牌在互联网下半场面临的营销痛点在于消费群体发生巨大变化，从原先“70后”“80后”到“90后”“95后”消费者。如何让品牌同时存在不同的个性，利用不同渠道与不同圈层的消费者进行不同内容的沟通，且建立品牌认同成为一人难题。

——梅赛德斯奔驰市场部原高级经理②

（三）形成对消费者全方位、多层次的立体洞察，营销才能行之有效

传统营销中惯用的、基于人口特征基本属性进行人群细分的方法颗粒粗糙，已经很难真正准确地认知消费者，在营销中更无法做到精准识别和触达目标消费者。如今的消费者洞察需要更加深入精神内核层面，其洞察的视角和方法也需要随之变化（见图1－3）。

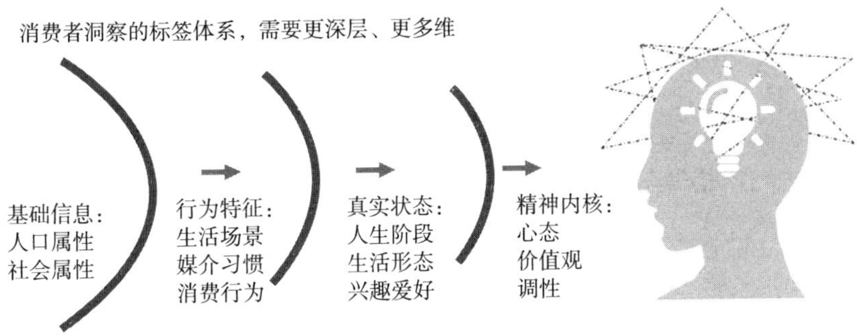

图1－3　消费者洞察的视角和方法

宝洁公司大中华区品牌营销及媒介部及消费者洞察部副总裁何亚彬指出，科学研究发现，人们95%的决定是感性的，只有5%是理性的，大多数品牌购买都是消费者在短时间内做的感性决定，把握住这95%的感性，触达并打动消费者，是品牌占领消费者心智空间的法宝之一。

无论如何，能够直击消费者内心的营销才是成功的营销，未来营销不能停留

①②　娄钟元．关于营销变革与创新方向，业界大咖的观点分享［J］．国际品牌观察：媒介，2017（11）．

在对消费者的浅层次分析上，需找到更行之有效的消费者识别方法，在大数据和人工智能加持下打造“读心术”，分析消费者的人口特征、行为特征、真实状态、精神内核，完成对消费者的立体洞察，技术的进步为此提供了可能。例如，电通安吉斯集团开发过十几款最新数字营销创新产品，这些展品结合了虚拟现实、机器人科学、人脸识别、实时情绪解读等前沿技术。安索帕上海 NowLab 实验室的研究成果“BVRAIN”头戴装置能视觉化呈现大脑活动和情感，并能通过情绪分析对消费者进行深度解读。在消费者通过头戴产品观看视频的过程中，系统能够分析消费者的心理、情绪以及对视频内容的反应，将大脑情绪归结出兴趣点、喜好、专注、压力以及困意这五大指标，并基于这些指标向消费者推荐适合的产品。

可见营销者为洞察消费者做出了种种努力。虽然受技术成熟度的制约，这些方法尚未普及，但也为深度解读消费者提供了有益的启发。

二、品牌价值之变：泛品牌时代，品牌需要与消费者建立情感连接，并与销售协同打造营销闭环

与消费者需求变化相对应的是，品牌的价值和含义也发生了巨大变化。企业的品牌价值越来越多地反映在独特价值主张、内容型的沟通载体、与销售的协同关系等领域。

（一）非使用价值正在成为品牌价值的核心构成要素，主导消费

狭义的品牌时代，营销沟通在“使用价值”的导向下，品牌概念单一，消费者更关注产品特性、性能价格、功能描述和参数设置等，商品的使用价值是品牌核心。

泛品牌时代，弹性需求渐渐主导消费，用户更关注和认同商品的非使用价值，导致商品的必需属性大大降低，一方面品牌概念多元化，另一方面消费者又追求价值观的认同，使得企业品牌与消费者建立情感的连接成为必须（见图 1-4）。

因此，高高在上、单一围绕使用价值的品牌概念，未来将难以获得消费者的共鸣，品牌必须提炼并塑造自己的独特品牌价值，提出有意义的价值主张，与消费者共情，从而占领消费者心智。

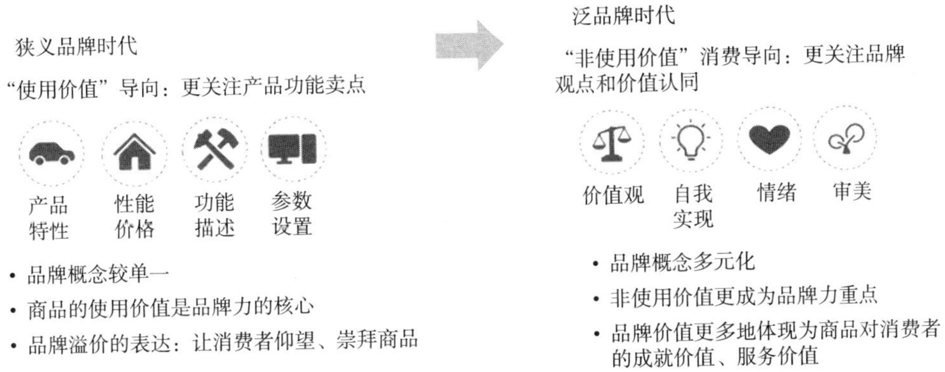

图1-4 品牌价值的核心构成要素

新观点

传统的品牌理念大部分已经不符合当今领先公司的创新实践了，原因很简单——品牌的诞生是围绕工业化产品生产展开的，而互联网推动的社会化信息和社会化商业模式正在颠覆工业化的价值链传播模型。

互联网时代，品牌的价值会越来越体现在“连接”上，广告主把更多的预算放到社交媒体上就是通过增强与消费者的碎片化沟通度提高连接；对内容营销、内容工厂的重视也体现了不同内容匹配不同的消费场景的连接需求；作为驱动品牌力最重要的要素“服务性”也是以先与消费者建立连接为基础的。由此，我认为现代品牌理念基于“连接”，高势能连接造就“高势能品牌”。

——英国《金融时报》中文网专栏作家①

（二）去广告化趋势下，优质内容成为更有效传递品牌价值的载体

新环境下，消费者对广告屏蔽工具、付费会员等多种方式愈发青睐，去广告化已成为不争事实。单纯依赖传统硬广的营销模式，信息传达广度和深度有限，难以有效传递商品的非使用价值。相比之下，借助趣味感性的、软性植入的、能够激发消费者共情的优质内容开展营销活动，正逐渐成为行业追捧的新模式。新营销中，品牌价值的塑造方式将会是感性驱动、内容统领（见图1-5）。

① 周掌柜．为什么大企业总是需要“危机公关”？［J］．公关世界，2019（3）：28-31.

内容型广告

内容为王，强调与消费者的心理契合

图 1-5　内容型广告载体

美国内容营销协会（Content Marketing Institute，CMI）的研究发现，B2C（business to customer）企业会加大内容营销占总营销预算的比例，未来还会继续增加内容营销预算。

品牌如何通过内容达成情感沟通？奥迪的知识性内容营销就是一个很好的例子。例如，奥迪在其官方平台以“自黑”的形式回答了一个消费者问的老问题：“为什么说奥迪是灯厂？”吸引了很多读者阅读，成功获得了大量关注并有较多用户参与讨论，成为品牌知识性内容营销的范本。

（三）营销要兼顾品牌与销售，协同一体才能打造品牌价值

在以消费者为中心的时代，品牌只有被消费、被感知，才能形成品牌印象，具有真正商业价值。如何完成闭环、实现品牌塑造、销售促进的协同一体，是市场对于新型营销模式提出的根本性问题。

现在，越来越明显的趋势是消费者通过“消费”来感知品牌价值、并以此形成对品牌的印象。企业品牌更加渴求销售转化，希望通过品牌营销来实现真正的业务增长。因此纯品牌曝光的营销份额将会日趋减少，销售促进成为更重要的营销目标；营销需要同时提供消费入口，信息与商品同步分发，达成消费转化的闭环。

在传统营销过程中，广告的品牌传播取向和效果转化取向通常难以兼顾，因此有了品牌广告与效果广告这两种相对独立的划分。但是为了保障市场增长，可口可乐于 2017 年任命新的高管职位——首席增长官（chief growth officer，CGO）以取代运行 24 年之久的首席营销官（chief marketing officer，CMO）职位，新任 CGO 迅速采取行动来扭转公司的业绩颓势。可口可乐这一举动更能准确表达企业把“增长”作为营销战略的目标。英国行业媒体《营销周刊》（*Marketing Week*）

评价：这次调整标志着饮料巨头正持续转型为“以增长为导向，以消费者为中心”的饮料公司。

新观点

我们注重“触达、效果、成本”，触达越高，对品牌的认知越强，带来的长期销量越好。今天，触达和效果的难度增加了一倍，媒体人就是在解决这些挑战，要把触达做上去。

——宝洁大中华区品牌营销及媒介部、消费者洞察部副总裁①

越来越多的厂商思考的不仅是如何卖产品，而是让体验过我产品的消费者成为我的买家。品牌个性是否被消费者接受，看的不是通过另类出格的方式博得眼球，而是走进消费者内心。

——蒙牛冰品市场总监②

三、媒介环境之变：用户注意力稀缺，媒介环境呈去中心化状态

随着互联网进入下半场，用户普遍呈现“浅”状态，注意力稀缺。同时，媒介环境越来越去中心化，致使品牌营销的效率降低，旧营销体系日趋乏力。如何抓住消费者有限的注意力，在更多、更碎、更快的媒介环境中实现突围，是营销者需要解决的问题之一。

（一）媒介环境复杂，用户普遍呈现“浅”状态

互联网下半场的环境下，信息密度大，注意力稀缺、用户消费呈现出一种典型的“浅”状态，即浅阅读、浅尝试、浅接收、浅分享等。用户的可选机会多，停留时间短，注意力不断变化，必须正视的现实是：用户没有主动寻求信息、学习认知的意愿，更没有层层周转的耐心，而且很“健忘”。

根据 Socialbakers 公司曾经对脸书（Facebook）上年轻群体观看视频情况进行调查。结果显示，完成率排名前 25% 的视频时长不到 21 秒，20% 的用户在开

---

① Diana Pearl，岳璐．全球营销大师们的关注点都在哪儿？[J]．国际品牌观察，2020（34）：40－42.

② 高璐．蒙牛冰淇淋聚焦品牌高端化［J］．成功营销，2017（Z1）：40.

始观看视频后的10秒左右离开；33%的观众在30秒左右离开；45%的观众在1分钟左右离开①。年轻群体“浅”状态突显，意味着短视频需要适应网民在移动端日益减少的耐心，力求在前20秒吸引消费者。

本书的研究整理了一些权威数据，分析发现更多、更碎、更快的媒介环境是造成用户“浅”状态这一现象的重要原因（见图1-6）。

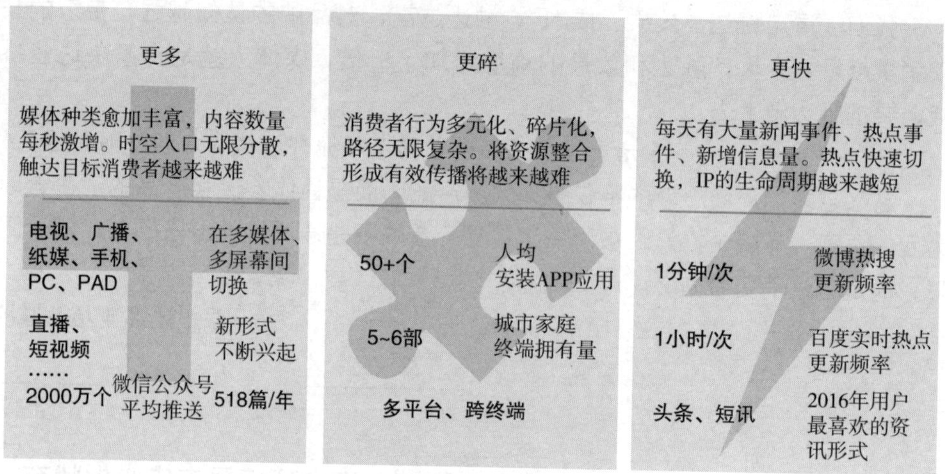

图1-6 媒介环境的特点

资料来源：极光大数据．2019年Q2移动互联网行业数据研究报告［R］. https：//www. jpush. cn/reports/402.

另外，信息迭代速度缩短在1分钟以内，信息的搜索更新频率已达每分钟一次，“阅后即焚”，IP生命周期变短，人们更加偏爱短文章、短视频。而且随着媒体种类的丰富，新的内容呈现方式不断浮现，以秒级递增的内容数量让人目不暇接。这些都侧面凸显了消费者“浅”状态的程度之高。

因此在这种媒介环境下，传统营销的某些操作如同拳头打棉花、倍感乏力。如何构建更为立体、集约的传播分发体系，从而在高密度的信息环境中突围，成为营销者需要重点关注的问题。

（二）媒介去中心化，信息密度越来越大，营销击穿市场的难度加大

计算机互联网时代的信息集中、密度低，因此品牌营销效率相对较高；而在

① Erik J Martin. What you can learn from short form video［EB/OL］. http：//www. econtentmag. com/Articles/News/News－Feature/What_You_Can_Learn_from_Short_Video_100141. htm.

互联网下半场去中心化的营销环境下，移动化渗透加剧，信息分散、信息密度大，这就导致品牌营销效率降低，营销击穿市场的难度越来越大。

一方面，用户的地位愈发强势，有了更多自主选择的权力，对接收的信息也有了更多的要求；另一方面，随着新兴行业的不断涌现，大量应用分散了原来相对集中的流量，“绑架”着用户的注意力资源。如即时战略游戏、短视频、手机动漫等新兴领域的同比增长率都十分可观、涨势明显，使去中心化的移动互联网环境更加复杂，给品牌带来了更多挑战。

（三）营销将向高维、高密度的结构演进

随着传播环境复杂程度加剧，营销的媒介组合模式一直呈现从低维到高维的演变趋势。在日趋碎片化的移动互联网背景下，未来的营销必然要求形成全网域的、立体动态的传播分发体系。

一维模式下，营销活动发起者的发散力和影响力很集中，如最早的传统媒体，消费者只能被动地接收媒体投放的信息；一维到二维的转变意味着人们可以接触的媒体渠道增多，垂直、门户类网站出现，搜索引擎被大量使用，消费者能够进行自主选择；社交网络的出现使营销活动向三维模式发展，营销者还要考虑消费者在社交媒体、朋友圈的信息传递；发展到完全碎片化的移动互联网时代，营销组合将向四维模式演进，除了对时空、人际关系的考虑，还要深入探寻消费者当下的情感状态，形成全网域的、立体动态的传播分发体系。通过全网统筹、动态分发应对消费者路径碎片化；通过高密度传播渗透应对消费者浅状态（见图1－7）。

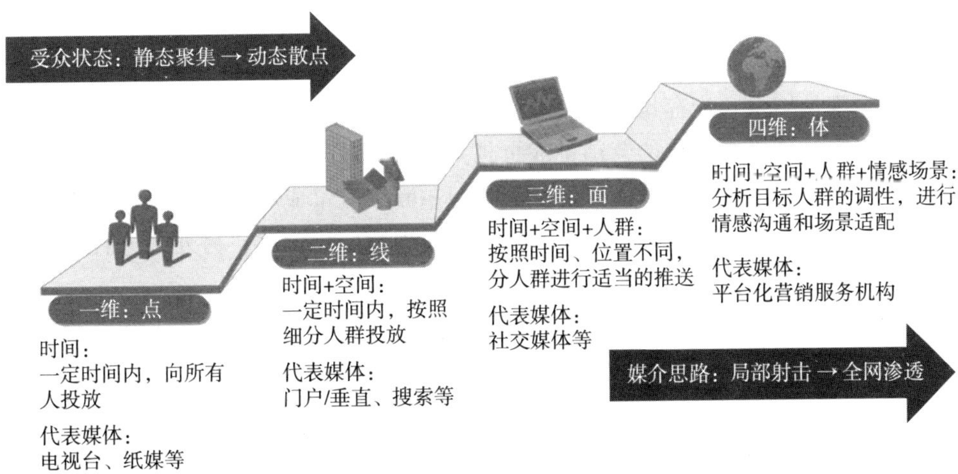

图1－7 营销高维结构演进示意

新观点

营销变革趋势，表现在三个方面：一是数据应用。互联网营销和传统营销渠道最大的区别在于数据的丰富程度。如今面临的最大挑战是如何从海量数据中找到有价值的那一部分，帮助解决营销问题。二是消费者变化。当下品牌营销愈发成熟，消费者口味也越来越挑剔，如何吸引消费者的注意成为企业破局的关键。三是渠道变化。目前传播方式越来越多，微博平台的广告形式已经多达 30 余种，阿里推出淘宝直播、淘宝二楼等全新形式，营销产品选择以及媒介渠道组合成为代理公司需要帮助品牌解决的问题。

——竞立中国区社交媒体总经理①

第二节　营销挑战

一、传播渗透层面：红利逝去，乱象频出

（一）红利逝去，简单流量思维难以为继

不论是传统媒体还是新媒体，用户数量增长接近“天花板”，覆盖也好，流量也好，都从增量转为存量，红利逝去，呈现出碎片化、分散性、成本高、线上线下无界限等特征，相应的营销挑战也越来越大。

大型媒体平台把控流量入口，形成资源垄断，流量成本上升；流量入口愈发多元，流量碎片化、分散化，品牌难以实现集中性广而告之；另外，还有虚假流量泛滥、真假流量难辨、流量价值性下降等现象的存在。

对此，营销必须抛弃“流量至上”论，精细化运营、驾驭流量，而非被简单流量思维绑架。

---

① 娄钟元. 关于营销变革与创新方向，业界大咖的观点分享［J］. 国际品牌观察：媒介，2017（11）.

（二）“速食性”内容泛滥，盲目追逐热点徒劳无功

媒介入口被巨头垄断，内容被营销者锁定成为新的来源和出口，内容营销崛起。但是盲目追逐热点内容造成“速食性”内容泛滥，搅乱了内容市场，营销不够聚焦、不够精准、不够连贯，营销收效甚微。

首先，多元内容涌现，“速食性”内容稍纵即逝，但精神内核不聚焦，留给消费者的印象模糊；其次，内容输出盲目追逐热点，缺乏对用户心理的深度洞察，导致营销出现定位偏差；最后，短线营销内容运作频繁，缺乏连贯性、体系性，内容断层现象严重，传播效应难以积累。

对此，营销必须以数据驱动内容生产，提炼个性 IP，持续内容输出、建立消费者情感连接。

新观点

什么是有价值的 IP？真正打动消费者的 IP 化内容，本质上就是在特定的历史时期内社会成员的某种普遍心态。只有抓住这种心态，并把它内容化、IP 化，才能够引起广泛的思想认同和情感共鸣。这样的优质 IP 内容，就能够带动品牌推广和商品销售。

——行圆汽车创始人、董事长兼首席执行官①

内容变革的时代下，营销不再是塑造品牌，而是塑造 IP。高度个性化、强内容环境下，增进品牌内容的聚合力已经成为刻不容缓的命题。

——@ comm 创始人、总裁②

哗众取宠地追逐网络热点和复制粘贴网络俏皮话对品牌价值没有实质性帮助，就像可口可乐那样在每一次沟通中让消费者感受到品牌的真诚才是最有效的沟通。

——蒙牛冰品市场总监③

越来越多的广告主意识到，当你投一个 IP 的时候，不仅仅是在某个季节就某一个产品上市打造一个爆款而已；而是跟着内容一步步往前走，慢慢积淀

---

① 吴殿义．产业变局中的汽车营销——专访行圆汽车创始人董事长兼 CEO 邵京宁［J］．国际品牌观察：媒介，2019（10）：58－61.

② 周艳，吴殿义．新营销变革全景［J］国际品牌观察：媒介，2020（5）：26－33.

③ 高璐．蒙牛冰淇淋聚焦品牌高端化［J］．成功营销，2017（Z1）：40.

下品牌资产。

——合一集团首席运营官①

（三）中心化结构的投放组合，广度精度皆已乏力

新环境下，消费者分散于碎片化场景中，呈动态流动之势。此时，中心化传播结构的媒体组合投放方式所具有的覆盖优势不再，营销信息传播的广度与精度皆难达到，营销效果大打折扣（见图1－8）。

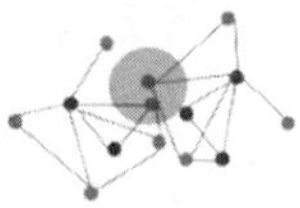

营销活动采用一网一站或有限的静态媒体组合，无法实现多场景下流动状态的消费者覆盖

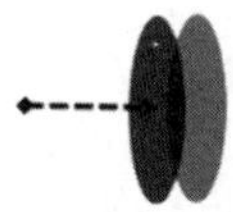

模式化媒体组合缺乏系统性、针对性的场景规划，有限营销物料常规性投放，信息密度不足且粗放，难以击穿市场

图1－8　中心化传播结构

过去在传播策略上主要以有限的静态媒体组合为主，使用有限的营销物料进行常规性投放，信息密度不足，无法实现多场景下、流动状态的消费者覆盖。

新营销在传播策略环节，必须兼顾广度和深度，实现全网域消费场景的精准覆盖，高密度内容分发的持续渗透，以消费者为核心，多维洞察，主动投送，从“信息等人”到“信息找人”。

新观点

营销领域专业媒体 Campaign 针对“如何应对全渠道营销挑战”问题采访了100多位全球CMO和营销决策层，结果显示：目前，全渠道营销下，困扰企业营销最为重要的问题是企业数字化转型受阻，单渠道优化难以满足营销需求。另外，用户碎片化、去中心化导致营销效果难以集成，用户行为轨迹难以全部覆盖，无法实施高效营销策略。因此，碎片化、局限性的营销信息难以支持企业精

① 谭爽，王亚娜．越年轻越娱乐　动员了半个娱乐圈的“年轻的选择”2016优酷盛典［J］．成功营销，2016（12）：26－27.

细化运营，企业营销必须考虑全渠道的广度与深度覆盖，打通用户数据，才能真正洞察用户，支持企业运营。[①]

（四）流量假象，传播失效

流量假象主要表现为虚假流量多、流量成本高以及流量浪费大。众多企业都会遭遇"假流量"困境，大量的虚假流量导致流量成本不断被拔高，营销费用的浪费也陡然上升。

根据秒针系统数据显示，2018 年 1 ~ 6 月国内互联网市场中，无效流量占比为 28.8%，形势较为严峻；分行业来看，快消、电子、汽车、互联网科技等行业是无效流量的重灾区。

在国外，Bot Baseline 的一份报告显示，虚假流量导致的美国广告主的经济损失在 2017 年约达 65 亿美元。在 YouTube 上，部分用户为了提高自身账号的商业价值，大量购买虚假流量。[②]

根据纽约时报的调查，美国出现了专门为 YouTube、Twitter、Instagram 等提供"流量贩卖"服务的公司 Devumi。该公司在三年内卖出 1.96 亿 YouTube 观看次数，收益超过 120 万美元。[③]

虚假流量之所以成为行业性弊病，背后是媒体平台、代理公司、数据方等各方在利益驱使下的裹挟，更是企业在不合理的关键绩效指标（key performance indicator，KPI）考核下的妥协与无奈。广告主深受虚假流量的损害，开始反击，大幅缩减预算，价格甚至逼近媒体和代理商的经营成本；媒体和代理商无奈之下，不得不进行流量作假，形成恶性循环。

在本书调研中，国内某快消品牌市场部部长告诉笔者："整个媒体碎片化到现在这个程度，广告主很难了解哪些流量是真、哪些是假。我们有时候想用互联网事件营销来造势，可是如果我们的代理公司执行事件营销的时候不找水军、不造假，又看起来没有人气，也达不到我们的内部考核要求。"

还有国内某金融品牌的营销总监也提道："公关公司自己刷流量的潜规则我们了解，但完全不用流量型 KOL 也有点怪，所以我们多少还是会尝试一些，但

---

① 马涛，周艳．营销进化的六个题中之义［J］．国际品牌观察：媒介，2017（11）．

② Bot Baseline 2016 – 2017，https：//forum.equinix.com/assets/images/files/ANA_WO_BotBaseline2016 – 2017.pdf.

③ 凤凰网．为何互联网中概股总是被做空？https：//tech.ifeng.com/c/81tZ3zn5FPs.

效果怎样？我们只知道阅读数、点赞数有没有能达到要求，但无法判别是真实的人在看，还是虚假流量。”① 这些都反映出广告主面对虚假流量的纠结心态。

二、销售转化层面：成本高企，衔接不足

（一）销售转化衔接不足，品效合一不尽如人意

多元营销方式搅热营销圈，业界热议品效合一、销售转化，但由于缺乏有效的集客和转换衔接，实际转化效果并不尽如人意。

过去在营销上追求信息及时广泛地传递到消费者，但营销、销售环节转化路径过长、消费者流转损失大。消费者与销售之间缺乏有效引导，平台的积累和再利用能力弱，每次营销活动都需重新建立消费者连接，获客成本高，集约度低。对此，新营销在操作实践上必须搭建即时转化入口及引导平台，降低消费者流失率，引导销售转化。

（二）营销成本高启，效果提升有限

企业营销成本居高不下，而相应的转化和收益却落之尘后、难以同步，不论是宝洁这样深耕中国市场30多年的巨擘，还是伴随新兴市场新进入的其他品牌，都深感到传统营销模式失效带来的压力。根据宝洁2016年财报数据显示，宝洁2016年广告费用高达72亿美元，但巨大的广告投入却并没有换来品牌销售的快速增长，2016年宝洁的销售额仅有653亿美元，利润134亿美元，还不及公司10年前2006年的水平。尽管近两年宝洁在营销方面开启了瘦身计划，推行改革，但收效仍旧不尽如人意，2017财年宝洁的销售额为651亿美元，基本与2016年持平。

新观点

我开始创业的时候，广告是很有效的，一句响亮的广告语和“电视+报纸”的简单组合，就能快速打开市场。现在比原来难做很多，因为年轻人的注意力分散了，各种类型的媒介都要选择，而且他们的消费观念与此前也有了很大的不

① 周艳，吴殿义，关瑶．矛盾与回应：六问新营销［J］．国际品牌观察：媒介，2019（10）：26－29.

同，更看重体验和包装。

——杭州娃哈哈集团董事长兼总经理[①]

（三）效果作假，线索假象，进一步暴露营销乏力问题

伴随着传统营销模式渐渐失灵的压力，营销效果造假的现象频出，让本就疲惫不堪的市场更添乱象。营销造假问题出现在方方面面，在流量、线索等核心效果指标中更为凸显。简单的流量曝光等效果，距离真正销售转化还很远，企业更看重对高意向用户的获取，也就是销售线索（sales leads）。销售线索一直以来是不少企业孜孜追求的营销 KPI 目标，然而线索假象的水更深、更浑。

美国国际数据集团（International Data Group，IDG）的一项研究表明，61%的营销人员认为他们公司在获取高质量的销售线索方面存在问题；根据 ANNUITAS 的调查显示，77.4%的 B2B（business to business）营销人员认为线索质量是他们面临的最大挑战。[②]

尤其是汽车行业的线索造假最为集中，损失最为惨重。如果在一些社交平台搜索"充场"这样的关键词，就能发现很多为汽车试驾活动寻找"龙套演员"的兼职招聘群。自由报名的人如果达不到营销机构当初向车企承诺的试驾人数，那就只能用造假来解决。

为什么会出现这样的状况？一方面是传统营销的"旧打法"在新市场环境下本身效果逐渐下滑，那么客观上，线索的获取成本必然会不断提高，获取难度不断增大；但是企业营销的 KPI 一般都是跟着营收目标在逐年攀升。两相矛盾，形成剪刀差。这个问题客观上存在，但没有人敢于面对。最后的结果就是营销执行方用非正常手段实现 KPI，线索掺水作假。

另一方面，则是企业内部的机制问题。营和销分离再加上多个管理环节的介入，销售线索在企业内往往需要长周期、长路径的周转。等到消费者真正被跟进联络之时，他的决策意愿可能已经发生变化，线索已经失效了。

而且，当今的消费者，已经很少再能忍受被动、不确定性的等待和企业电话不定时的打扰。即便是真实的线索，在这种机制下转化效率也是每况愈下。在调

① 吴凤颖，龙思薇，甘玲．人、货、场、内容：营销一体的新要素与新玩法［J］．国际品牌观察：媒介，2019（10）：30－35.

② Bad data breeds bad leads：Cleaning up data for the sake of the B2B sales cycle. https：//www. clickz. com/bad－data－bad－leads/.

研中有车企工作人员提道，当销售人员打电话给线索用户时，这个用户常常已经被竞品“骚扰”过很多遍了。

三、营和销分离，无法形成合力

（一）营和销的分离

长期以来，营销圈存在着一种怪现象：很多企业的营销部门和销售部门处于割据状态，缺乏共同的销售目标考核、缺乏有效的业务衔接。

“营”的定位集中在品牌宣传，“销”的定位集中在销售任务，双方目标缺乏统筹协同，导致很多“营”的品牌策略、传播策略都是泛泛实施，难以为“销”的环节提供真正有效的推动。而且，由于营、销不能形成合力，企业与用户的关系也难以得到有效连接和持续沉淀，难以形成企业增长的内生驱动力（见图1－9）。

图1－9 “营销分离”示意

（二）“营”内部的分离

通常“营”的部门，主要承担品牌与市场建设的职能，负责洞察市场、产品创新、传播战役、媒介选择、效果监测等。

但在不少企业中，我们看到品牌、媒介、公关职能是分离的；舆情监测、品牌资产等管理角色又与营销一线的业务角色分离；不同团队有不同的管理体系、不同的运营经费、不同的薪酬奖励机制；各团队之间缺乏深度的整合协调机制，导致营销传播中容易出现各种重复、错位、断层等问题。

比如本书调研的某外资婴幼儿奶粉品牌，营销部门分工很细，有媒介部、数字媒介部、品牌部、消费者研究等，品牌部只聚焦品牌战略、不接触媒体，媒介部只负责传统媒介购买执行，数字媒介部只负责数字媒体购买执行，相互之间日常交集甚少。

（三）“销”内部的分离

渠道销售在落地执行中，也常常分而治之。比如电商渠道和传统渠道是独立运营的两套体系，常常导致线上、线下的用户信息、线索缺乏整合，削弱了营销者对渠道全局的掌控力。经销商之间也存在着竞争、竞价等分歧，无法实现企业整体利益最大化。另外，经销人员与企业总部的链接较弱，经销人员对品牌缺乏归属感和责任意识，造成销售、服务不积极。

销售系统的种种分离状况，造成销售渠道、人员、物料的浪费，甚至滋生内斗、冲突，最终会影响企业对用户的服务输出、降低企业整体的经营效率。

比如在本书调研中了解到，某国际知名企业关于中国电商渠道业务设置的一些相关情况：该公司的产品线很长，有奶粉（成人奶粉）、咖啡机、咖啡、谷物、糖果等，电商部门独立于所有产品线之外，而且以婴儿奶粉为主的母婴产品线，又建立了完全独立的电商团队，造成公司整体的电商运营效率低下。

第三节　营销的新常态

一、经济和人口新常态：营销进入“增量获客”和“存量活客”的双轮时代

随着我国经济发展进入新常态，经济增速放缓和人口红利消退的问题日益凸显。根据国家统计局数据显示，2018 年 GDP 增速为 6.6%[①]，是 1990 年以来最慢的一年，2019 年 GDP 增长目标则在 6% ~6.5%[②]。此外，人口红利消退也引发营销业界高度关注，中国新生儿数量在 2017 年和 2018 年都出现了下滑，2018 年更降至 20 年来最低值；网民数量也进入低速增长。根据《2019 年互联网趋势

---

① 国家统计局 .2018 年国民经济和社会发展统计公报［R］. http：//www. stats. gov. cn/tjsj/zxfb/201902/t20190228_1651265. html.

② 十三届全国人大第二次会议开幕会政府工作报告，2019 年 3 月 5 日。

报告》显示，截至 2018 年 12 月，我国网民规模达到 8.29 亿，渗透率为 59.6%[①]。在这样的条件下，新用户获取难度逐步增大。

经济和人口的新常态对市场营销产生了深远影响，营销进入“增量获客”和“存量活客”的双轮时代。无论是互联网产业还是实体产业，都面临营销转型升级的挑战，营销策略不能仅仅停留在为获得迅速短期增长而只重视曝光展示、活动展会、网红带货等单一手段，也需要精细化经营，维系好商品与消费者的连接，缩短传播与转化路径，促进复购，从消费者运营方面不断创造更大的价值，在“增量获客”与“存量活客”之间实现精细化运营的平衡和取舍。

新观点

流量红利逐渐消失，已经到了一个存量市场，无论是互联网新增用户，还是人均的时长，都已经见顶。

——宝洁全域零售事业部副总裁[②]

经济增速趋于稳定意味着未来的市场竞争会越来越聚焦于存量而非增量。结构性调整下，企业需要一个可长期保持竞争力的策略，数字化将是关键的一步。

——红杉资本中国基金合伙人[③]

二、互联网新常态：面向普通用户外向、面向企业客户内化，营销底层的技术构建发生

互联网进入新常态，面向普通用户（to customer，2C）消费互联网不断演进，面向企业客户（to business，2B）产业互联网脉络逐渐清晰，从人与人的连接拓展到物与人、物与物的万物互联，一场新的互联网技术革命正在深化演进中。

从营销转型升级的视角来看，2C 消费互联网是外化型的变革，营销需要以更直接的理念、更互动的手段面向消费者沟通，而 2B 产业互联网则是内化型的

① 玛丽·米克尔. 2019 年互联网趋势报告［R］. http：//www.cbdio.com/BigData/2019-06/12/content_6145633.htm.

② 周艳，吴殿义. 新营销变革全景［J］. 国际品牌观察：媒介，2020（5）：26-33.

③ 刘星. 中国创新红利正形成［J］. 商业观察，2019（6）：84-85.

变革，营销需要从内部开始互联网化运营，在产品服务、渠道建设、传播优化、销售运营等各个价值链进行数字化、工具化的重塑和改造，充分发挥互联网在生产要素配置中的优化和集成作用。

对新的营销转型升级而言，“互联网 +” 最基础的要求，即是将技术作为营销底层的支撑系统。营销不能仅仅将互联网看作是传播的通路、卖货的场地，而是需要以互联网的大数据、云计算、人工智能等技术作为营销的底层基础，从内到外，赋能营销的全流程，在用户洞察、旅程跟进、公域和私域传播优化、渠道管理、销售转化、客户服务等各个环节提升效率，在新市场常态下创造更大价值。

新观点

消费互联网时代是物理的，产业互联网时代是化学的。如果说消费互联网时代的关键词是连接，那么产业互联网的关键就是融合。要以大数据、人工智能、智能终端重构实体经济产业链，提升效率、创造价值。

——高瓴资本创始人①

产业互联网将是未来十年周期性的机会。互联网上半场是以消费互联网为中心，而互联网下半场是消费互联网和企业服务并重，两手抓两手都要硬。人口红利终有结束的时候，技术红利才是基业长青的基础。

——金沙江创投创始人②

移动互联网的上半场已经接近尾声，下半场的序幕正在拉开。伴随数字化进程，移动互联网的主战场，正在从上半场的消费互联网，向下半场的产业互联网方向发展。接下来，腾讯将扎根消费互联网，拥抱产业互联网。

——腾讯公司董事会主席兼首席执行官③

三、传播新常态：媒体平台化与内容碎片化的聚散博弈

传播是营销的一个关键操作点。传播领域正在发生的媒体平台化与内容碎片

① 崔鹏，王攀. 张磊：与时间交朋友的人［J］. 中国企业家，2020（12）：43 - 44 + 42.

② 李碧雯.“人狠话不多” 的朱啸虎：我只是点了一个导火索［J］. 中国企业家，2020（2）：29 - 35.

③ 马化腾公开信：助力实体产业成长出更多世界冠军. 中国新闻网. http：//www. chinanews. com/business/2018/10 - 31/8664794. shtml.

化的聚散博弈，对营销操作也产生了不可忽视的影响。

一方面，媒体正在向聚合化的超级平台进化。平台与媒体之间的边界日益模糊，那些具有数亿规模用户的传播平台因信息的融合化传播、用户的信息交互与公共表达、内容的社会化生产，越来越具有媒体化特征，构建出了平台化媒体的传播能力和竞争优势。

另一方面，内容的创作分发和消费却呈现出明显的碎片化特征。"互联网+"时代，内容生态格局发生了巨大变化，内容创作的门槛进一步降低，出现大批普通创作者。他们在自主创作内容之外，也拥有强烈的变现需求，由此也催生了服务于内容创作者的多通道网络、交易服务平台等第三方机构。无限的内容供应面前，用户的内容消费行为同样变得碎片化，他们在平台之间、内容之间随时流转切换。

媒体平台化和内容碎片化已经成为营销面临的传播常态，两者之间的博弈使得营销传播也需要在规模广度上和互动深度上做动态平衡和优化取舍。新的注意力场景不断涌现，在粉尘化的媒介接触条件下，如何有效触达消费者，持续吸引消费者的注意力，成为营销亟待解决的问题。

新观点

第一波融合转型初获成功的互联网新型主流媒体，无论是从自身的发展逻辑来看，还是从社会责任、商业模式等角度来看，都必然要求平台化，也必然会在内容供给、商业运营上挑战现有的互联网商业资讯平台。而与此同时，互联网商业资讯平台自身也在求新求变，其竞争态势也在分化变化。

——澎湃新闻总裁、总编辑①

四、渠道新常态：多元化、社交化、智能化的结点运营

渠道是商品与消费者发生连接的触点，也是传播引流和销售转化的重要场景，在新商业新零售的浪潮下，渠道也不断演进出新的常态。从线下门店到线上电商，再从双线渠道到渠道的社交化和智能化，构建出社交融合、智能升级的线

① 左志新．共建媒体融合新生态——访澎湃新闻总裁、总编辑刘永钢［J］．传媒，2019（15）：9－11.

上线下多元渠道格局，对营销不断赋能的同时也要求营销操作不断创新。营销需要提供全渠道、多样化的服务来满足消费者全新的购物需求，赋予渠道更强大的连接能力，实现更高效更智能的传播触达和销售转化。

渠道多元化：线下门店和线上电商早已是渠道布局的标配，而快闪店、智慧门店、体验中心、沉浸空间、社群电商、社交电商、小程序电商等新形式新业态的渠道不断涌现，这些多元化的渠道和场景既是传播的触点也是销售转化的售点，即成为商品与消费者接触、发生直接交易的链接结点。

渠道社交化：社交属性正在赋予渠道更强大的连接能力，人可以勾连起营销中的各个环节，帮助营销构建与用户长期互利共生的关系，直播带货、小程序分享、建立各类线上社群、举办各种活动等，都表明渠道空间正在逐步变化为新的社交空间。

渠道智能化：如今，越来越多的智能化设备与软件应用正加速融合。线下下单、线上付款或线上下单、门店领货的场景正成为现实，数字标牌、电子试衣间、智能定位与个性化信息推送、自助终端等一系列智能应用也让消费体验更加多元，能更快地满足消费者个性化需求，实现更高效更智能的触达。

新观点

当前居民对消费便利化、个性化、品质化的需求越来越高，企业只有顺应趋势转型升级，进而才能推动商业升级，满足人民日益增长的美好生活需要。

——商务部流通业发展司副司长①

① 中华人民共和国商务部．“2020 北京消费品博览会暨数字零售峰会”在京举行．http：//www.mofcom.gov.cn/article/resume/n/201911/20191102913161.shtml.

第一部分
理　念　篇

面对新环境，营销亟须梳理以用户为中心、社交化连接的新思维，重新整理营销要素，审视人、货、场、内容的升级，在品牌力、互动力与销售力协同的指导下，实现传播和销售的一体化。为达到这样的目标，营销运营流程需要进行细致而深入的调整，重视新营销技术底层的建设，重组营销组织结构，打破传统营销单次运营的低效模式，重构多维立体、集约高效的新型营销体系。

第二章

新营销，新理念

第一节　新营销，新思维

当下，经济增速放缓和人口红利期结束，竞争却空前激烈，从营销的角度看需要梳理两种新的思维，其一是以用户为中心，其二是以社交化为中心的连接。

以用户为中心的思维，要求营销重视对全周期客户价值的深入挖掘。社交化的广泛存在让消费者更深入有力地参与到营销中来，消费者甚至能与营销“协商品牌”。

消费者与商品的关系运营成为新的营销理念，营销只有构建消费者和商品（服务）之间持续而长久的关系，才有可能最大化挖掘与创造用户价值及品牌价值。

一、以用户为中心的新营销思维

过去我们的营销理念，虽然一直在提倡以用户为中心，但事实却是以商品为中心，重视商品的开发与生产，重视商品的售卖与对顾客单次价值的挖掘，在与消费者的沟通中重视自身品牌形象的建立，以完成单方面对商品信息的传达为主要方式，营销的出发点是不断追求商品在市场销售获得的增量，不断强调获客。

在市场新常态下，获取增量用户的速度与规模都无法持续，“以商品为中心”的营销思维已无法应对当下复杂的经营环境，营销重心要转向对存量用户的运营，“以用户为中心”成为市场营销的思维新常态。

站在消费者的视角，考虑如何让他们和商品建立持续而长久的关系，将消费者与商品的关系从单次的“买卖”变成长久的“共生”，重视共同创造价值，重视长期服务，营销的目标是实现对存量消费者进行闭环运营，全周期深入挖掘用户价值。在这个过程中，人与商品都将变成资产，不断给营销创造新的价值（见图2－1）。

图 2-1　以用户为中心的营销新思维

新观点

2010s ~2020s 由于社群、大数据、人工智能的兴起，营销走入价值管理时代，管理用户的终身价值，公司与顾客进行融合成为核心。

——菲利普·科特勒①

为什么现在是营销科技发展非常好的黄金年代？因为新用户开发的巅峰期已过，现在面对的是怎么在现有的用户里发展永续的关系。

——碚曦投资管理集团创始人兼首席执行官②

我非常坚信，将来营销的要点就在于建立关系，这个是非常大的一个根本性的改变，但是今天真正把关系这件事情放在了整个企业全面性的运营其实寥寥无几。

——英扬传奇董事长③

我们会跟客户反复强调用户运营的重要性，先要圈粉，之后用更深层次的兴趣和互动让用户活化。如果前面的用户运营做得很好，那么后续的转化和裂变、口碑都有抓手。如果前面的部分只从搜索框入手拿到客户，那么后面可能就找不到去处。

——聚胜万合总经理④

① 王赛. 营销 4.0：从传统到数字，营销的“变”与“不变”——“现代营销学之父”菲利普·科特勒专访［J］. 清华管理评论，2017（3）：60-64.

② 观海. “找茬”戛纳，展望未来——访碚曦投资协作体创始人李倩玲（Bessie Lee）［J］. 中国广告，2019（8）：50-52.

③ 周晓琳，陈苏城. 本土 4A 的品牌营销增长战略——专访英扬传奇董事长吕曦［J］. 国际品牌观察：媒介，2020（5）：57-60.

④ 吴殿义，龙思薇. 进入营销的纵深领域——专访聚胜万合总经理何微子［J］. 国际品牌观察：媒介，2020（5）：61-63.

二、连接社交化的新营销思维

市场的另一个新常态是"社交化"。作为群居动物，社交是人的天性和本能需求，内容和商品是人们进行社交的两大手段，人际传播、以物易物是远古时代的市场化社交雏形。而在社交网络技术和服务的发展支持下，社交成为无处不在的事实。每个人都拥有着复杂多元的社交关系网络：重情重义的熟人社交、重信重用的熟人社交、情感纽带的同好新社交、利益导向的消费新社交，在这些社交圈层中，内容社交与商品社交有了更多元的发生场景、更快速的发生频率，对传播、销售都带来了深远的影响（见图 2－2）。

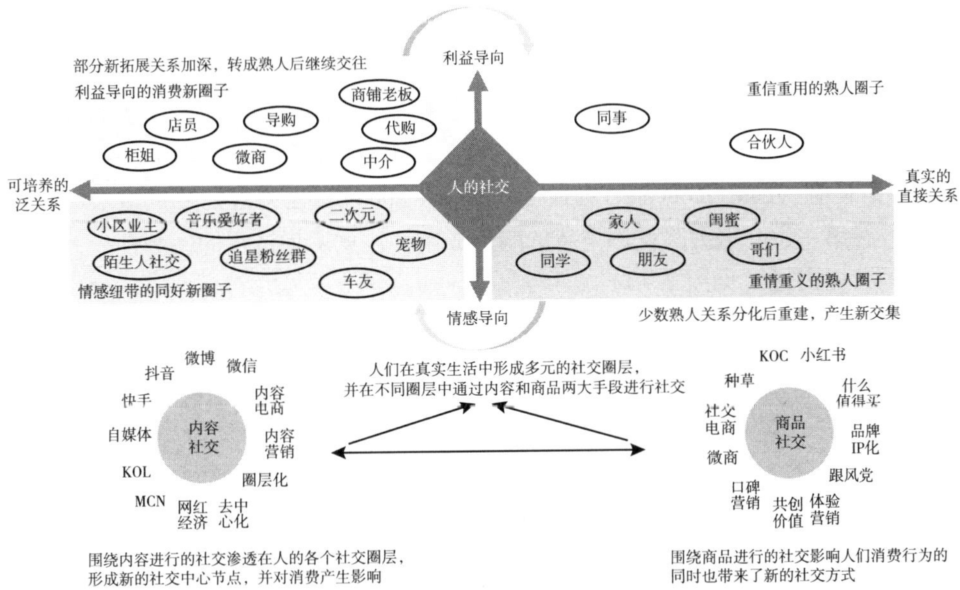

图 2－2　社交化的连接

一方面，社交的信息内容对人们的消费决策造成了影响，社交平台上意见领袖、关键意见消费者（KOC）、熟人圈子对消费者知晓、产生兴趣、购买等决策流程的影响力都在提升，甚至激发冲动式消费。另一方面，社交的商品和服务也对人们的消费触点、消费场景和体验产生了影响，社交电商、社群经济、微商、电商直播等新兴业态蓬勃发展，内容营销、口碑营销、红人带货、品牌 IP 化等营销手段也被广泛应用。

著名未来学家玛丽娜·戈尔比斯在其著作《社交经济：新商业的本质》中断

言“我们正在告别一个由机构产品主导的非个人性的世界，走向一个围绕社会关系和社交回报运行的新经济…… （和） 新型社会”。①

社交对经济的运行机制、社会建构的模式都带来了重大的影响，“社交化”已经成为一种泛在的事实。

第二节 新营销，新要素

一、营销要素的升级：从4P→4C→人、货、场、内容

20 世纪 60 年代，美国营销学者杰罗姆·麦卡锡提出“产品（product）、价格（price）、渠道（place）、促销（promotion）”4P 营销组合策略。20 世纪 90 年代，美国营销学者罗伯特·劳特朋在 4P 经典营销组合之上，以消费者需求为导向，重新设定了市场营销组合的四个基本要素 4C：即消费者（consumer）、成本（cost）、便利（convenience）、沟通（communication），强调营销要把追求消费者满意放在第一位，努力降低消费者的购买成本，注意购买过程的便利性，并实施有效的营销沟通（见图 2－3）。

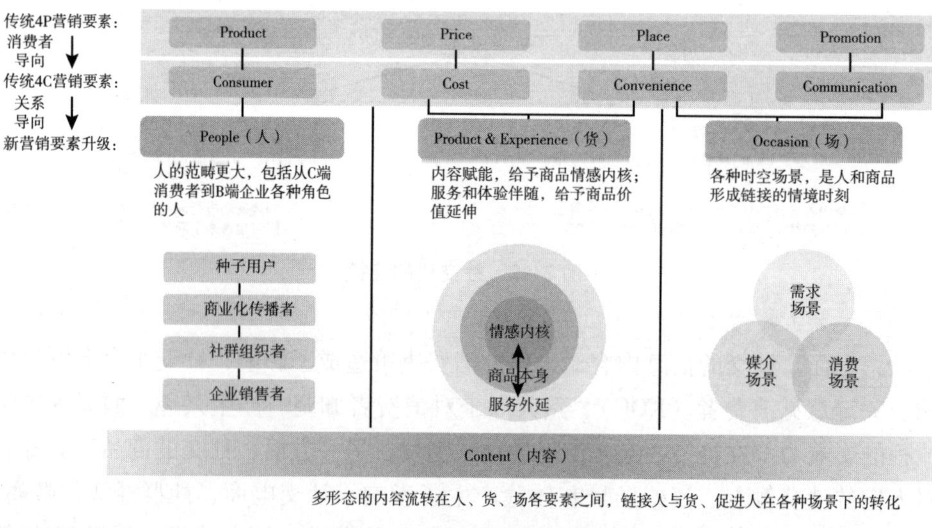

图 2－3 营销要素的升级

① 玛丽娜·戈尔比斯．社交经济：新商业的本质［M］．张琪译．北京联合出版有限公司，2017.

结合当下市场新常态，本书的研究借鉴原有经典要素的架构进行衍生，既体现用户为中心的营销思维，又关照到社交化的链接状态。

衍生出的四个新营销要素，即人（people）、货（product & experience）、场（occasion）、内容（content）。

其一，消费者的概念，被扩展到“人”。一方面，营销需要将消费者看成生活中的“人”，更广泛地去了解他们的生活场景、需求状态，而不仅仅将他们看成购买者。另一方面，营销需要让多种角色的“人”参与进来，包括销售人员、意见领袖、种子用户、社群组织者等，让他们各自发挥作用，成为企业与消费者连接中重要的节点。

其二，“货”不仅包括商品的物质属性、价格属性等，更需要强调其体验属性，包括产品、服务、渠道等带给消费者的感官体验、心理体验、价值体验等。因此，我们特别将货的体验属性拿出来，将体验（experience）和货的基础功能（product）合并在一起，强调二者的充分融合。

其三，“场”是情境和时刻的组合交织。消费者在不同人生阶段、生活状态、媒介触点、消费场景、社交场景等维度交叉的“场”中，具有不同心理需求、消费需求。如何抓住消费者的情景需求，捕捉到他们和品牌接触的情景时刻，对于传播和转化都至关重要。

其四，“内容”是多形态的内容信息，是流转在人、货、场各个要素之间的润滑剂，也是催化剂，用于软化商品和服务、链接人与货、促进人在各种场景下的转化。

二、人、货、场、内容要素的解析

在新营销实践中，我们认为在新技术、新媒介、新零售兴起的浪潮下，“人”在营销中的价值巨大，他们角色多样、作用也不同，通过这些各种角色的“人”赋能营销，构建出“人立方”的商业体系来供广告主选择调用和搭配组合是一种必然趋势；“货”不再是单纯的产品，在这个商品极大丰富、商家层出不穷的今天，“货”的本体相当于地基，过硬是基本，而衍生于货品之上的情感属性、社交属性和服务能力才是真正的战场；“场”也被无限延伸，随时洞悉用户需求，随时根据对方所处场景完成对用户的“投喂”成了新营销时代的新准则；“内容”的营销价值更是史无前例的被放大，各种层出不穷的内容平台扩大了对内容的需求，使得内容呈现百花齐放的存在，内容生产的自由性强化了内容与营销的融合（见图2-4）。

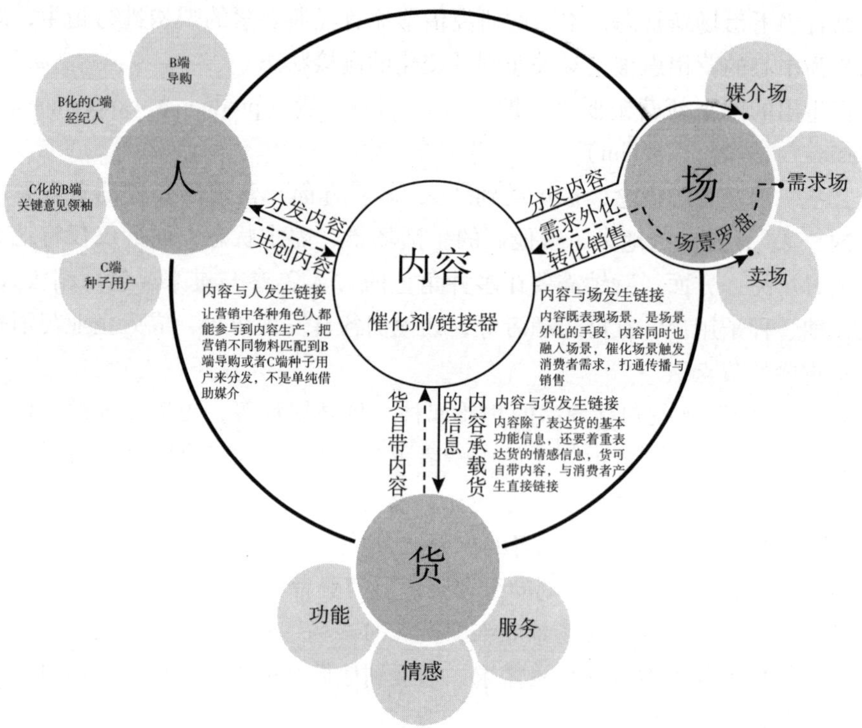

图 2-4　新营销四大要素

（一）人：更多的角色进入营销

伴随着各类创新的营销实践，越来越多角色的“人”参与到了营销关系链的构建中。我们把从消费者到企业中间参与营销的各类角色，总结提炼为四个层级的人（见图 2-5）。

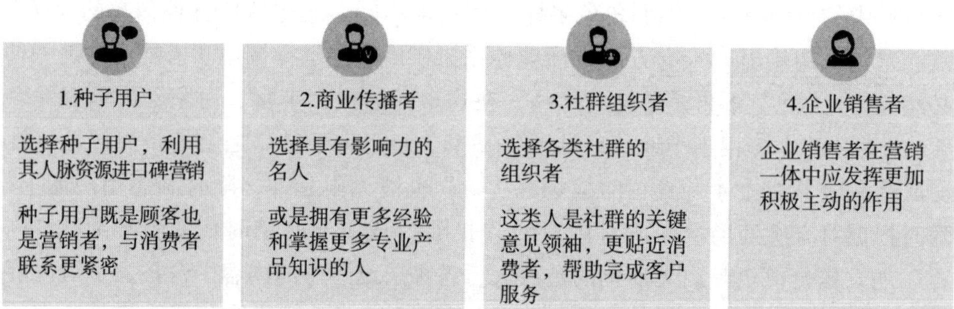

图 2-5　营销一体组合要素：人

第一类人是种子用户，是普通消费者中更活跃、更擅于分享的那一部分人群，他们乐于将购买或感兴趣的产品、服务分享给他人。

第二类人是具有人气的商业化传播者，如拥有一定粉丝基数的关键意见领袖（KOL）、明星代言人、自媒体等，他们拥有人气、话题自带流量，出于商业目的大量承接内容策划、生产和传播扩散，是目前商业化程度相对较高的一类人群。

第三类人是社群的组织者，如群主、代购等，他们掌管着各自的小群体，发挥着强有力的带货能力，他们跟企业可以雇佣关系，也不一定有直接的雇佣关系，往往通过销售返点或佣金等方式与多个商家合作。

第四类人是企业的经销人员、导购人员，他们与企业的关系最近，是企业使命的个人化形态；通过 C2C 的人际交互方式，对消费者进行传播、服务、关系维系等。

以上的这些角色丰富了"人"作为营销要素的内涵，他们身处消费者中间，能够对消费者进行近场沟通，直接影响消费者的认知和购买意愿；同时更具灵活性、主动性、创新性，能够产生出更高的传播和转化效率。

新营销需要释放这些"人"的能力，通过利益激励和协作机制，让他们作为能动主体，整合自有资源参与到营销的分享、传播、转化、销售等环节中来，形成企业连接用户的高效网络。

1. 种子用户

消费者中的种子用户，具有这些典型特征：对某类事物具有显著消费特征、相对更活跃、更专业、愿意分享、且通常对该圈层受众具有较强号召力；他们既是消费者也是天然的营销者，往往是消费的尝鲜者、口碑的带动者，喜欢在自己的人际网络中分享新事物、引领潮流。

比如，原创内容平台知乎在成立时，选择了创始人的科技圈朋友作为第一批种子用户，帮助其扩散。脸书初创时选择哈佛大学的学生作为种子用户，学生易接受新事物，传播扩散效应强，契合脸书的产品特性（见图 2－6）。

图 2－6　种子用户关系扩散

2. 商业化传播者

这类群体的个人，凭借自身在某个领域的用户影响力进行变现、成为商业化的传播者。如关键意见领袖、自媒体、网络红人、明星代言人等。他们的个人示范具有很强的传播扩散力，容易影响消费者的消费决策。

以某护肤知识达人为例，她以化妆品成分的安全性分析见长，每天清晨发推文，每天3小时专门解答粉丝提问和咨询，用专业护肤信息与消费者建立信任关系。

3. 社群组织者

社群也是近几年发展非常迅猛的一类社交组织形态。社群组织者活跃在多种场景的社交网络中，以社群形式进行信息分发和商品售卖，常见的如各种兴趣主题的社群群主、职业代购等。

社群具有圈层化、高信任度、群体消费氛围浓厚等特点。社群组织者往往扮演从商家到社群用户的中介角色，上游对接企业的销售任务，下游对接消费者进行快速推广和转化。

4. 企业销售者

企业销售者是指活跃在市场售点和渠道的一线销售服务人员、导购人员等。在新商业环境下，他们需要从被动等待消费者、转变为主动连接消费者，进场参与营销，与消费者在个性化场景中一对一沟通、提供更具针对性的服务，形成更具价值的情感连接和信任连接，达成更高效的销售转化。

比如房产经纪人、汽车顾问等，都是发挥销售人员能动性的典型服务体系，他们通过各种数字化工具与消费者直接对接，反应灵敏、服务精准快速，带来更好的用户体验和转化效果。

（二）货：情感包裹、服务伴随，延伸商品价值

货的升级，强调对商品在硬性产品属性之外，做软性的延伸。

一方面，通过感性内容包裹商品，赋予企业温度和调性，从而与消费者形成情感共鸣、心理连接。另一方面，通过人性化服务输出，提升消费者对企业的满意度和忠诚感，并形成企业与消费者多频次、持续性的消费连接（见图2－7）。

1. 情感包裹商品

消费者与商品的情感链接，甚至在商品还是“胚胎”之时就可以开始。以国外美妆品牌 Kylie Cosmetics 为例，该品牌在产品研发之初，就让消费者参与进来，了解产品的迭代、给予公司反馈，并最终投票决定推出哪一款产品。Kylie Cosmetics 创始人认为这种互动能让品牌与消费者之间建立稳固且深厚的联系。①

① 张泽群，吴倩，吴殿义．如何“直接”面向消费者——海外 D2C 企业的探索 VS 快手的 D2C 价值［J］．国际品牌观察：媒介，2019（8）：56－61.

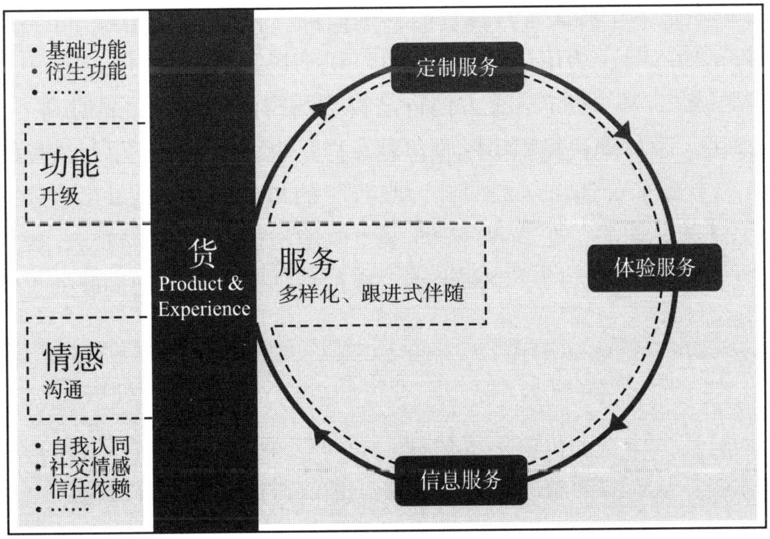

图 2－7　营销一体组合要素：货

被内容包裹的商品，本身也是最好的“实体社交工具”。比如可口可乐每年都会在瓶身做一些内容创意：歌词瓶、标签瓶等，充分延续“流动性传播和策略性连接”（liquid and linked）的营销理念，通过瓶身社交化，强化品牌形象并有效带动消费。

商品的内容 IP 化，也可以通过跨界联合来实现。选择被消费者广泛认知、有深度情感链接的品牌作为联合方，将消费者对其他品牌的情感也映射到自己的产品上，促进销售转化。

比如，可口可乐这个经典品牌，就是其他品牌特别热衷借势的 IP。The Face-shop（护肤品品牌）曾与可口可乐跨界联合推出一套可乐味的彩妆；Kith（美国的潮流店铺品牌）也曾与可口可乐公司合作推出限量版匡威全明星经典帆布鞋“70”，每款鞋子都有独特的带有可口可乐红色标签的玻璃瓶，这样的产品一经推出，很快就被一抢而空。

2. 伴随式服务

随着消费者需求的多样化，伴随式、个性化的服务越来越成为消费重心。商品成为道具，服务才是根本需求。通过持续的服务，企业与消费者可以形成更高频、更丰富、更具信赖关系的连接，从而获得更高的用户全生命周期价值贡献（life time value，LTV）。

以亚马逊“宝藏车”（treasure truck）业务为例，该项目于 2015 年正式推出至今，在美国、英国等地的 40 个城市提供卖货服务。

“宝藏车”像一个满载日常百货的移动商铺，在街边，商场、办公楼或社区停车场上停留数小时，为用户提供临时性、机动场景下的购物服务。用户可以提前用手机客户端下单，指定一个方便自己提货的时间和地点，届时到“宝藏车”提货，就像去一个移动快递柜里签收包裹一样；也可以当场下单，当场取货。

同时，“宝藏车”还扮演了“社区服务”的角色，与当地社区合作，为无家可归者送去慈善必需品，在节假日随车装上吹泡泡机和音乐播放器，成为邻居走出家门可以互相问候聊天的一个新聚点。在种种细微场景中挖掘服务价值，在服务中促成新的销售。

（三）场：捕捉情境时刻，打通需求场、媒介场和卖场

新营销时代，场景的价值不容忽视。如何更深入地挖掘消费者的场景需求、提升场景体验，从而有效地建立用户连接，是值得探索的重要命题。

现实场景往往是由多维时空交织所形成的特定情境。比如，消费者不同人生阶段、生活状态下会有各种“需求场”，传播流程中有不同“媒介场”，消费环节有线上线下各种渠道的“卖场”；多维度场景交叠，就会勾勒出这一特定情境下消费者的独特画像。

另外，场景也越来越跨界化。媒介场景正在逐渐卖场化，一些新形态的内容场景，如直播、问答贴等，成为网友“种草”“拔草”的卖场；而卖场也可以媒介化，在消费的过程中激发用户生产内容、分享传播（见图2－8）。

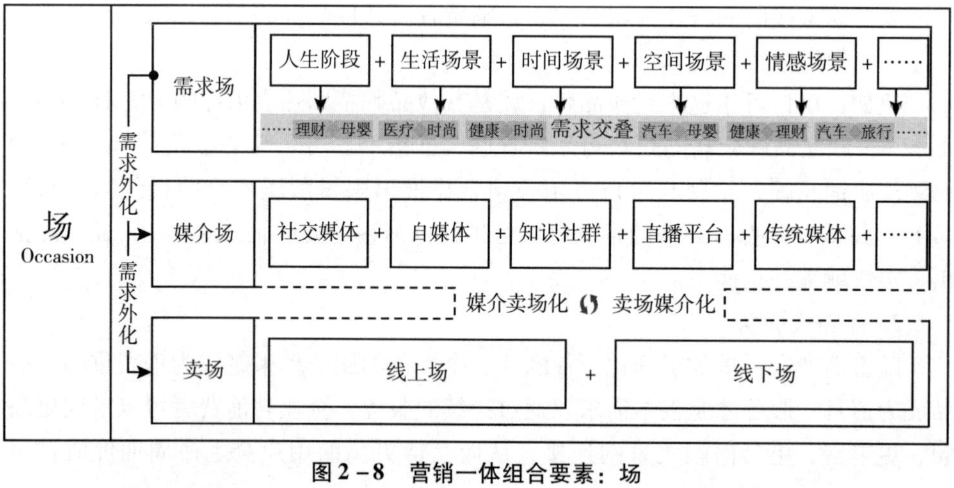

图2－8 营销一体组合要素：场

营销需要洞察以上这些变化和特征，提供与场景适配的传播、服务、体验等，从而找到或创造出与用户连接的切入点，带动传播及销售。

立邦有一个具有新意的场景营销案例。它将现实生活中的阳台场景，通过连环画的形式搬进地铁通道，展现各种家庭阳台刷新改造前后带来的不同生活体验：用作晾晒衣服的旧阳台，经过刷新后成为可供练习高尔夫球、摆放绿植花卉并可让宠物活动的新阳台等。同时，打通了线上线下衔接，对家居刷新萌生兴趣的用户，可以现场扫码去官网、微信平台等进行咨询或订购服务。

（四）内容：营销要素的催化剂与链接器

各种形态的内容作为无形的信息流，贯穿于人、货、场等要素的组合运行中，发挥着催化与纽带作用。

优质的内容自带粘性，让营销中各种角色的人都能参与到内容生产和分发；内容是货的功能信息或情感属性的传递者；内容是场景的外化，在不同的需求场、媒介场与卖场里通过适配的内容，可以触发消费者需求，打通传播与销售。

以上人、货、场、内容的运营，必须围绕一个目标展开，就是打通传播与销售，实现营销一体化。传统传播、销售分离的营销模式，在当前商业背景下已难以满足营销增长需求，必须打破传播与销售的界限，融为一体，形成合力，让企业与用户的关系得到有效连接和持续沉淀，形成营销增长的内生驱动力。

新观点

其实游戏不是简单的媒介，它有 IP，有粉丝，是很复杂的东西，已经超越了媒介，内容是有生命力的，它是需要运营的。

——传立创新内容董事总经理①

第三节　新营销，新目标

一、新营销的组合力目标：品牌力、互动力与销售力，三力协同

判断人、货、场、内容等新要素统合运营是否高效，需要实现新的营销目

① 吴倩，周艳，龙思薇．激发内容生命力——专访传立中国创新内容董事总经理王柏麟［J］．国际品牌观察：媒介，2020（5）：53－56．

标，即品牌力、互动力与销售力，并考察三力协同的情况（见图2-9）。

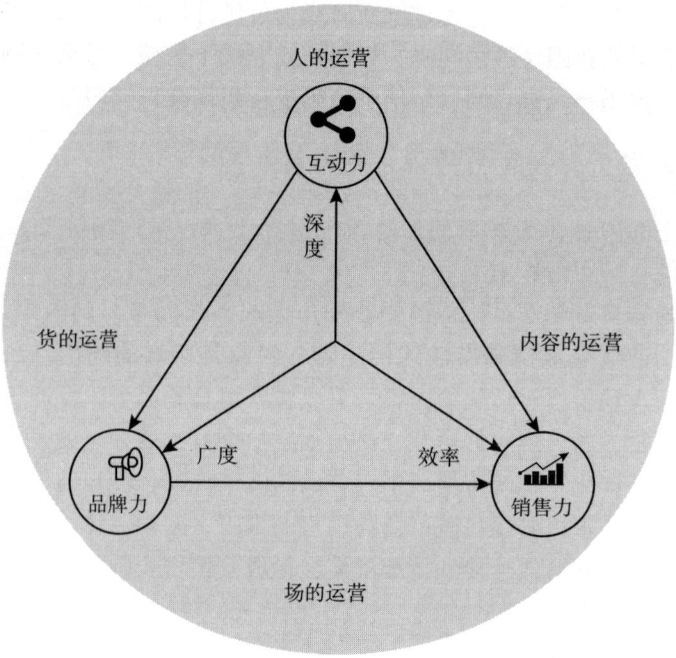

图2-9 新营销的组合力目标示意

（一）营销的广度：品牌力

紧缩的经济环境与互联网技术的发展使精准营销、效果广告成为热词，似乎比起营销的广度，营销传播要更看重精准度，品牌广告、形象传播被放到次要的位置。然而，这也是一个误区，营销在渠道、传播等方面的布局如果缺失底层的品牌形象和传播广度的支持，上层的效果广告成本会虚高，可转化的用户流也会枯竭。

相反，做好底层的品牌营销会对转化效果产生向好的影响。一方面，一个统一的、值得信赖的品牌形象能减少每一次跟消费者沟通的阻碍，提升转化效率；另一方面，通过情感、调性等品牌精神内核的打造，可以对话消费者的感性大脑，从而建立更深刻、更坚固的关系，因此打造品牌力的营销广度是基础。

基于此，一向注重精准营销的DTC公司都在回归、扩大传统媒体的支出，根据美国视频广告局（Video Advertising Bureau，VAB）的一项调查显示，DTC品牌2018年广播电视的媒体支出比前一年提高了60%，达到38亿美元，似乎有超越其社交媒体信息流广告支出的迹象①。

品牌力的实现要依靠人、货、场、内容各要素的运营配合。既强调对媒体传播的应用，通过适合的媒介进行品牌形象的传播，拓宽覆盖的广度。也要加强 B 端导购或者 C 端种子用户与消费者的个人联系，通过他们的影响力，为品牌拓展传播的广度，实现更大的曝光。此外在货的功能、设计、服务等环节注重温度与调性的打造，形成独特的品牌价值，与消费者共情，占领消费者心智。在品牌形象的统领下考虑需求场、媒介场、卖场的选择与适配，还要考虑内容上对于品牌精神内核、感性信息的传递。通过以上各要素的运营配合，更全面地覆盖品类用户，同时在消费者心智中占据牢固的地位，从而实现品牌力的提升。

（二）营销的深度：互动力

新的营销是让营销各要素能自发地动起来，互相影响，相互渗透，从而放大品牌力的效果，而这要依靠营销的互动力。互动力意味着营销的粘性，是自下而上的消费者与企业、与商品关系的建立，有关系才有挖掘顾客全周期价值的可能。

在社交化的新常态下，人、货、场、内容皆可互动，新营销要通过设计、提供相应的互动方式与情境，让消费者之间，消费者与货、场、内容之间自发地联动起来，实现裂变的传播效果。

充分利用种子用户、社群群主等的信息扩散能力，进行软性“种草”、信息发布以及服务的提供，延伸营销内容在个人社交圈层中的渗透深度，催化销售转化的进行。通过价值共创、品牌精神内核建设、内容软化、跨界联合、互动技术嵌入等方式建立货与消费者的情感联系，使其自发地传播货的信息。利用共情的内容攻占消费者的感性大脑，增加内容粘性，在社交的媒介场与卖场里更好地扩散裂变。

（三）营销的效率：销售力

销售力对营销的重要性不言而喻。进行自上而下的传播覆盖是为了更好地销售变现；跟消费者链接与互动，进行自下而上的传播交流也是为了更好地推动销售实现，销售力是衡量营销是否有效的重要指标。

销售力的实现也要靠人、货、场、内容各要素的精细化运营。一方面，货要

---

① DTC 品牌在电视市场增加投入 14 亿美元，https：//www. maad. com. cn/index. php? anu = news/detail&id = 8046。

同时满足消费者的功能及情感需求；另一方面，通过专业测评、权威数据等信任性内容传递货的功能价值，通过有趣的、饱含态度的共情性内容传达货的情感价值，同时还要充分发挥人的能力，将在各层级分销渠道上的、每一个转化节点上的个体组织起来，进行自主的品牌信息传播及客户服务，推动分销与流量转化。另外，拓展小程序、社交电商、智慧商店等新渠道，实现消费者在哪里，品牌就把货铺向哪里，为销售转化减少阻碍。

二、新营销的一体化目标：传播和销售的一体化

营销对品牌力、互动力、销售力的打造，最终目的是为了实现传播与销售的一体化，加强双方的统筹协同、业务衔接，让品牌策略、传播策略的实施为销售的环节提供真正有效的推动，有效连接、持续沉淀和长效运营商品与消费者的关系，形成销售增长的内生驱动力。

营销一体系统所构建起来的企业与消费者的连接关系，将使得企业的传播、销售目标得以同步落实，对于新市场环境下企业的营销及经营效率提升，具有重大意义。

通过对传播、转化、服务等环节的实施升级，企业在消费者增量获取、存量激活、闭环经营方面将获得有力抓手，其价值体现在以下三个层面（见图 2－10）。

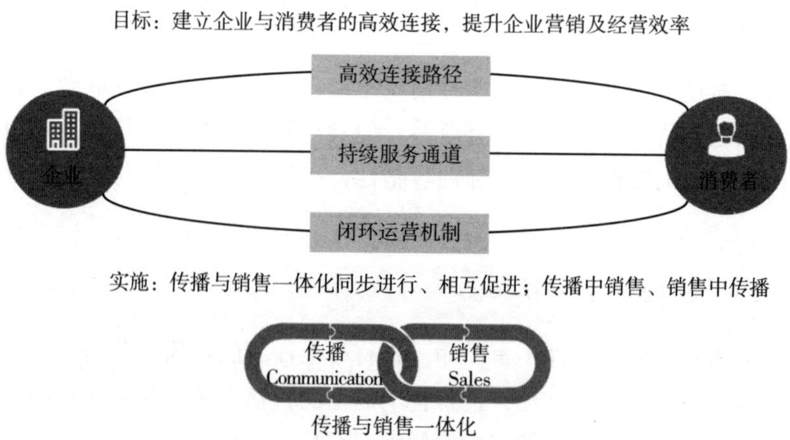

图 2－10　传播和销售的一体化

1. 形成高效获客的新路径。通过场景分发锁定目标消费者，通过内容赋能和利益刺激获得传播势能，通过社交裂变加速传播扩散，通过经纪人在线承接提

高销售转化效率。

2. 形成持续连接消费者的新通道。通过数字化管理体系精准把握消费者需求，通过经纪人体系对消费者输出一对一服务，形成针对存量消费者的高效连接机制，从而大幅度降低重复获客的高成本支出，提升持续营销的效率。

3. 构建闭环运营的新机制。在建立起消费者持续连接通道的基础上，企业可以对基盘消费者的全生命周期需求进行挖掘、为消费者提供更多样化的服务。通过闭环运营，不断固化消费者关系、加强消费者忠诚，从而实现其对企业的持续消费、推荐消费等，夯实消费者资产，形成企业的竞争壁垒。

例如，在卡士酸奶的营销中，作为卡士的品牌服务商，英扬传奇帮助推出酸奶新品“YO KEEP”，通过定位于专攻都市轻运动人群、高蛋白低卡路里的轻运动形体管理酸奶，在产品口感、包装设计、传播策略、渠道建设与用户运营上多管齐下，实现品牌力、互动力、销售力的三力协同，在渠道分销仅70%的情况下，2019年1~5月销售额达到144%，远超预期（见图2-11）。

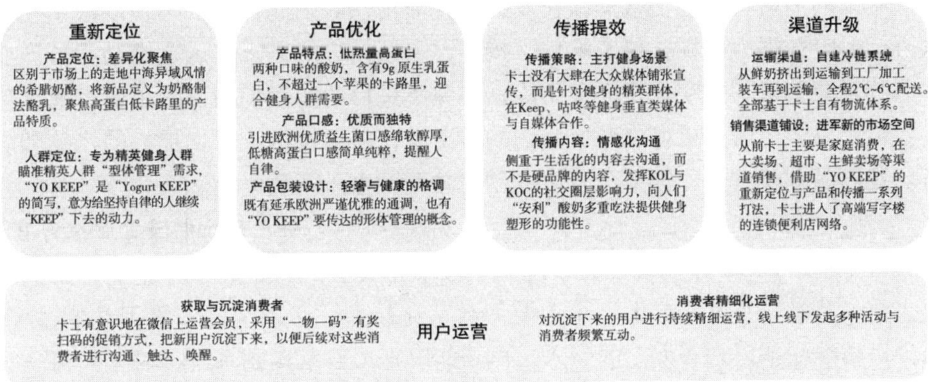

图2-11　英扬传奇服务卡士“YO KEEP”酸奶的创新营销案例

资料来源：周晓琳，陈苏城．本土4A的品牌营销增长战略——专访英扬传奇董事长吕曦［J］．国际品牌观察：媒介，2020（5）：57-60.

【案例1】肯德基中国：快餐巨头的创新营销驱动战略①

经济增速放缓、人口红利消退、消费分层、信息爆炸、场景碎片，空前复杂且瞬息万变的营销环境下不少企业显得无所适从。肯德基，这家1952年创立的

① 案例来源：陈苏城，周艳．肯德基中国：快餐巨头的创新营销驱动战略［J］．国际品牌观察：媒介，2020（5）：34-41.

老牌国际快餐巨头，却在如此环境风暴中显得游刃有余，2019年肯德基中国的营收为60.4亿美元，同比增长11%[①]。低迷的经济环境中收获如此亮眼的财务表现，与其在营销上的积极探索息息相关。凭借“圣诞口袋炸鸡店整合营销”及“口袋炸鸡店”项目，肯德基中国在第66届戛纳国际创意节斩获3座金狮奖项，同时“KFC雨神宅急送”“肯德基KI上校—英雄联盟S8数据官兼福利官”等项目在第12届金投赏国际创意节捧走1项全场大奖、5项金奖、3项银奖及4项铜奖。

肯德基中国到底做对了什么？带着这样的问题，本书调研团队相继拜访了百胜中国的运营管理人员及其营销服务机构传立媒体，研究了百胜中国近年财报，整理了百胜中国CEO、企划副总裁分别在2019“看中国”思想论坛、2019年“营销科学大会”上的发言，得出了团队的判断，望跟大家分享探讨。

新观点

中国的消费者，他们接受新技术的速度非常快。因此，我们必须以数字化为核心，以大数据为依托，快速响应、挖掘、引领用户的需求，这是推动服务产业发展的重要引擎。数字化是一个手段，但并不是目的。我们的目的是通过数字化让我们更好地了解，更好地触达我们的消费者，从而提供给他们更好的产品和服务。在产品创新方面，需要全方位的创新才可以立于不败之地。

——百胜中国首席执行官[②]

肯德基从2015年到现在持续进行着数字化转型的打造。作为企业内部的从业人员，我的一个感受是大型企业要做数字化转型，必须经历一段困难的过程。从人员技能配备，到新概念的引入，再到能够把项目落实到系统，深化到每一家餐厅，其实有很长的一段路要走。我并不觉得现在已经达到了我们想要的完美境界，但我们一直都是不遗余力的。

——百胜中国企划副总裁[③]

过往内容的运维是在每波活动结束后，汇总监测数据，评估分析后，为下一次同类型的活动做优化参考。但现在面临的环境变了，需要我们在传播过程中实时动态地判断内容引发的舆论导向，并随时做调整或发酵。

——百胜中国媒介共享服务总监[④]

① 百胜中国2019年财报数据。

②③④ 陈苏城，周艳．肯德基中国：快餐巨头的创新营销驱动战略［J］．国际品牌观察：媒介，2020（5）：34－41.

游戏和电竞给到我们特别大的启发，做内容要注重互动。不是一个内容扔出去就行，你要去想是要有故事的，把用户带进来跟你一起互动起来。

——传立媒体创新内容董事总经理[①]

全流程的数字化转型是肯德基成功的密匙。从人员、概念、项目到系统，在肯德基不遗余力的数字化改造之下，消费者点单、付款、配送等服务流程得以被数字化重塑。根据百胜中国财报数据显示，2019 年第四季度肯德基数字化订单贡献了 61% 的收入份额，2019 年全年 91% 的付款由数字方式完成，而截至 2019 年底，肯德基已经拥有 2.15 亿线上会员[②]。这样庞大的数字资产，让肯德基中国可以针对消费者做多维度的分析，进一步挖掘机会点，为其在食品、选址、营销等环节上提供支撑，提升企业的经营效率。

肯德基在底层数字化基础之上，充分创新营销实操，通过 IP 合作、KI 上校、粉丝经济、会员运营等探索与实践，不仅保证强有力的品牌曝光与传播覆盖，同时积极与用户互动，促进销售转化，实现了品牌力、互动力和销售力的三力协同（见图 2－12）。

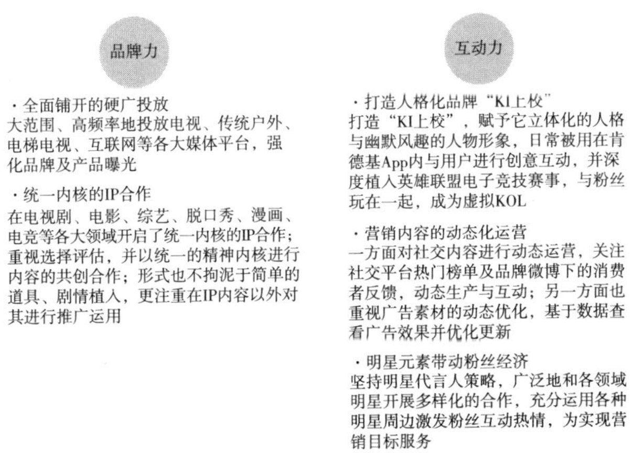

图 2－12 肯德基的创新营销

资料来源：陈苏城，周艳．肯德基中国：快餐巨头的创新营销驱动战略［J］．国际品牌观察：媒介，2020（5）：34－41.

① 陈苏城，周艳．肯德基中国：快餐巨头的创新营销驱动战略［J］．国际品牌观察：媒介，2020（5）：34－41.

② 百胜中国 2019 年财报数据。

一、打造品牌力，实现营销的广度覆盖

紧缩的经济环境与互联网技术的发展使精准营销、效果广告成为了热词，品牌广告、形象传播被放到次要的位置。然而，营销在渠道、传播等方面的布局如果缺失底层的品牌形象和传播广度的支持，上层的效果广告成本会虚高，可转化的用户流也会枯竭。相反，做好底层的品牌营销能减少每一次跟消费者沟通的阻碍，建立更深刻、坚固的情感链接，从而提升转化效率。

在打造品牌力方面，肯德基中国一方面全面铺开硬广投放，另一方面借助泛娱乐内容的力量，开展统一精神内核的 IP 合作。

（一）全面铺开的硬广投放

硬广是企业向消费者传递商品、品牌信息的直接环节，在企业的营销沟通中是必不可少的一环。当消费者的大脑无法负荷爆炸的信息时，通过大量硬广触发他们的直觉思维，使其本能地选择购买是很多成熟品牌使用的策略。肯德基中国也是其中一员。

根据央视市场研究股份有限公司（CTR）的《2019 年前三季度中国广告市场回顾》，2019 年前三季度的全媒体（不含互联网）广告投放“TOP20”品牌榜单中，肯德基排名第 12 位，在除开依靠大手笔的广告投放打开知名度的新品牌以外，肯德基在成熟品牌中位列第 6，落后于康师傅、伊利、兰蔻、君乐宝和蒙牛。在具体媒体种类中，肯德基较为青睐的是传统户外和电梯电视这样的生活圈媒体，在所有品牌中广告投放刊例花费分别位列第 10 名和第 6 名。

事实上，据知情人士透露，在传统的全媒体以外，肯德基的广告费用已经较大倾斜至以社交媒体为代表的互联网平台。微博、微信、抖音、爱奇艺、腾讯、优酷等大型互联网媒体平台是肯德基的主要投放阵地。在这些平台中，肯德基一方面善于利用开屏广告做强烈的产品曝光及信息告知，另一方面也致力于用原生广告的形式更自然地出现在用户的信息流中。以微信为例，肯德基在 2019 年情人节推送了包装成“明星朋友圈”样式的广告，代言人变身肯德基人气店长，捧着一束充满爱意的“冰淇淋花筒”，号召大家用“花”传递爱意。根据微信官方数据，这条广告的“点赞率、评论率均高达行业均值的 8 ~ 9 倍”。①

① 陈苏城，周艳．肯德基中国：快餐巨头的创新营销驱动战略［J］．国际品牌观察：媒介，2020（5）：34 – 41.

全面铺开的硬广投放背后是大量的营销内容需求，外加肯德基官方 App、合作平台、旗下 6500 家店铺所需的各类餐品素材及营销内容物料，不难想到，肯德基一定拥有良好的内容素材管理功底。总之，通过积极的广告投放策略，肯德基得以不断在消费者心目中刷得“存在感”。

（二）统一内核的 IP 合作

作为大众性的快餐品牌，肯德基的消费群体范围十分广泛，要覆盖如此庞大的用户群体，在依靠商业信息的精准传播以外，肯德基需要借助更多娱乐内容的力量。为此，肯德基研究了不同的泛娱乐生态，包括电视剧、电影、综艺、脱口秀、漫画、电竞等各大领域，开启了广泛而深入的 IP 合作。

这种深入首先表现在对于合作 IP 仔细的评估选择。IP 类型与肯德基的品牌形象、消费群体是否匹配？主创人员的市场号召力与好感度如何？是否存在政策风险？这些问题在开启任何一项 IP 合作时都会被第一时间考量。

同时，这种合作过程不是单纯的广告合作，而是从 IP 特质和品牌及业务线的共性出发，归纳出共同的精神内核，进行内容的共创。在与合家欢型电影《疯狂的外星人》的合作中，肯德基以“新春金桶”这样的家庭线产品切入，通过微博、广告片等各种手段不断与消费者沟通，以此吸引广大粉丝和观众的情感共鸣。而对于更加潮酷的“K Coffee”业务线，肯德基则主要聚焦在脱口秀、LiveHouse 等内容形式的合作，主打“精神抖擞”“拒绝千篇一律的时尚”等价值观念。

最后，IP 合作的形式也不拘泥于简单的道具、剧情植入，更注重在 IP 内容以外对其进行推广运用，包括门店中影视剧相关元素的运用、社交媒体的联合推广、根据影视剧内食物做相应菜品开发等，从而扩大 IP 合作的传播效果。与电视剧《知否知否应是绿肥红瘦》的合作中，肯德基为剧集量身打造了定制化产品——玫瑰酥饼，产品作为剧中女主角喜爱的甜品多次出现，情景化自然植入，同时肯德基配合线下海报并开设知否主题甜品店，引发讨论及销售热潮。

通过这种充分考虑统一性与契合性的内容 IP 合作，肯德基一方面得以保障强有力的品牌曝光与传播覆盖；另一方面与内容 IP 相互借力，实现了品牌精神内核的深化与丰富（见表 2－1）。

表 2-1　　肯德基 2019 年泛娱乐 IP 合作不完全集合

IP 类型	IP 名称	合作产品	合作形式
电影	若能与你共乘海浪之上	火鸡双人餐	周边（海报、剧照）、观影券
	利刃出鞘	圣诞欢享桶	周边（马克杯）、观影券、戏精海报大赏
	被光抓走的人	潮汉堡双人餐	周边（海报）、观影券
	天气之子	九龙金玉乌龙奶茶	周边（原版挂画、原作小说、鼠标垫、签名海报）、观影券
	双子杀手	王炸双子桶	周边（海报、剧照）、观影券
	罗小黑战记	五味小食拼盘	周边（海报）、观影券、电影歌单上线 K-Music
	攀登者	—	观影券
	哪吒之魔童降世	哪吒应援套餐	周边（海报、钥匙扣、角色立牌、胶带、T恤）、观影券、电影歌单上线 K-Music、口袋炸鸡主题店、线下主题店、TVC
	上海堡垒	培根鸡腿重磅肉霸堡	周边（海报、贴纸、玩具、勋章、扇子等）、观影券、线下主题店、TVC
	跳舞吧大象	—	周边、观影券、线下主题店
	蜘蛛侠：英雄远征	蜘蛛侠主题欢享餐	周边（行李牌、眼罩、印章）、观影券、新品开发、口袋炸鸡主题店、线下主题店、TVC
	千与千寻	—	周边、观影券、线下主题店
	最好的我们	四国柚子冰淇淋 + 杨梅饮	观影券
	流浪地球	超值硬核午餐	周边（海报）、观影券、线下主题店、TVC
	疯狂的外星人	新春金桶	周边（海报、签名桶）、观影券、TVC
电视剧	带风的少年	—	周边（海报、签名照、人形立牌）、歌单上线 K-Music、线下主题店
	亲爱的热爱的	九龙金玉乌龙茶饮	周边（海报、剧照）
	我的真朋友	白桃冰淇淋	周边（海报、剧照）
	知否知否应是绿肥红瘦	玫瑰酥饼	周边（手账本、签名照）、定制产品、线下主题店
漫画	明日方舟	泡菜肥牛鸡腿堡双人餐	周边（《明日方舟》游戏限定版大神卡、周边福袋、《明日方舟》可颂合作时装、《罗德岛》理智礼包）、口袋炸鸡主题店、线下主题店

续表

IP类型	IP名称	合作产品	合作形式
综艺	芒果TV七大综艺（《密室大逃脱》《明星大侦探》《勇敢的世界》《野生厨房》《妻了的浪漫旅行》《少年可期》《我最爱的女人们》）	—	青春芒果套餐、限定版芒果崽公仔和《青春芒果城》通行卡
脱口秀	KOOL时代脱口秀	K Coffee	赞助脱口秀

资料来源：根据肯德基官方网站资料整理。

二、构建互动力，达成营销的深度拓展

链接社交化的广泛存在强化了消费者在营销中的力量与价值，消费者甚至可与企业“协商品牌”，这意味着营销传播不仅仅是单方面的沟通，而应该是与消费者的互动过程。这种互动代表着营销的粘性，是消费者自下而上建立与企业的关系，它能让消费者之间，消费者与货、场、内容之间自发地联动起来，互相影响，相互渗透，从而放大品牌力的效果。

在打造互动力方面，肯德基构建了“KI上校”这个人格化的品牌形象，通过动态化的内容运营实现与消费者的深度互动，同时运用明星元素，激发粉丝参与热情。

（一）打造人格化品牌“KI上校”

与消费者建立关系，品牌人格化是一条有效的路径：透过拟人的角色，与消费者进行平等而有趣的沟通。这也成为肯德基的努力方向，它将人工智能技术与肯德基上校元素结合，创造出人工智能IP“KI上校”。

为了赋予“KI上校”立体化的人格，肯德基为其创造了新的世界观与独特的身世背景：“KI上校”来自肯德基“宇宙”，使命是将肯德基“宇宙”的“快乐”能量带给地球，让地球人类在吃炸鸡的时候，感受到快乐。同时还借助万千条语音词库丰富了“KI上校”的性格体系，塑造出一个有性格、风趣幽默的人物形象。

“KI上校”最初被运用在肯德基超级App里与用户进行创意互动，承接用户自主点餐、外送、跳转商城等多种服务需求，为用户带来全新体验。“KI上校”以它独特的视角与用户聊天，根据聊天内容能给出不同的“情绪”反应，和机器人独特的幽默回答。肯德基还可每天设置不同的对话彩蛋，根据用户的提问和彩

蛋内容，寻找目标受众，通过创意性的互动对话，有效传递产品信息及活动信息。

随后肯德基将“KI 上校”这一虚拟角色作为“英雄联盟赛事首席数据官”深度植入到英雄联盟电子竞技赛事过程中，才真正为它打出品牌，收获粉丝。

在比赛中，肯德基与英雄联盟官方数据公司 PentaQ 合作，根据每个团队的所有历史数据和实时数据创建算法，对谁将赢得比赛进行实时预测，使得所有玩家们都可以在赛前、赛中和赛后跟踪赛事预测。由于“KI 上校”的预测非常准确，也因此成为英雄联盟中的“章鱼保罗”，赢得游戏粉丝的热烈拥护。

在游戏预测之外，“KI 上校”还会根据粉丝群体的话语体系创造并实时更新个性化的语言、手势、表情包等与粉丝群体进行沟通互动，拉近与粉丝的距离，真正与粉丝玩到一起。通过这个品牌专属 IP 的打造，不仅让肯德基创造快乐的品牌形象深入人心，同时也加深了与消费者的情感链接，为品牌信息的渗透与裂变打下了坚实的基础。

此外，通过在比赛每个高潮节点向观众粉丝发放肯德基线上订餐优惠券的操作，“KI 上校”还实现了用户导流，增加了肯德基官方电商平台的会员注册量，并提高了销售转化（见图 2－13）。

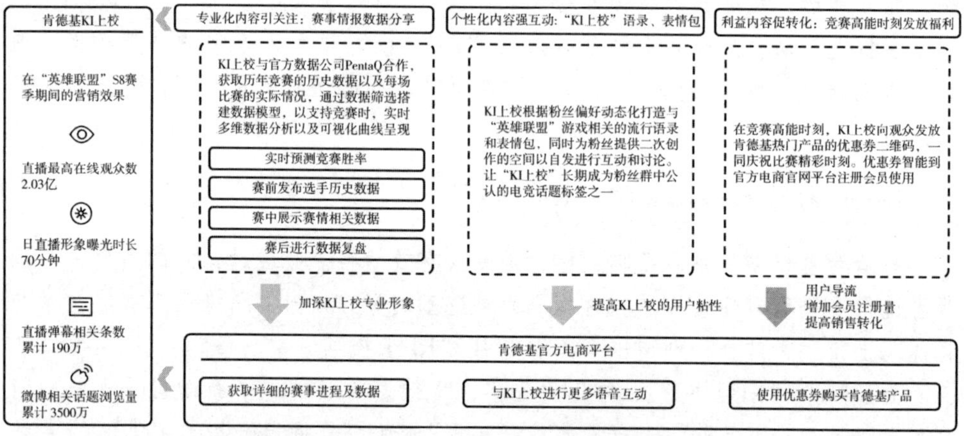

图 2－13 “KI 上校”与电竞圈互动示意

资料来源：根据英雄联盟官方数据整理。

（二）营销内容的动态化运营

与消费者的深度互动，必然要求对营销内容进行动态化运营，即积极寻求消费者的沟通反馈并据此对营销内容进行实时动态的调整，否则可能会出现难以掌控的局面或错过新的沟通机会。因此，新的营销要对营销内容进行循环动态的运营，不断地根据营销内容沟通的效果，对内容的创作与分发进行优化，实现“创作—分发—监测—创作”过程的反复更迭。

肯德基中国意识到了这种动态化运营的重要性。一方面，肯德基会进行社交内容的动态运营，它监测社交平台的实时动态，比如微博的热门榜单等，关注有哪些热点话题可以参与内容生产；也会监测各平台下消费者的反馈，比如品牌官方微博下的评论转发，看是否存在可以操作的话题或者需要处理的问题。另一方面，肯德基也相当重视广告素材的动态优化，会基于自己的数据监测，查看每一轮广告的投放效果，迅速分析，连夜修改更新（见图2-14）。

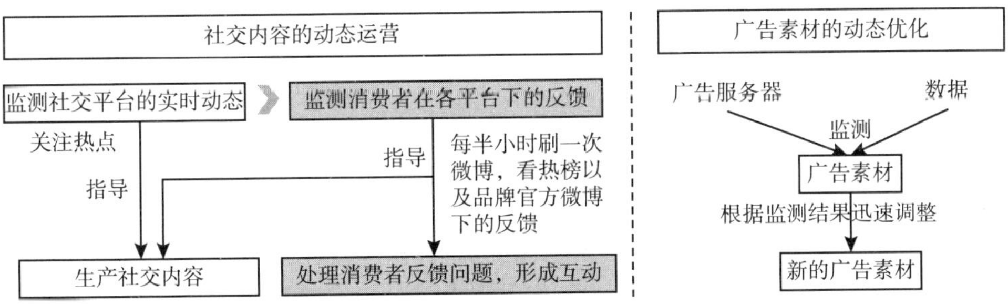

图2-14　肯德基营销内容的动态化运营

通过这样的动态化运营过程，肯德基得以在社交媒体上与消费者形成“对话”的态势，加深与消费者的情感联系，提高营销沟通效果。

（三）明星元素带动粉丝经济

用好粉丝经济可以带来品牌的传播裂变和销量提升，这一点已经为众多营销人所共识。肯德基中国则更是这一领域的元老级前辈。2013年底，肯德基拍摄名为《谁能代表肯德基》的电视广告，引导粉丝在网上为明星所代表的产品投票。此后，肯德基便开始了对高人气明星的广告收割模式，目前肯德基中国拥有5位广告代言人。在广告代言以外，肯德基中国还广泛地和各领域明星开展多样化的合作。

与明星合作并不意味着就能玩转粉丝经济，其关键还在于如何运用明星元素。在这方面，肯德基已经形成了一套自己的方法论。

首先，运用图片、视频、表情包等各种明星物料吸引粉丝关注是基本操作，据观测，肯德基官方账号中带有明星元素的微博转发、评论数普遍上万，其中代言人家族齐聚庆祝原味鸡80周年的微博发出7小时就已获得6.7万次转发，

9745 条评论以及 110 万个点赞。①

其次，进一步运用各种明星周边激发粉丝互动热情，这些明星周边既包括实体物品如签名照、海报、小卡、鼠标垫、人形抱枕等，也包括一些虚拟权益，如明星版天猫店铺皮肤、每日明星语音问候、明星花絮视频等。在这些奖品权益的刺激之下，粉丝会积极参与转发、评论微博，参与话题讨论，购买肯德基产品，开设口袋炸鸡店以及在音乐平台 K - Music 中为明星打榜等各种互动操作。肯德基甚至设置了进阶式的互动任务及相应激励来引导粉丝更多的参与，如微博话题讨论量分别达到 150 万条、200 万条、300 万条，即可分别解锁 1 条明星独家花絮视频等。而在 K - Music 平台中，肯德基则设计了打榜冲到前两名的明星可以打造一个主题店的激励机制。值得一提的是，肯德基对自己的定位不仅仅是明星的赞助商，同时化作粉丝的一员，为明星送去应援餐车、举办明星“庆生会”等，与粉丝真正玩在一起。

在这些激发粉丝互动的套路以外，肯德基深刻明白互动只是手段，目的是为了更好地完成营销目标。在“雨神宅急送”营销活动中，发布《雨神宅急送》广告歌、拓展系列表情包、转发抽奖、全民竞猜等互动活动都是为了在前期利用明星扩大声量，炒热话题，吸引大家对肯德基雨天新菜单的关注，从而实现外卖销量增长并减缓出餐压力的营销目标。

通过广泛地开展明星合作，成熟的互动操作，肯德基已经在粉丝经济这条路上越走越好，“未来肯德基会继续玩好粉丝经济”，百胜中国媒介共享服务总监黄滨如此表示。

三、构筑销售力，实现营销的效率提升

销售力对营销的重要性不言而喻。打品牌，进行自上而下的覆盖是为了更好地销售变现；跟消费者链接与互动，进行自下而上的传播交流也是为了更好地推动销售实现，销售力是衡量营销是否有效的重要指标。

在打造销售力方面，肯德基一方面不遗余力地推广数字会员计划，促进会员的忠诚与复购；另一方面培养与拓展“渠道的人”，强化其销售与服务的积极性。

（一）搭建数字会员体系

过去，肯德基认为“做一对一客户管理好像投资回报率不会太高”。如今，

① 陈苏城，周艳．肯德基中国：快餐巨头的创新营销驱动战略［J］．国际品牌观察：媒介，2020（5）：34 - 41.

肯德基已颠覆了十几年前的认知，将这部分客户管理的资产看作是非常重要的一部分。

如此判断应该来自肯德基对“营销的出发点是消费者需求”的深刻体会。只有当企业足够了解消费者，打造了与消费者的高效连接路径与服务通道，才有可能构建与消费者之间持续而长久的关系，从而最大化挖掘与创造消费者价值。为此，搭建数字会员体系是必须的一步。

首先，肯德基通过福利抽奖，定制卡面，与爱奇艺、腾讯视频等互补品捆绑会员等各种活动极力推广会员计划，并且通过大神卡、宅神卡、咖啡包月卡、午餐包月卡、666 神卡、亲子卡、醒神卡等不同卡片覆盖早餐族、午餐族、咖啡族、御宅族、家庭消费群等各大消费群体。

其次，通过一定的特惠机制吸引消费者成为会员。以大神卡为例，它推出的“十权十美”春日限定版，在免费送货、餐品折扣以外，还提供梵高《麦田里的丝柏树》限定电子卡面、圣代代金券，以及爱奇艺 30 天 VIP 会员、QQ 音乐 31 天豪华绿钻会员、喜马拉雅 30 天 VIP、京东 30 天 Plus 会员以及起点读书阅读礼包等跨界权益。这些权益会不定期更新以刺激新用户的需求。

此外，积分换礼的会员激励机制也被肯德基使用得炉火纯青。会员通过消费赚取的积分除了肯德基的食物、服务之外，还可以兑换居家餐厨、鲜果美食、美妆个护、潮玩周边、数码家电、婴童用品等各类商品与优惠券。值得一提的是，从 2018 年 5 月开始，百胜中国将肯德基与必胜客的会员积分打通为“V 金”。通过这种多品牌的会员激励计划不仅提高了会员忠诚度，而且可以创造品牌之间的交叉销售机会，同时礼品的兑换与销售还打通了肯德基的会员电商之路，可谓一举三得。

最后，肯德基还充分挖掘会员不同的兴趣爱好，提供了诸如 K – Music、K – Run、小书迷王国、爱心养鸡场、会员公益等个性化活动与服务，建立会员社区，从而获得更加紧密的互动。

经过以上全方位的努力，2019 年肯德基会员数量增长了 5500 万，达到 2.15 亿，如此庞大的会员规模提供了大量有价值的客户行为数据，肯德基得以洞察并精准沟通消费者，促进销售转化的进行。财报显示，这些会员的订单频率及销售额都有所增加，2019 年贡献了肯德基中国约 50% 的销售额（见图 2 – 15）。①

① 资料来源：2019 年中国百胜财报数据。

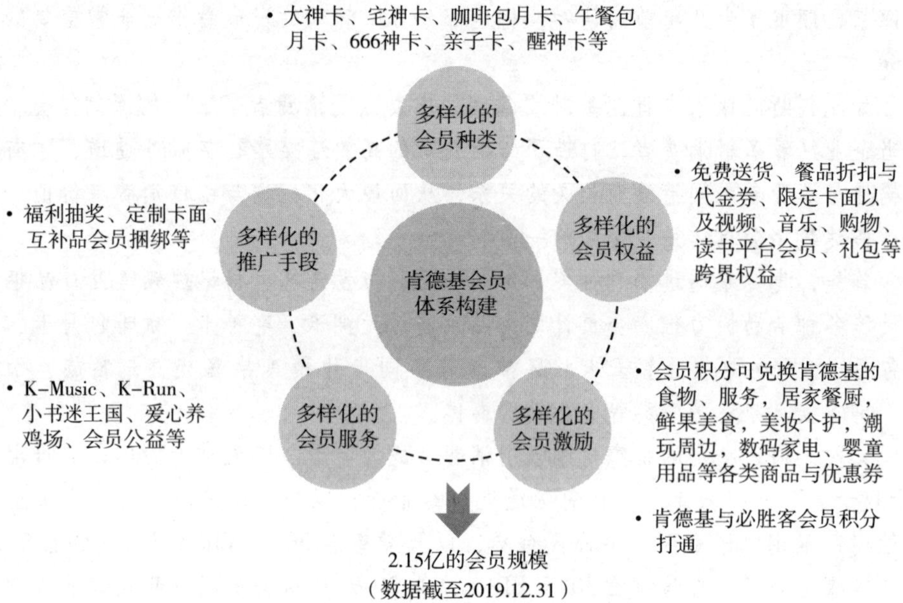

图 2-15　肯德基的会员体系构建

（二）对“渠道的人”的培养与拓展

社交化的广泛存在拓展了“人”的营销潜能。“人人能营销，万物皆可货”成为新常态，人是营销中组建传播网络的抓手，也是品牌销售转化的代理者，把握各个营销场域中丰富的“人”资源，发挥他们在传播引导、利益扩散、话题裂变、销售赋能等方面的作用，成为了如今的营销重点。其中，处在各层级分销渠道上的、每一个转化结点上的“渠道的人”是企业可以重点培养与拓展的资源。他们处于营销场域最前线，可以在多样化的场景中即时高效地响应消费者需求。企业通过一定的培训与赋能机制，提升员工、经销商等“渠道的人”的专业度，完善其沟通时的话语体系与转化通路的建构，从而放大其服务力与销售力。

肯德基拥有系统而严格的培训体系，覆盖餐厅服务员、餐厅经理、管理人员等多样化的人员层次，培训内容涉及品质管理、产品品质评估、服务沟通、有效管理时间、领导风格、人力成本管理、团队精神等各个方面，甚至特别建有适用于当地餐厅管理的专业训练系统及教育基地——教育发展中心，每年为来自全国各地的2000多名肯德基的餐厅管理人员提供上千次的培训课程。

在这些常规性的技能与理念培训以外，肯德基还通过“口袋炸鸡店”、抖音这样的项目与平台拓展员工的销售和服务能力。

肯德基中国推出的“口袋炸鸡店”事实上是一个社交电商式的用法。通过“口袋炸鸡店”小程序，每个人都能注册成为店主，售卖各种肯德基优惠券，店主可以通过群组、朋友圈等渠道把店铺分享给朋友，朋友们可以为店铺“加糖”增加虚拟人气值，也可以通过店铺获得优惠券，并直接跳转到肯德基小程序的下单页面，由此缩短从优惠券到实际购买的转化路径。对店主而言，人气的增高与成交订单数的增长都将使他们进一步解锁更多优惠，包括红包、优惠券等。通过口袋炸鸡广场，手机用户可以直接看到全世界的店铺销量排名。

通过这个集销售、社交、顾客关系管理（CRM）为一体的微信小程序，不仅普通消费者能参与进来，肯德基更是大力鼓励员工参与。目前肯德基在全国有超过200万家口袋炸鸡店，其中40万家都由肯德基员工开设①，肯德基鼓励员工通过分享口袋炸鸡店为肯德基带货，以优惠券吸引个人社交圈内的更多消费者转变为顾客。

除此以外，肯德基还鼓励员工们在抖音直播或发短视频为新品或热品带货，对于转化成效明显的员工，肯德基会提供更多的直播资源和独家优惠等。

通过多样化的培养和赋能机制，肯德基得以利用旗下员工的社交关系与信任纽带，拓展企业与消费者的连接场景，提高转化效率，更大地发挥“渠道的人”的销售与服务效能。

在市场环境的疾风骤雨之下，大型连锁企业往往面临着更为复杂、漫长的痛苦转型。肯德基中国从数字化战略出发，探索在品牌、内容、消费者、渠道等方面的创新运营，构建与消费者的高效链接，实现品牌力、互动力、销售力的三力协同。在这些实操背后我们看到肯德基作为老牌企业的功底，以及它不断锐意进取的决心。

【案例2】行圆：营销一体理念下的汽车营销服务②

行圆汽车信息技术有限公司（以下简称“行圆”）成立于2016年底，是中国首家致力于汽车流通领域智能化运营的产业互联网平台。其定位则是“汽车产业互联网平台服务供应商”，包括通过将新车交易和使用权交易相融合，科学管理新车使用价值变现和二手残值，形成汽车全市场生命周期资产化管理模式。打

① 陈苏城，周艳．肯德基中国：快餐巨头的创新营销驱动战略［J］．国际品牌观察：媒介，2020（5）：34－41.

② 马涛．重构人与车的连接，移动互联时代的汽车营销变革——对话行圆汽车创始人，董事长兼CEO邵京宁［J］．国际品牌观察：媒介，2017（11）.

通新车与二手车交易，产权与使用权交易，金融资本与产业资本，国内市场与国际市场四个隔阂，完成产业融合，帮助汽车厂商有效提升产品价值，实现产业升级。

而汽车营销服务则是其中重要的服务板块。在营销方面，行圆汽车基于营销一体的理念，面向移动互联网全网域，通过内容分发、赋能经纪人的方式帮助汽车厂商和各类经销商以更低的成本和更高的效率获得各种场景下的汽车用户并建立稳定连接。

行圆“营销一体化”模式是在当前汽车产业寒冬的状况下提出的解决方案，通过内容定制化、全网域场景化分发和车顾问服务达到营销一体化目的（见图2－16）。

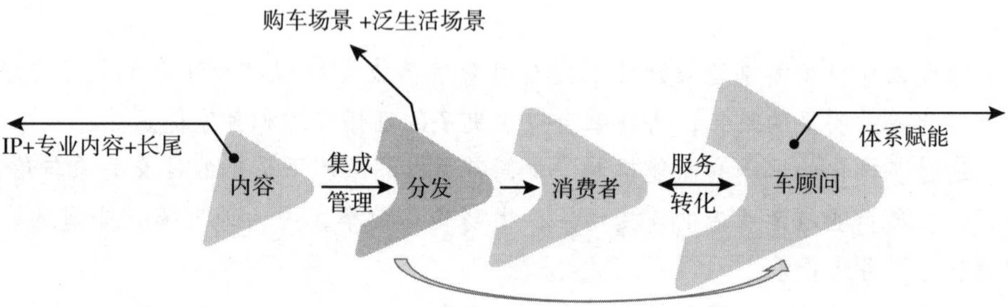

图2－16　行圆营销一体的体系模型

对汽车产业而言，营销市场由卖方市场转变为买方市场，呼唤精细化营销和营销一体化解决方案。曾经乙方向甲方打包销售期货媒介资源且不承诺实际销售效果的时代已经过时，汽车营销需要实现从营销分裂向营销一体转变。

行圆的营销一体化模式在内容生产集成、场景化分发及车顾问推动销售转化三大层面做出改变，通过内容定制化生产集成，全网域场景化分发及车顾问服务转化实现高效的“车找人”体系，将适合的内容分发到适合的场景，并围绕着销售转化，让车顾问主动出击，贴身服务，达到转化目的。

一、对汽车营销中的各种内容进行集成、管理

对今天的汽车营销而言，在流量成本高企、消费者心智门槛提升的背景下，内容越发发挥重要的作用。而要实现对内容的高效应用，则要求将可能为汽车营销所用的内容集成起来，进行精细化管理，才能支撑高效的内容生产与分发。行圆为此推出了汽车大全及圆融平台。

行圆认为，在汽车营销中，可以发挥价值的内容主要包括头部的IP内容、汽车强相关的专业内容以及碎片化的长尾内容。针对三种不同类型的内容，行圆建立了不同的机制。

圆融平台负责头部IP内容的合作以及长尾碎片内容的集成；而汽车大全则拥有编辑团队，负责专业内容的生产。而无论是合作、集成或自主生产，行圆都会对各类内容赋予标签，进行物料化、资产化管理，以适应后续内容场景化分发的需求。

汽车大全是行圆的第一方内容平台，在整合各地汽车市场信息及各类车型数据的同时，也发布关于汽车图片、视频、新车资讯、汽车测评及导购报价等汽车类专业内容。同时也挂载问答系统，在即时的问答之外，还会将过往的问答整理展示。可以说，与传统垂直媒体平台类似，是对汽车内容的深度展出，将腰部内容——商品评价和导购、腿部内容——销售报价和消费信息结合。

如果说汽车大全的内容是针对车本身，那么圆融的内容则是不止于车，还关乎场景、人群。圆融是行圆的第三方内容市场，承载着第三方内容创作、集成与管理的业务。内容集成上，圆融为车企提供了作品采买、自媒体合作和账号买断的业务。其中，作品采买及自媒体合作集成了圆融的长尾内容，自媒体合作内容是根据不同场景需求与汽车特点创作的。账号买断业务则构成了圆融的IP内容来源。可以说，与汽车大全不同，圆融输出的是具有粘性及吸引力的头部内容，是第三方内容的生产与集成（见表2-2）。

表2-2　行圆的内容集成

品牌	内容类型	生产方式	表现形式
圆融	IP内容	合作或一定时期/范围内的权益买断	如混子曰、野食小哥、好奇博士，为这些自媒体打上场景标签
	长尾内容	集成	圆融的作品采买、合作自媒体定制化内容，并为这些内容打上场景标签
汽车大全	专业内容	自产	汽车大全中的汽车测评、图片、视频、咨询、导购报价、问答等

同时，圆融也内置一套关于作品和作者的管理系统，对其内容有原创度的评估，合作自媒体也有创作指数的评估，圆融平台也会为自媒体及文章内容打上场

景标签，方便车顾问（B 端）更好地了解其应用场景及质量，推进内容交易。

汽车大全和圆融的内容生产是一体两面的，他们共同构成了行圆的内容物料的基础。在这些物料基础上，行圆创立了头腰腿的内容组合模式，发挥不同类型内容的价值。IP 内容、汽车专业内容与长尾碎片内容组合在一起，通过头部内容的流量吸引，唤起消费者的场景内心理，形成情感共鸣，寻求价值观的趋同最终达成销售转化的目的。

二、全网域、场景化分发，深度连接消费者，提升传播效率

在当下的购车决策过程中，消费者还是会基于购前、中、后的决策流程，使用购车场景下的媒体进行信息筛选；同时，消费者广泛接触到与自身购车相关的各类场景化媒体，这些场景化媒体贴近用户的生活需求，例如母婴媒体与三口之家的出行需求、旅行媒体与自驾需求等。因此，行圆构建了全网域场景化的分发策略，将重点从流量转向消费者“场景”，将定制化内容与场景相关联，实现深度连接。

在购车场景方面，汽车大全作为承载汽车深度信息的媒体，也承接营销内容的分发任务，分发展示汽车强相关信息，贯穿购前、中、后等环节，覆盖用户购车场景。在与泛生活场景方面，圆融合作的自媒体、站外场 App 则是主力军，他们覆盖了包括母婴、旅行、美妆、美食、军事、历史等各类泛生活场景。圆融合作的自媒体分布于不同的场景之中，在各自的场景内有大量的粉丝，既保证了内容的曝光度，也保证了内容与场景的匹配度。

除合作自媒体的推广，行圆也与新浪、美团、平安好车主、马蜂窝等都建立了合作关系，建立流量入口。行圆在与各方合作的同时，整合资源优势，不断完善其不同场景的内容生态圈。在前端场景之内，通过算法，为内容打上标签并分发到对应的场景之中，实现定制化内容的场景分发。

全网域、场景化分发抓住了细分场景下的用户，积极地将内容物料投送至用户可能出现的各种场景中，让场景化内容刺激其消费欲望。这是行圆“车找人”式的主动出击。

例如，在英菲尼迪借助全场景分发的营销案例中，将定制内容通过自媒体、站外场 App、汽车大全三个途径进行第一层分发，在与文章内容相关的母婴场景、旅游场景中寻找高效线索。第二层分发则是由车顾问以及普通用户为主体的裂变分发，将文章内容更精细地传达到相关消费者手中（见图 2 – 17）。

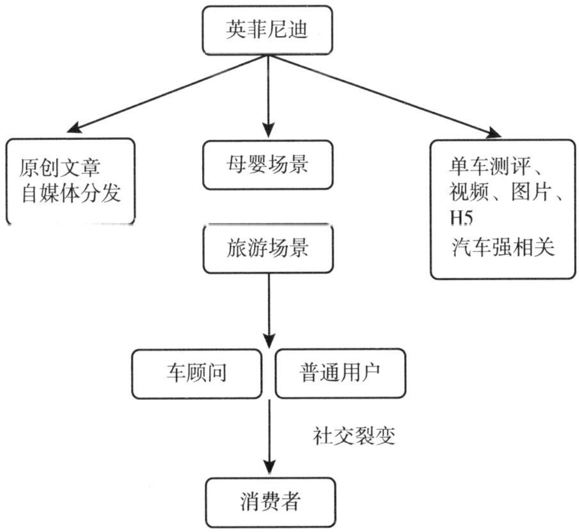

图 2－17　英菲尼迪场景分发案例

三、让“人”进场，赋能车顾问，推动销售转化

面对灵活主动的消费者，除在内容方面推动转变外，行圆还着力推进的另一转变是“车顾问”——即过去汽车营销中承接销售的汽车经销人员。让这些经销人员主动进入消费者的网格中，建立联系，继而通过贴身的服务完成转化。

车顾问所发挥的价值是社交裂变。场景化分发更多地是标签引导的投送机制，机械化的标签系统在投送精度上不可避免地存在误差，并且投送以场景为单位，止于场景，而不能精细到个人。车顾问则会在营销内容传播到平台后进行辨别，将适合的内容以自己为中心向个人传播，能更高效地触达客户，刺激其购买消费。同时，将营销内容分发到对应场景之后，需要一个更下沉的入口对潜在客户再刺激以达到更好的转化效果，此时，以车顾问为主体的贴身服务便发挥了关键作用。而要发挥汽车营销中车顾问的价值，一方面需要对全国的经销商人员进行整合，吸纳到行圆的营销体系中，这一工作正在逐步推进；另一方面，则需要对这些人员进行赋能——毕竟在此前的汽车营销模式里，汽车经销人员较多地是“被动”的，缺乏“主动”营销技巧。车顾问 App 就是行圆汽车所开发的赋能工具之一。

车顾问 App 中的内容总体分为两大类，即销售转化功能与车辆来源。销售转化工具为车顾问销售车辆服务，一般有获客名片、潜客足迹、内容文章、购车返现券、专属邀请码以及车豆这些功能；车辆来源包括了厂家直供的车源，还有地方经销商委托的客源以及顾问圈内相互推转的车源。车辆来源方发布悬赏任务之后，车顾问可以报名参加，并且领取来源方所分发的专属邀请码、车豆以及返现券，通过转发相关内容文章至朋友圈等社交媒体以及周围联系人，使用文章页面挂载的访问轨迹系统甄别潜在的有效线索，继而使用返现券等优惠激发客户的购车欲望，达到销售目的（见表2-3）。

表2-3　　车顾问App主要功能

销售转换工具	获客名片	在线生成车顾问名片，方便获取线索
	潜客足迹	客户转发链接里的访问轨迹，可为车顾问提供有效线索
	单车测评、新车资讯、行业要闻	有关汽车的文章，用于车顾问转发传播
	购车返现券	由车顾问交予客户，用于购车优惠
	车豆	通过转发文章内容获得，用以兑换返现券
	专属邀请码	车顾问独有邀请码，客户购车输入邀请码可让车顾问获得奖励
车辆来源	车源	厂商直供车源，并由厂商发布销售任务
	客源	地方经销商委托并发布销售任务
	顾问圈	车顾问之间车源流通

车顾问营销模式在2019年6月进行的“长安汽车种子计划”中表现出了不俗效果，在此次营销中通过购车优惠券的利益驱动，将C端消费者和B端车顾问同时发动起来，将营销内容通过社交裂变进行分发，取得成功的转化效果（见图2-18）。

以车顾问作为节点，利用其关系圈将营销内容进一步分发，更好地精准触及更为精细的场景，触及客户。在利益驱动下，车顾问的积极性能够得到有效的提高，同时，车顾问可以根据潜客足迹来寻找有效线索，减少成本，提高效率。在场景内容的心理唤起、情感认同下，加上车顾问提供的返现券奖励，有效地促进购车转换率。

市场逐渐由买方市场主导，行圆提出去中心化，由“人找车”向“车找人”的营销方式转变。主动出击是行圆汽车面对市场变化所提供的答案。相较以往，行圆的营销一体从内容和服务层面上更侧重于“人”，从分发场景的分类、构建，内容的量身定制以及车顾问的贴身服务，都是以“人”为中心思考。深度洞察人群特点和需求，才能制定对应的方案以做到精细化运营，进而降成本，提效率。

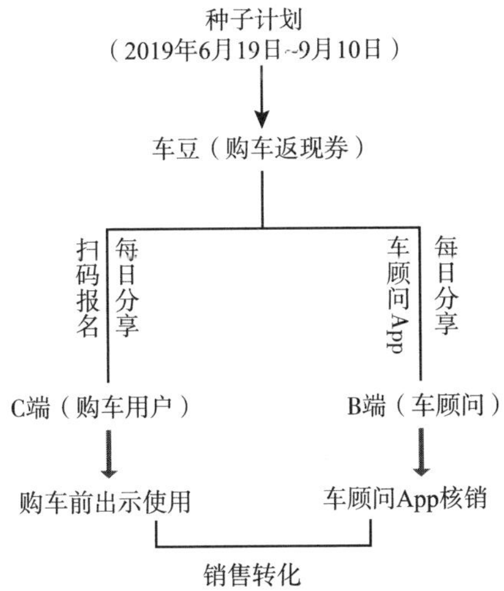

图 2－18　种子计划示意

第四节　新营销，新运营

为了实现营销一体化的目标，新的营销也必须在运营流程上进行变革，从底层运营支撑体系、组织结构以及运营实操等方面进行优化升级（见图 2－19）。

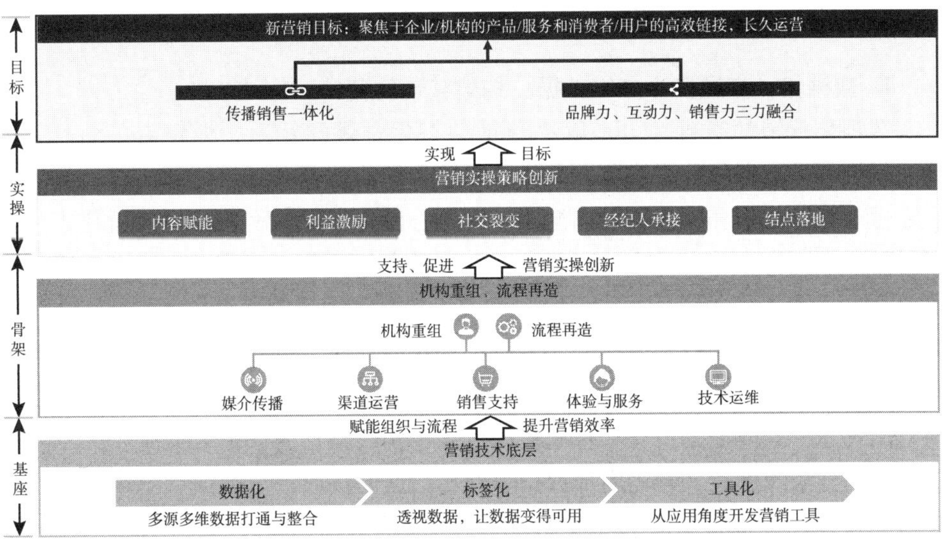

图 2－19　新营销运营流程

（一）基座：新营销技术底层的建设

目前，我们正面临着一个极度复杂又瞬息万变的营销环境。一方面，营销要求我们对粉尘化的消费者进行洞察和重聚，了解他们的分层折叠的状态，尊重他们消费需求的多样化与个性化。另一方面，如何全盘考量与洞察消费者、商品、媒体、渠道之间千丝万缕的联系，获取市场机会，也是营销面临的巨大挑战。与此同时，营销策略的制定和执行也越来越动态化，市场瞬息万变，需要及时响应、持续调整，比如营销物料生产与分发的高效适配、活动体验与服务跟随的不断升级、多渠道促销的变化与跟进。

想要在瞬息万变的环境中做出正确的营销决策，洞察、触达、转化消费者，就要打造一个能够支撑这种快速响应、持续修正调试回应市场变化的实操策略落地，而这需要建设底层的营销技术支撑体系（见图2－20）。

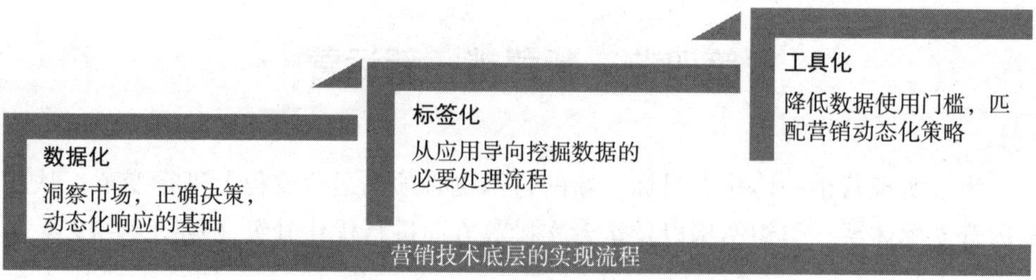

图2－20　营销技术底层的实现流程

1. 数据化：打通多源多维数据、构建整合的营销数据池

数据是营销的基础，也是解决营销动态化难题的钥匙。消费者、商品、媒体、渠道等大数据的背后隐藏着洞察、触达、转化消费者的可能和机会。基于大量数据计算、分析和建模，可以洞察、预测、催化市场，将各种触点所代表的消费者的需求与内容、商品实时正确地匹配，动态化地响应营销需求，实现营销价值的深度挖掘。

新营销把数据和技术的结合作为底层构建的基座，把营销技术的升级作为方向，应用于营销、商务、销售、服务等各个环节。这种数据化思维、方法正在重构营销理念，其前提是占有和打通多源数据，构建整合的营销数据池。

从数据来源来看，营销内部数据和外部数据要打通；从数据状态来看，历史数据的收集和实时数据的更新要两手抓；从数据类别来看，渠道数据、媒体数据、消费者数据、商品数据、其他相关数据全部要纳入整合视野（见图2－21）。

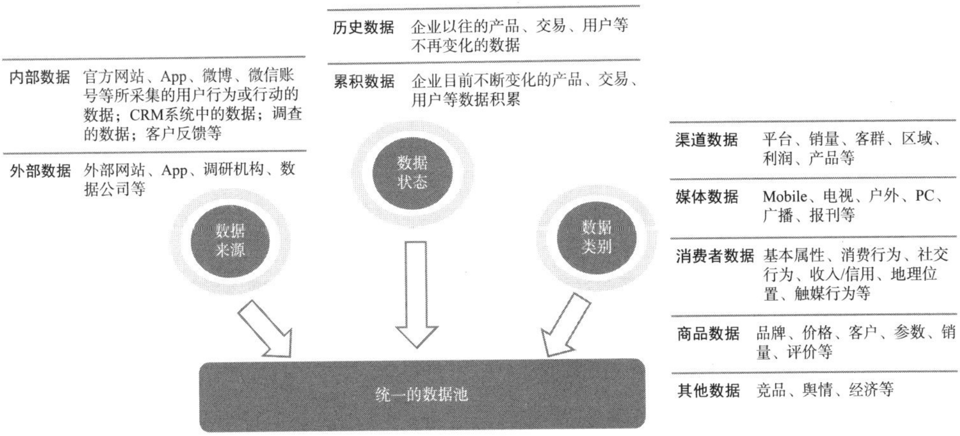

图 2-21　营销数据池示意

目前营销技术底层构建的困难在于数据的分散和孤立。企业内部各部门之间数据各自为政；企业仅掌握第一方数据，外部数据亟待扩充；一些领先的互联网公司形成了相对封闭的数据生态，构成了企业获取数据的“围墙”，这些都为营销打通全流程数据带来了困难。

但是，只有获取、打通多源多维数据，基于具体营销需求，对不断累积和更新的数据进行高效分析和响应，才能获得准确完整的用户画像、消费行为路径洞察、营销决策支持，构建与消费者的关系链接，应对风云变幻的营销环境。

例如百威就整合全渠道营销数据，实现直连亿级消费者。作为全球五大消费品公司之一的百威英博，目前主要还是通过传统分销渠道销售啤酒。但在电商高度发达的中国，这家快消巨头已经意识到通过数字化手段与消费者直接沟通的必要性。通过一物一码，积分、优惠券等奖励机制，结合广告投放，自营电商，电音节等线下体验活动，百威英博找到了将线上线下各个交互环节数字化的突破口。当消费者经过各种渠道沉淀到品牌的运营阵地微信，百威英博会根据消费者的兴趣和行为添加标签，进行渐进式的画像。品牌可以根据标签制定和消费者交互的策略，进行千人千面的沟通。这也被百威英博称为全渠道消费者交互管理（consumer engagement management，CEM）。

随着一次次品牌体验、促销和运营活动的推进，百威英博累积了近千万有互动记录的高质量消费者档案记录，对于用户需求和偏好的了解也逐渐加深。通过持续的个性化互动，消费者活跃度和粘性也得以持续提升，微信新增粉丝平均活跃度提高了 4 倍，官方商城月订单数增加了超过 3 倍（见图 2-22）。

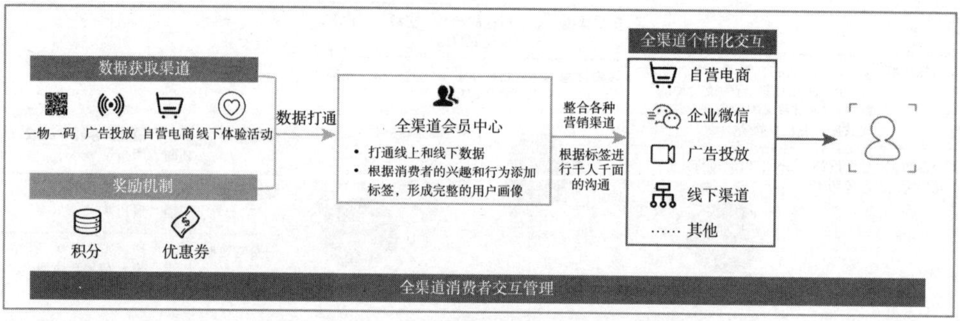

图 2-22　全渠道消费者交互管理示意

2. 标签化：从分析、应用的角度挖掘数据，让数据变得可用

用在营销中的数据通常数量庞大、结构复杂，当把数据应用到实际营销的业务场景时，必须对数据进行可以应用化的处理，标签就是一种重要方式。

标签化就是对占有的数据，从分析、应用的角度进行挖掘，让其变得可用的过程。首先要对数据进行加工，过滤重复数据，识别、清洗垃圾数据，然后根据应用场景和方向定义标签体系的内容维度和价值权重。标签的生产并不仅仅是简单地提取数据特征，不同类别标签的生产和更新机制有所区别，模型标签、预测标签还需要根据数据间的关系，进行建模计算。生产出来标签后还需更新与维护，以保证准确、简洁、易用（见图 2-23）。

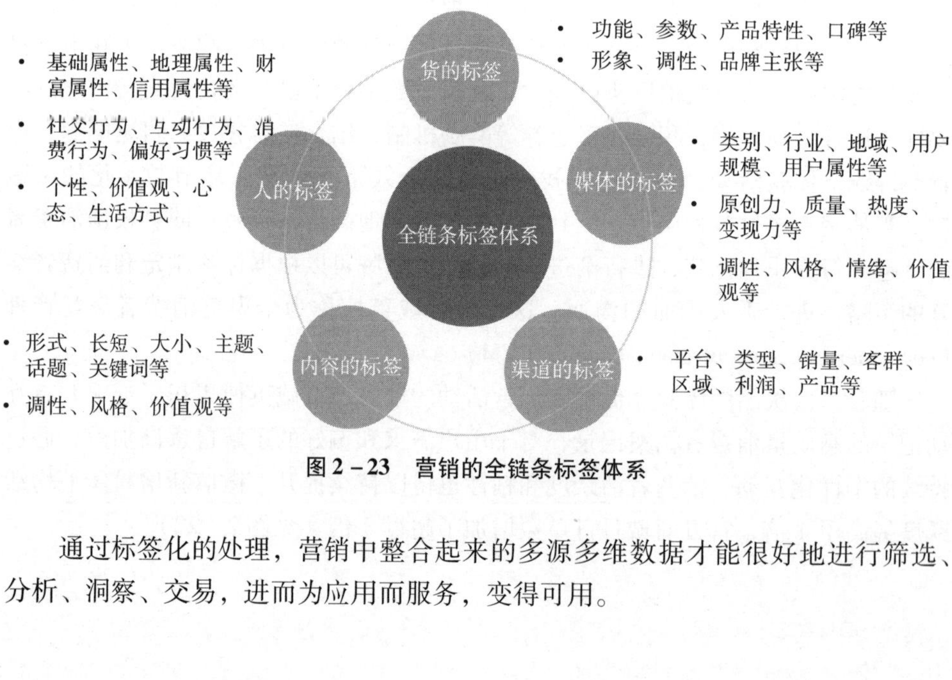

图 2-23　营销的全链条标签体系

通过标签化的处理，营销中整合起来的多源多维数据才能很好地进行筛选、分析、洞察、交易，进而为应用而服务，变得可用。

3. 工具化：根据营销业务，开发实用工具

工具化是支持营销人员根据现实需求，动态适配和调整营销实操策略的主要抓手。工具化的重点，是要嵌入营销人员具体的实操中，提供服务、提升效率。

在数据化基础之上，营销需要围绕媒介传播、营销内容创作、渠道运营、销售与服务等企业营销过程中的核心问题，自研、联合开发或者向第三方公司采购工具。通过这些营销工具的使用，让更多的员工跨越数据分析的专业壁垒，更方便地管理人、货、场、内容，优化传播效果，提升销售效率，从而实现数据驱动、数据赋能。

新观点

起初，技术掌握在 IT 部门手里；渐渐地，尤其是营销圈里的技术人员，比如运营人员、底层设计人员，只要掌握了一点代码，就可以实现强大的功能。加上一些平台化的产品，即使没有技术背景的人，也可以最大限度发挥 MarTech 的潜力。

——斯科特·布林克[①]

数据化、标签化、工具化是营销数字化的基础，也是营销技术转型和升级的实现流程，但我们在布局营销数字化之初却需要有逆向思维和操作，从解决营销问题出发去推动营销技术的升级，实现高效集约的数字化转型。

（二）骨架：新营销机构重组和流程再造

要打通数据资源、完成标签化、工具化的流程，实现底层运营支撑体系的数字化升级，进而实现传播与销售的一体化，必然要求营销在组织管理、资源统筹、运行机制等方面进行变革和部署。

1. 以往传播导向、条框分割的传统组织架构、运营流程无法应对新的营销需求变化

传统的营销架构和流程都是传播导向，不对销售任务负责，绝大多数 CMO

① 吴殿义，周艳．数字化营销工具在图书营销中的发展与应用研究［J］．出版发行研究，2021（3）：61－68.

所做的营销是传播、品牌、公关，这与市场营销的真实内核，即菲利普·科特勒所说“营销是一种驱动企业增长的市场战略”存在较大偏差，也无法适应当下所面临的营销环境的变化。

条框分割是传统营销架构和流程的另一弊端。

从组织架构来看，传统营销职能部门彼此割裂，缺乏共同的目标考量及深度的整合协调机制；数据库的搭建、营销工具的开发处于首席市场官（CMO）与首席信息官（CIO）、首席技术官（CTO）管辖的交叉地界，彼此职能与权责分离。由此造成营销缺乏必要的数据、技术的整合与掌控能力，不同部门、不同媒体平台、不同渠道的数据互相孤立、缺乏整合，处于一个个的数据孤岛状态，更遑论建设工具赋能营销。

从运营流程来看，内容创意、媒介传播、渠道运营、销售支持、客户关系管理等条框分割、次序展开的运营流程是营销专业与科学的代名词，却已无法适应当下融合化的营销环境与业务模式，内容中埋藏转化入口、渠道中实现消费者运营已成为营销的常规操作。

缺乏必要的数据整合与掌控能力，缺乏融合化的运营模式，要实现对市场的准确把握、动态响应、有效连接和持续沉淀用户关系、深度挖掘用户全周期价值更是不可能完成的任务。

2. 构建以运营消费者与商品关系为导向、协同融合的新营销架构与流程

因此，新的营销必须进行机构重组、流程再造，从“运营消费者和商品（服务）的关系、驱动增长”的目标定位出发，架构协同融合的新营销组织与流程。打破传播、销售、渠道、客服、技术、数据等职能传统界限，整合多源多维数据，重塑协同融合的运营流程，引入技术化合作资源，搭建数据化管理等基础设施体系，赋能适应新商业环境的协作机制、管理流程。

只有完成机构重组、流程再造，才能将原来分散的数据、资源、人力、业务凝聚起来，形成合力，把组织的行为目标聚焦在“高效、持久运营消费者和商品（服务）的关系”上，实现在传播中销售、销售中传播。也只有完成机构重组、流程再造，才能塑造和提升员工个人能力，促使他们自主应用底层营销系统提供的各种工具，发挥能动性，在一线积极回应市场挑战，为营销数字化战略奠定基础，从而实现传播与销售的一体化，驱动增长。

第五节　新营销，新特征

从统揽全局的视角来看，“新营销”的根本目的就是打破传统营销单次运营的低效模式，重构多维立体、集约高效的新型营销体系（见图2－24）。

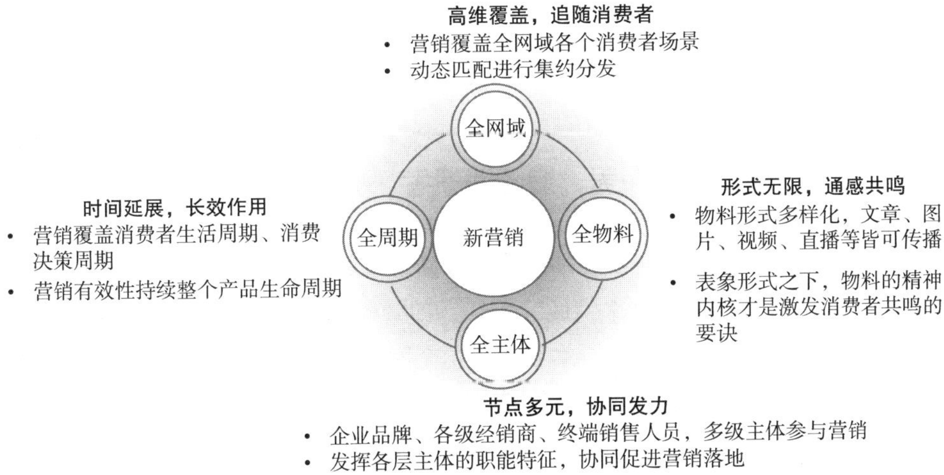

图2－24 新营销的顶层设计

一、全周期：时间延展，长效作用

所谓全周期，即延展营销时间，获取长效作用。消费者、产品是营销的两端，受时间支配，具备周期性。过去通常缺乏对用户消费周期、产品生命周期的系统性、全局性考虑，营销在操作上往往是单点分散的，难以形成累积、协同效应。因此，新营销环境下，营销应覆盖消费者生活周期、消费决策周期，形成渗透力，这样营销效果才能实现长期积累并持续整个周期。

新观点

● 当下，营销最关键是回归本质，重新站在消费者角度审视，从过去局限于流量运营转变为消费者运营，做好两个管理：消费者生命周期管理和商品生命周期管理。

——阿里妈妈首席运营官①

过去的营销广告是短期的，是围绕着商品本身进行营销的。我们需要有思路

① 数据赋能阿里妈妈“智”变营销未来［J］. 声屏世界·广告人，2016（6）：180.

的升级，从短期营销过渡到围绕整体企业生意，用长期长链路的消费者数据去观测、运营，把短期诉求往长期目标升级。

——阿里妈妈首席营销官①

二、全网域：多维覆盖，追随消费者

互联网造就了碎片化时代，消费者行为轨迹破碎难寻，多场景精准覆盖颇为困难。对此，新营销提出“全网域”概念，即营销实现全网域覆盖，多场景触达消费者，动态适配、精准分发。本质而言，全网域打破了过去固定组合策略的局限性，实现了以个性化消费者为核心，以多元性场景为单元的高维覆盖，精准营销。

新观点

跨平台，跨屏幕，跨渠道。未来营销的定义应为“全域营销”，即通过大数据整合各类可触达消费者的渠道资源，建立全链路、精准、高效、可衡量的跨屏跨渠道营销体系。

——阿里妈妈首席科学家②

三、全物料：形式无限，通感共鸣

营销物料承载营销信息，直接接触消费者实现沟通。如今，多元丰富的营销物料拓宽选择范围，新营销不再局限于单一物料形态，文章、图片、视频、直播等一切有流量价值的内容皆可传播，成为营销信息承载介质，释放营销势能。同时，表象形式之下，各种物料的精神内核是激发消费者情感共鸣的关键，揭示消费者内心世界，深层洞察沟通。

① 2017新网商营销大会，新华网，http：//www.xinhuanet.com/fortune/2017wsdhzb。

② 阿里巴巴，《大数据营销白皮书》。

四、全主体：节点多元，协同发力

互联网开放和共享的特点塑造了全新的营销环境。落实于营销环节，需要品牌主、各级经销商、终端销售人员等多级商业主体均发挥各层主体能动特征，协作促进营销落地，实现营销势能的释放。

新观点

营销是一个系统工程，很多表面上的错位乏力，背后可能是营销要素以外的系统问题。营销活动的开展，需要以消费者为中心，统筹配置包括商品、服务、资金、渠道等商业元素，共同作用，形成合力，才能实现企业的营销目标。

——娃哈哈集团原市场部部长①

① 娄钟元. 关于营销变革与创新方向，业界大咖的观点分享［J］. 国际品牌观察：媒介，2017（11）.

第三部分
策　略　篇

新的理念认知，需要配合有效的实操方法，形成真正的创新落地。笔者走访了企业、渠道和销售商、营销公司等机构，拜访了不同行业的销售人员、社群组织者、KOL等，分析了快消、时尚、汽车、房产等行业的品牌营销案例，最终梳理提炼出营销一体化落地实施的变革体系：内容赋能、利益激励、社交裂变、经纪人承接、结点落地（见图3－1）。

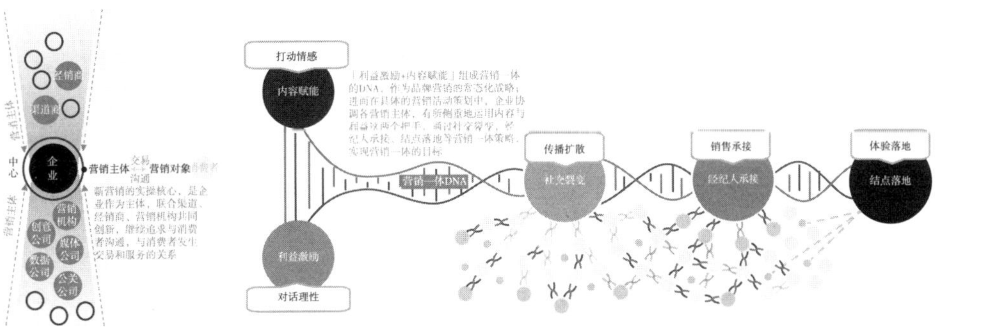

图3－1　新营销实操变革

未来，随着更多企业对营销一体化进行探索实践，相信实操方法会进一步得到完善和创新。

第三章

新营销，新变革

第一节　内容赋能

新市场背景下，营销形态越来越趋向软性化，即从纯广告载体、到搭载内容渠道、再到和内容融为一体。同时，众媒时代、碎片化环境下，内容呈现出跨屏、跨渠道的去中心化传播路径，优质内容将取代媒体渠道成为未来更重要的营销资源。

如何利用内容的传播势能、沟通深度为营销赋能？如何组织高效的内容生产、分发、转化等为营销服务？需要提炼出一系列可行的实操方法。

一、营销内容的价值：对话消费者感性大脑

内容发挥作用的关键，在于对话消费者感性的大脑，激发共情、信任，与其进行深度沟通。通过与消费者达成精神共鸣，快速走入其内心；通过激发消费者信任，消除其顾虑；从而缩短消费者的决策时间、驱动销售转化（见图3－2）。

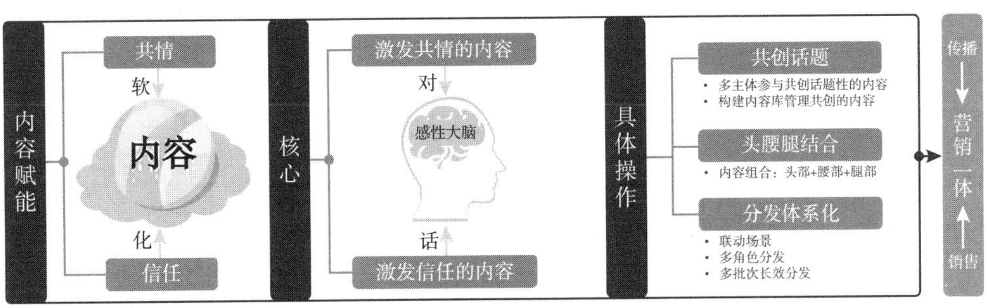

图3－2　新营销变革之内容赋能

新观点

人人都爱听故事，好故事永远不会失败！用在电商上，在对的场景用对的东西讲故事，肯定对促进销售有帮助，就算不能马上促成销售，也能积攒粉丝。我们现在不只买买买，我们在追求我们自己的生活方式，你值得拥有属于你自己的生活方式。

——阿里巴巴首席市场官①

内容营销越来越受重视，一是由于媒介的变化，消费者会从不同的渠道去获取好内容。二是由于可供选择的内容越来越多，消费者也变得更为挑剔。因此，优质的内容在提升消费者粘性和促进消费者主动再次传播上变得越发重要。电通倡导的内容营销是以内容为导向，直接加强与内容供应方合作，共同探讨如何把广告主的产品和服务在内容里得到更好的体现，同时又符合消费者的需求。

——电通安吉斯集团中国区首席执行官②

二、两种内容：共情的内容与信任的内容

不同场景，需要用不同的内容类型与消费者进行沟通（见图3-3）。

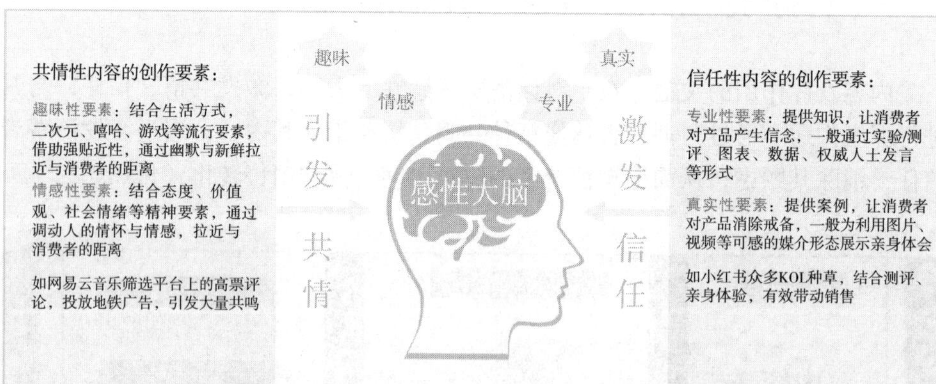

图3-3　赋能营销的共情性内容和信任性内容

① 董本洪：世界上最有影响力的品牌已有八成入驻天猫．央广网，http：//finance. cnr. cn/zt/tmpp/ttxwtm/20170523/t20170523_523768978. shtml.

② 山岸纪宽．电通安吉斯内容与技术双管齐下［J］. 成功营销，2016（Z1）：36.

（一）引发共情的内容，要具有趣味性和情感性

要引发消费者共情，内容应具有趣味性和情感性的特点。要用有趣的内容、生动的表达吸引消费者的关注；还可结合态度、价值观、社会情绪等精神要素，借助人文的表达来调动消费者的情怀与情感，拉近品牌与消费者的距离。

淘宝的内容营销平台“淘宝二楼”曾推出夜操场系列《逆转钢盔》广告，趣味与共情精彩呈现。《逆转钢盔》短片中，“将军营严苛训练”与“悦味锅具”严格把控质量进行关联；通过民族自豪感这一情绪激发消费者共情，从而提升品牌认同。片尾植入商品“悦味元木锅具套装”，由此创造了达到正常时段月销36倍的成绩。

新观点

营销的目的就是帮助品牌打动消费者的心，而内容营销最容易打动人心。但并不是简单的植入就能获得关注，与内容结合太生硬的营销方式，只能娱乐自己，不可能娱乐观众。营销还是应该与内容深度沟通，将品牌的精神和娱乐的传播方式紧密结合，将内容营销真正做成美誉度营销。

——阳狮中国·中国区主席兼首席创意官①

（二）激发信任的内容，要具有专业性和真实性

要做到激发信任，内容需具有专业性和真实性特点。专业性要素需要展示专业信息，比如实验、测评、图表、权威数据、权威人士发言等形式；真实性要素一般要展现本人亲身体验、真实场景体验等。

例如，健身达人或健身教练，推荐的产品或器械就比较具有可信度，他自身的健身经历具有说服力。

三、内容形式：呈现方式多样化，趋向轻量级、场景化

从大众媒体到“两微一端”（微博、微信、手机客户端），内容随媒介形态

① 张汛．用广告引领品牌的首席创意官　专访阳狮集团中国区主席兼首席创意官郑以萍女士［J］．声屏世界·广告人，2017（4）：18－20，17．

演进而不断发生变化，其内涵和外延得以充分拓展，能激发消费者兴趣和行为的一切事物皆可成为内容。

（一）拓展创意类型和呈现方式

新的营销背景下，企业品牌可用来与用户沟通的内容愈发多元，可传播的类型也更加多样。因此，在生产环节，营销者需要拓展内容的创意类型和呈现方式。除企业品牌主导生产的商务内容外，由媒体渠道策划生成的信息类原生内容也逐渐成为主流，其中视频类、信息流、主题表情、游戏关卡等形式越发受到广告主青睐。

此外，新的营销操作在内容生产环节的创新升级，还表现为将营销内容外延至产品详情、服务咨询等信息类型，产品即内容、服务即营销（见图 3－4）。例如，行圆汽车将元素级的 H5 车型页、汽车问答等信息作为传播素材进行全网分发集客；纳爱斯旗下的雕牌上线了能实现语音问答、客户服务等功能的微信人工智能平台。

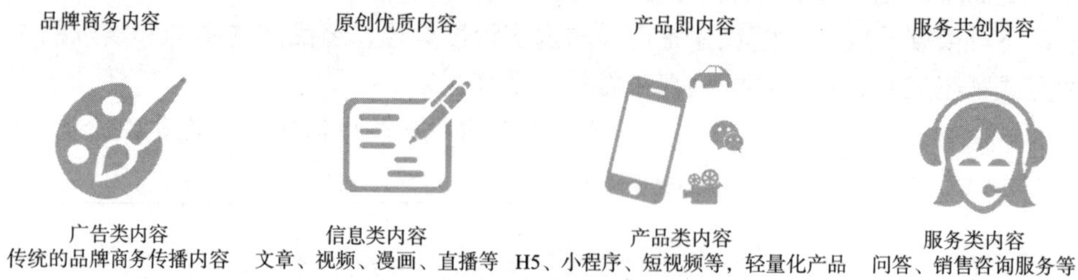

图 3－4　新营销内容的创新升级

（二）趋向轻量级、场景化的内容

内容形态虽然更加多元，但并非都是大制作、大投入。为适应新的营销环境，新营销在内容生产环节将更侧重轻量级、场景化的内容形态，如 H5、小程序、短视频等。

近年来，企业品牌纷纷在内容营销领域尝试这种轻量级、场景化的内容形式。例如，2016 年情人节期间，杜蕾斯采用 H5 页面与用户互动，考验情侣间的默契；摩拜单车选择在微信小程序上推广自己的产品，用户不用下载原 App 就能享受共享单车服务；携程与二更合作拍摄《遇见另一个自己》旅行家系列短视频，通过讲述多位知名旅游家、美食家勇敢“走出去”的故事传递品牌主张；宝马中国在知乎开设企业账号，以诙谐且专业的语言与用户互动。以上的内容形态在碎片化的移动互联网中分发传播，收获了不错的效果。

新观点

内容营销要出奇，做一些没有做过的尝试，社交媒体广告投入比传统广告花费少，可以不停地来尝试新的手段和形态，不要怕失败，一个战役没有响动，可以再来一波。

——杜蕾斯微博运营文案负责人①

直播也好，短视频也罢，重点是找到我们的禀赋，去洞察新的生活方式，发现新的场景，创意地运用新平台和技术进行呈现，定义新品类。

——场景实验室创始人②

四、营销内容需要 IP 内核的统领和驱动

营销活动因为形式创新让人眼前一亮，但能否让消费者从心里产生认同感还要看内容本身。如何让多元化的营销内容凝聚起来，以形成合力、发挥势能？在新营销体系之下，我们认为需要通过 IP 来进行统领，赋予内容以精神内核。

新观点

竞立媒体奉行“一切营销以消费者为核心”的理念。以消费者感兴趣和产生互动的内容为沟通的核心。品牌应当重视内容生产，但在内容的 IP 化运作中，如何界定与发掘优质 IP 非常有挑战性。此外，优质 IP 如何转化为品牌价值并实现业务增长，是目前困扰众多代理公司的一个难题。

——竞立媒体董事总经理③

① 梁潇．浅析杜蕾斯官微的运营之道［J］．视听，2015（10）：151－152.

② 吴声．超级 IP：互联网新物种方法论［J］．中国商界，2016（7）：122.

③ 娄钟元．关于营销变革与创新方向，业界人咖的观点分享［J］．国际品牌观察：媒介，2017（11）.

（一）将内容的 IP 内核视为营销活动的新能量源

IP 从此前涉及影视、游戏、小说和动漫的泛娱乐表达，到如今已被泛化为由系统方法论构建的、具有生命周期的内容符号。它可以是具体的人，是文学影视作品或是某一个具象的品牌，更是能够持久、稳定激发用户情感共鸣的普世价值观、社会心态和精神内核。

在热点事件稍纵即逝、创意物料千变万化的今天，只有把握内容 IP 并以此统领营销，才能获得包括内容力、话题效应、人格化演绎、参与感和共鸣认同在内的多种长效营销势能。

目前营销服务机构已经将内容 IP 视作营销活动的新能量源，并将其概括为机构的新营销理念或模式，运用在营销实操当中。例如，腾讯互娱提出了“FUN 营销”概念，基于互动形式，以情感共鸣为核心线索，以引发粉丝效应为目标，借助 IP 化包装手段，高效传递营销信息。腾讯互娱旗下注册用户 2 亿、日活用户超过 5000 万的游戏《王者荣耀》成为了“FUN 营销”的“演武场”。其与宝马合作开发了“引擎之心”限量版定制皮肤等一系列游戏道具，以年轻玩家们乐于接受的游戏语言进行交流，让玩家在游戏过程中认知并接受“宝马 1 系”所要传递的品牌形象。

（二）营销内容 IP 化包装三步进阶

作为营销活动的发起者，企业如何锁定内容 IP 这一新的能量源？从目前业界的操作经验来看，将品牌内容 IP 化包装是大势所趋。然而，从品牌进化到内容 IP 的过程并非一蹴而就，而是由浅入深、从易到难。因此，一般情况下，品牌进行内容 IP 化包装分为以下三种操作模式：

1. IP 借势：品牌主动贴合当下爆款 IP，借势营销，生产原生内容或合作衍生品。例如，当《复仇者联盟 2》火爆大银幕时，三星、吉列、奥迪、安德玛、优步纷纷寻求跨界合作，成为一时舆论热点。

2. IP 共创：品牌可以选择与知名 IP 生产者（网红、自媒体等）合作产出相关内容。例如新百伦与 2016 年网红合作推出微电影《致未来的我》，深度挖掘这位网红（即 IP）成名前的故事，通过一个平凡的、坚持不放弃的青春视角鼓舞大家跑下去，最终在社交媒体上取得了理想的传播效果。

3. IP 孵化：企业赋予品牌外在形态和精神内核，进行 IP 孵化，并通过运营使其成为人们的生活方式和集体潜意识。例如，在日本，为了吸引新干线乘客在熊本站下车观光，熊本县政府设计出一款外形“呆萌”的吉祥物——熊本熊。配合外貌特征，熊本县策划了一系列公关活动，例如“熊本熊大阪失踪”“熊本熊腮红遗失事件”等。此外，熊本熊还登上了当地各种产品的包装、开通了专属的脸书和推特账号，走红网络。据统计，在熊本熊横空出世的5年内，熊本县旅游人数增长了近20%。

新观点

今天是3.0时代，我们的战略是品牌IP化。三只松鼠想要打造一个新时代的IP，不只是过去大家认知的坚果和零食的三只松鼠，而是能够为这一代年轻人创造更有价值的、更有意思的、更好玩的纯真形象。

——三只松鼠首席品牌官①

如今，许多老品牌为了能与“80后”“90后”甚至“00后”的消费者实现有效沟通，纷纷将品牌人格化，并为其赋予时下年轻人的文化语境和精神内核，从而“活化”品牌，避免老化问题。

纳爱斯集团旗下的驰名品牌——雕牌在2017年三八妇女节期间，推出了自制品牌IP——雕兄。它是一个虚拟人物，抓住了“80后”“90后”所独有的网络文化特征，在与年轻人互动中实现有效沟通，引领行业品牌IP化。

雕兄，在形象定位上恰如其名，是新一代家庭女性的贴心男闺蜜，也是和谐家庭关系的好帮手。它不再是一个冷冰冰的形象，而是一个“三观正”的“暖男”，迎合了现代女性对男性的性格要求。

基于“雕兄”的人设，品牌方率先推出了名为《雕兄大电影》的10条系列搞笑视频，内容涵盖年轻家庭需要面临的现实问题。配合视频宣传，品牌方还在微博、微信上线了诸如“#雕牌新家观#”“#做女王最爱的diao#”等话题和表情包，有效推动广大年轻网民对“雕兄”的讨论和传播。其中，雕兄表情包更是网民喜闻乐见的人格特征，实现了“病毒式”传播②。

此外，为了使“雕兄”形象更加鲜活，品牌方在微信上线了“雕牌雕兄说”订阅号，实现了聊天、斗图、唱歌等诸多功能，方便用户与“雕兄”之间的互动。

---

① 聂乃知．内容IP：营销活动的新能量源［J］．国际品牌观察：媒介，2017（11）．

② 马涛．营销进化的六个题中之义［J］．国际品牌观察：媒介，2017（11）：26－31．

“雕兄”上线以来，收获了广大网友的喜爱。系列微电影登陆各视频网站两天后，浏览量超3000万；微信人工智能平台上线十天后，引发数十万人关注互动；其在微博上也收获了60多万的话题讨论量。这些声量最终也有效地转化成了销量，3月8日当天雕牌天猫旗舰店销售额较前一天增长了398.94%[①]。

从“雕兄”这个案例可以看出，新营销就是要强调以IP化的内容与消费者进行沟通，建立情感连接，从而吸引消费者主动关注、认知了解并完成相关决策。

五、内容赋能的实操方法：内容共创＋“头腰腿”组合＋长效分发

营销一体化实操中，关于内容赋能的实操重点，我们也总结为以下三个层面：

第一，谁来生产内容？共创话题，内容更具传播力；第二，内容如何组织？具体的内容形态组织，需要头腰腿要素齐备；第三，内容如何分发？分发需要体系化，多角色多批次长效分发。

（一）内容共创

内容共创一般是从某个话题或事件开始引爆，吸引各种角色的人参与到话题讨论和传播中，形成社会化的内容共创。这样的内容，从用户中来、到用户中去，更易于引发共情和信任。

营销操作中，内容创作的主体也应当多元化，引导不同角色主体来参与内容生产。比如，销售人员和导购、社群组织者、KOL、重度消费者等，天然接近市场并熟悉品牌，都可能是有潜力的内容生产者。

内容共创是一个持续生产和流转的过程，在共创过程中即时传播、转发分享、再次扩散也会延长共创效应。

比如，明星在购物分享平台发布图文内容推荐某清洁产品，引发粉丝社交讨论、并带动用户共创内容。几十位种子用户在接下来一个月内，根据明星种草内容进行了二次众创生产并即时传播。短视频、图文等内容形式多样、角度不一，形成了丰富的内容素材库，进一步引发海量内容的社交扩散。

为提升内容物料的利用效率，对用户共创产出的内容应当形成系统化的管理机制。比如，为用户共创内容搭建内容库，按照标签分类存储，便于后续多次利

---

① 聂乃知．内容IP：营销活动的新能量源［J］．国际品牌观察：媒介，2017（11）.

用和传播。

当前市场环境下，内容的传播节奏越来越快，需要企业更即时响应、跟进热点，内容库可以帮助企业缩短内容创作时间，实现快速反应（见图3－5）。

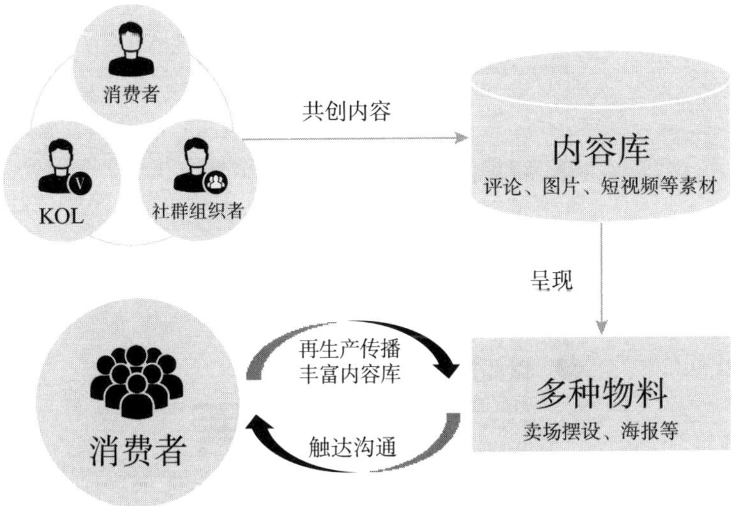

图3－5　营销内容的共创机制

例如，网易云音乐的地铁广告，就是利用了内容库中的用户乐评作为营销创意素材。网易云音乐收集用户在产品端提交的评论，形成内容库；从内容库筛选高点赞数且简单易懂的优质评论用作地铁海报文案。这些评论由用户所创，更具贴近性和话题性。

农夫山泉也曾和网易云音乐联合推出限量款“乐瓶”，精选用户乐评印在瓶身，让每瓶水都自带音乐和故事，由于乐评戳中消费者的内心，“乐瓶”被消费者称为“扎心瓶”。

（二）“头、腰、腿”要素齐备，实现信息＋商品的同步输出

内容需要实现“信息＋商品”的同步输出，在吸引消费者关注的同时，也要提供即时购买的入口。因此，内容在具体形态上，需要“头、腰、腿”齐备，一站式完成对消费者“话题吸引、产品认知、下单购买”等多级任务的部署，使传播、销售顺畅衔接。

“头部”内容一般依赖话题性，在极短时间内抓人眼球；“腰部”内容主要是介绍产品或服务信息（详情、评测、价格、售后服务等），达到告知效果；

“腿部”内容则提供购买转化入口，如二维码、微店链接、小程序或购物车小标等，通过便捷友好的方式，尽可能地提高转化效果（见图3-6）。

图3-6 营销内容“头、腰、腿”结合示意

资料来源：吴凤颖，龙思薇，甘玲．人、货、场、内容：营销一体的新要素与新玩法［J］．国际品牌观察：媒介，2019（10）：30-35.

Jeep牧马人在某公众号投放的软广告，也是典型的“头、腰、腿”齐全的内容组织形态。“头部”内容以Beyond经典歌曲《无悔这一生》的歌词讲述黄蓉不同阶段的人生故事；“腰部”内容讲述了Beyond成员黄贯中的爱情故事，Jeep牧马人作为爱的见证人，嵌入其中，辅以产品文字介绍；“腿部”内容发送粉丝福利，链接牧马人试驾体验信息，吸引消费者参与互动，带动销售转化。

（三）体系化分发

高信息密度、快流转速度的媒介环境下，内容分发需要具备一定密度和持续性，才能产生规模化效应；同时需要有总体性的规划布局，把控效果走向。

分发的参与主体应当多圈层化。如KOL、社群群主、用户、导购人员等角色都可进入分发体系中，充分发挥价值，覆盖更广泛的目标受众。

分发的物料应当多角度、多形态，适配各种场景。内容在合适的场景出现，才能恰到好处地触动消费者、带动销售转化。

分发的路径应当有策划、有层次。冷启动、二次扩散、三次扩散等关键节点由谁来分发、分发什么内容，其产生的扩散效应可能是天壤之别。

分发的时机应当有节奏、有控制。内容传播本身具有快速衰退性，即便是一个现象级热点，被用户关注的时间也不过一周。要保持传播的热度，需要多批次、多维度进行内容分发。通过多点持续渗透，与消费者建立长效的心理连接（见图3-7）。

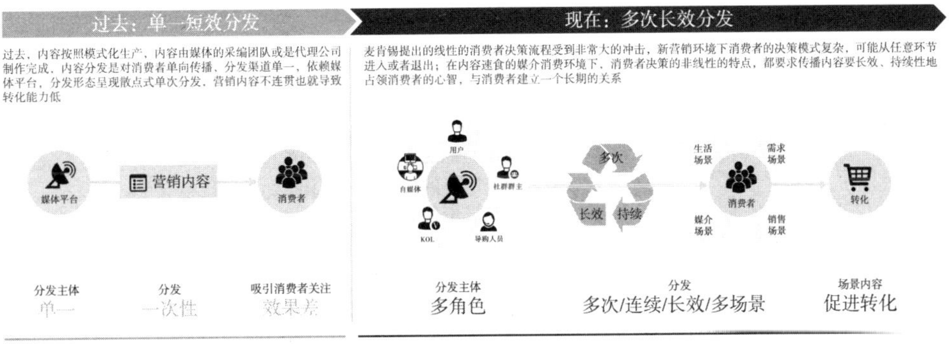

图3-7 营销内容多次长效的体系化分发

例如，可口可乐多年来持续进行瓶身内容的社交化创作，借助社交分发贴近消费群体。2011年，可口可乐开始尝试“Share a Coke”的瓶身推广策略，随后推向全球80个国家和地区。此后每年，可口可乐都会把瓶身内容的社交化做得更加深入，针对不同小众圈层为产品赋予多样意义（见图3-8）。

英国百货公司John Lewis的圣诞广告，也是分发体系化和长效化的典范。从2007年至今，John Lewis每年都会和Adam&Eve/DDB合作拍摄主题广告，英国销量最高的报纸《每日电讯》评价其为举国期待的“圣诞重要环节”。John Lewis的圣诞广告成为一种重要的符号和仪式，暖心统一的内容风格和持续多年的分发让John Lewis深入人心（见图3-9）。

宝骏360新车上市传播，则是在短期独立营销活动中进行体系化的内容赋能布局。

2018年4月份，围绕宝骏360新车上市，行圆汽车策划了“夏日趣出游”免费租车试乘试驾活动，在四省四城投放试驾车辆吸引消费者租车体验。

图 3-8　可口可乐瓶身内容的持续创作

资料来源：吴凤颖，龙思薇，甘玲．人、货、场、内容：营销一体的新要素与新玩法［J］．国际品牌观察：媒介，2019（10）：30-35.

2007年至今，英国百货公司John Lewis每年都会推出圣诞主题广告为大促造势。《每日电讯》评价其为举国期待的“圣诞重要环节”。圣诞广告能成为重要的仪式是因为其以不断丰富的分发形式，持续多年地贴合圣诞场景，给予消费者暖心的陪伴感

不断丰富分发形式，贴合圣诞场景持续发挥内容价值

年份 | 主题	新改变	效果
2013年 | 熊与野兔	开始注重新媒体，利用视频热度导流 线上平台：SNS+SEO+视频嵌入官网链接	传播：1天内分享20万次，YouTube播放1600万 销售：截至12月28日的前五周，总销售增长7.2%，电商销售同比增长22.6%，贡献1/3的销售，占比上升近10%，成为推动业绩的主动力
2014年 | 企鹅蒙蒂	SNS：在Twitter为企鹅蒙蒂注册账号进行圣诞倒计时 周边：售卖各种企鹅商品，推出儿童绘本及App	传播：4个半小时内分享10万次，YouTube播放2500万次
2015年 | 月亮上的老人	开始注重通过公益塑造更好的品牌形象：和一家为老人服务的公益组织 Age UK进行合作	传播：上线三天YouTube播放破1000万次
2016 年| 狗狗巴斯特	SNS：和Snapchat合作推出狗狗滤镜 线上下VR体验：可用相关设备观看360°全景视频，也可在旗舰店体验VR设备，和影片小动物们一起蹦床	传播：1天内播放2850 万次，登上推特趋势榜 销售：截至1月2日的前六周，销售额同期增长6.9%，达9.513亿英镑

故事感人，打动人心	老歌新唱，传播力强	数据反馈，支持制作
采用无对白MV形式讲述圣诞温暖故事。	新生代歌手重演经典金曲广告歌流传性极强。	对消费者进行面部识别和反应计算测试情感参与度，改进来年生产。

图 3－9　John Lewis 圣诞广告长效分发

资料来源：吴凤颖，龙思薇，甘玲．人、货、场、内容：营销一体的新要素与新玩法［J］．国际品牌观察：媒介，2019（10）：30－35．

整个营销中，对内容分发、生产等都进行了体系化设计。在分发时间体系化方面：车展预热、招募租车、出游试驾三个阶段联动推进，招募租车与出游试驾同步进行，逐步推高内容势能；在内容生产体系化方面：专业汽车编辑输出评测、对比、车展探馆等内容；关键意见领袖及种子用户从出游、亲子、美食等多种场景切入，产出近 30 篇文章，展现宝骏 360 使用体验；在分发策略体系化方面：招募过程中，线上线下联动，线上整合汽车大全和新浪新闻等媒体资源，线下一嗨租车门店引流；试驾分享中，通过全国和区域自媒体实现重点覆盖，并激励真实用户分享朋友圈，进行扩散。

从营销效果看，获得超过 22000 个销售线索。

【案例3】欧莱雅：国际美妆品牌的社会化、数字化布局[①]

欧莱雅集团创立于1909年，目前集团分部遍布150个国家和地区，拥有86000名员工，旗下拥有36个国际化品牌，包含大众化妆品、高档化妆品、专业美发产品及活性健康化妆品四大产品线。作为世界化妆品行业中的老牌企业，欧莱雅2019年取得了自2007年以来的最佳表现，总销售额达到298.7亿欧元。

在全球经济环境持续低迷，市场环境极度复杂的情况下，欧莱雅的逆势上扬其实有迹可循。近年来欧莱雅积极推进营销数字化转型，在内容、技术、数据、消费者运营方面都作出了积极的探索。

一、社会化的内容生产与传播机制

作为与消费者沟通的主要桥梁，内容成为欧莱雅营销转型的抓手之一。一方面，欧莱雅加强了对内容的把控，建立起内部（in-house）模式的内容生产管理机制，生产共享化内容；另一方面，欧莱雅注重对影响者营销（influencer marketing，国内常用KOL营销来指代）的运用，除了积极与外部KOL合作，灵活运用不同圈层的KOL以外，内部也开始重视KOL的培植，“BA网红化”项目即是其在中国市场很好的尝试。

（一）内容工厂：品牌主导的本地化、共享性内容生产管理机制

2015年起欧莱雅开启了一项全球化内容战略，在各个市场设立本地化的内容工厂，为品牌的社会化媒体传播自主生产内容，目前在加拿大及墨西哥市场均设有内容工厂（content factory）、在美国市场则有美容终站（beauty terminal）。

遍布各地的内容工厂拥有着固定的运作机制，能够完成从本地需求分析、内容生产到分发的全流程。各地内容工厂配合着欧莱雅旗下36个品牌的当地需求，内部即时调整专业摄录设备以及通用性场地、道具，如沙龙座椅、沙龙洗发区等；外部则结合需求预定专业自由创作者如摄影师、模特等协助进行内容生产，包括图、文、视频等各种内容形式及主题如美妆教程、产品测评等。多样的内容最终会匹配品牌需求与内容特性分发到社交媒体账号、电商、品牌

① 李及言，陈苏城．欧莱雅：国际美妆品牌的社会化、数字化布局［J］．国际品牌观察：媒介，2020（5）：47－52.

App 等多个渠道中（见图 3－10）。

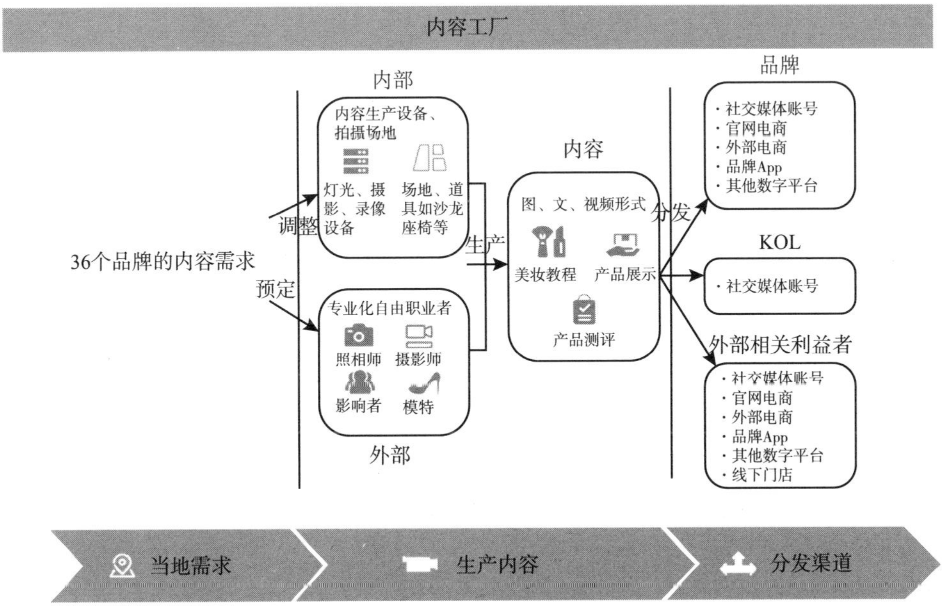

图 3－10　欧莱雅内容工厂的运作机制

据欧莱雅加拿大内容工厂项目负责人叶卡捷琳娜（Ekaterina）介绍，以视频项目为例，当品牌提出结合夏季潮流的主题生产五六支美妆教程的需求后，内容工厂会预定内容合作者一整天，并在一天内拍摄五六支视频内容；拍摄完毕后，内容工厂会花费一周时间进行编辑，即一周之内内容生产就能拥有大量可投放、分享在各渠道的内容。

对于欧莱雅来说，内容工厂是为了更好地运用社会化媒体而生，从内容主题、风格到拍摄模特预定都以是否适应社交媒体传播特性为首要原则，内容的发布也会依据不同社交媒体平台的特性对原有的内容素材做出调整，如在 Instagram 和 Facebook 上的视频版本相对简短，而 YouTube 上的版本会稍长。另外，通过内容工厂的生产机制，可以整合旗下 36 个品牌的内容需求统一生产，而内容的分发除了品牌的社交媒体账号以外，还会提供给包括美发师、沙龙等利益相关者使用，大大提高了内容的生产和运营效率。

（二）影响者营销：内外兼修，注重裂变及转化

充分运用影响者营销是欧莱雅内容策略的另一方向，内部培养有潜力的专柜

美容顾问，放大员工营销效能；外部则广泛透过头部、中腰部关键意见领袖及关键意见消费者的选取，打造具有不同用途的外部资源矩阵，并使其发挥相应的职能（见图3-11）。

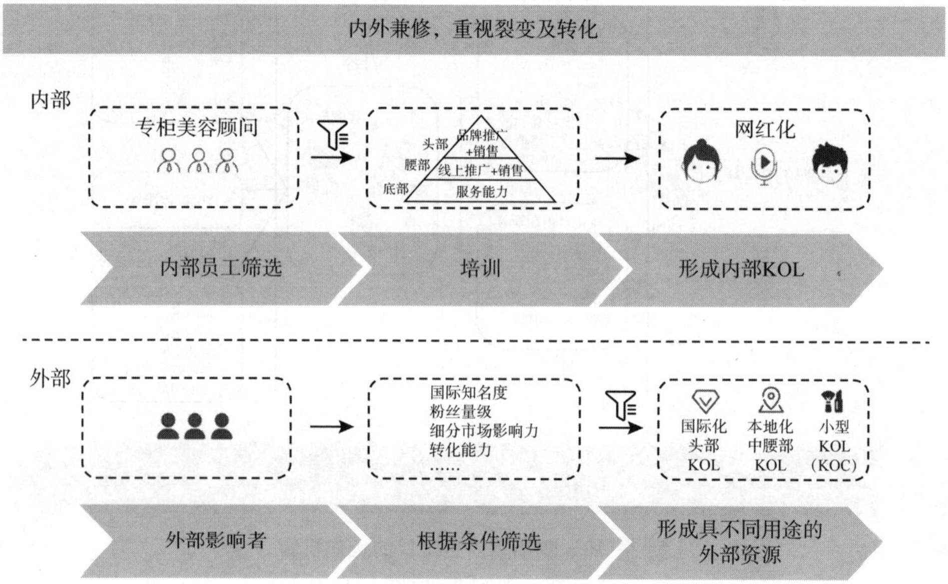

图3-11　欧莱雅的影响者策略

1. 打造外部影响者矩阵，多层次传递真实品牌内容

除了选择顶级明星担任品牌代言人外，近年来欧莱雅开始重视不同圈层KOL以及KOC在实际传播中的作用，以探索更加成熟、全面的传播策略。

（1）以中腰部KOL扩大传播。

巴黎欧莱雅于2016年在英国市场推出“美妆小分队”（beauty squad）品牌大使组合，由在英国拥有一定影响力的美妆博主组成，这几位美妆博主按照当时的粉丝量级尚属于中腰部KOL，但风格迥异，擅长不同的领域，通过这些美妆博主，欧莱雅得以触达多个不同圈层的细分消费者。

美妆小分队的博主们以欧莱雅代言者的角色在欧莱雅推出新品、开展品牌活动时向社交媒体中的粉丝分享活动花絮、产品测评等内容，扩大品牌相关信息的传播，提升品牌曝光度与好感度。在与美妆小分队成员的合作中，欧莱雅给予了较大的创作自由度，并不会约束成员的原创内容，只要确保内容的真实度，成员可以在任何时刻分享任何品牌的内容，从而能使品牌以更原生、更容易被粉丝接受的方式露出，也维持了博主与粉丝的既有联结。

（2）自主筛选 KOC 带货。

除了利用头部、中腰部 KOL 进行传播外，欧莱雅还擅长运用具有一定粉丝量级的品牌狂热推荐者帮助带货。根据媒体 The Drum 在 2018 年的报道，欧莱雅活性健康产品部门会使用粉丝量在 1 万左右的 KOC。为了筛选出合适的 KOC，欧莱雅首先将有提及活性健康产品的旗下品牌，或是提到品牌产品能够解决不良皮肤状况等信息的账号筛选出来，再利用数据工具依据账号的真实性过滤掉大约 80% 的账号。剩下的 20% 账号则需匹配各部门的需求再作筛选，包括如何和其他品牌合作、为该品牌投放什么样的内容、这些内容是如何被设计的等。该部门的数字主管塞德里克·多尔丹（Cedric Dordain）提到，不希望欧莱雅选取的 KOC 提及任何其他品牌和话题（见图 3－12）。

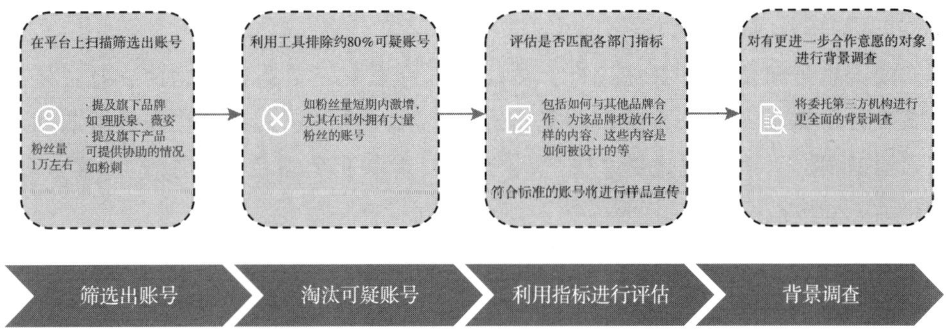

图 3－12　欧莱雅对 KOC 的筛选过程

欧莱雅将利用最后留下的账号作样品宣传（sampling campaign），例如为 KOC 提供免费的产品并使其在社交账号中宣传，根据效果相应调整广告预算。为确保这些账号的真实性，在签约前，欧莱雅会委托第三方进行背景调查（background check）。

透过对不同圈层的外部影响者的灵活运用，欧莱雅拥有了兼具广度和深度、传播与转化功能的美容传播矩阵，通过其持续生产真实、贴近消费者的内容，让品牌信息更好地触达目标消费者。

2. 挖掘培育内部员工为 KOL：BA 网红化，放大营销效能

除了与外部网红合作外，欧莱雅也在致力于培养内部 KOL。以欧莱雅中国市场为例，欧莱雅中国在 2016 年 10 月与天猫美妆、美 ONE 公司合作推出“BA 网红化”计划，此计划已进行了两期。

相较于外部 KOL，专柜的柜员对于欧莱雅产品的理解更加深入，与消费者接触的经验也相对丰富，此项计划便以其为对象。美 ONE 公司首先根据 BA 的个人形象、语言表达、社交沟通、个人意愿、性格特点以及专业技能等维度，挑选了200名专柜柜员进行培养。培养体系分为三个层次：底部——服务能力，腰部——线上推广与销售能力，头部——品牌推广与销售能力。参与项目的员工进行了6个月的线上直播运营及社交媒体、淘宝的内容运营工作，从而提升其线上服务客户的能力①。

目前项目第一期已成功孵化出极具影响力的博主，其产出的内容适应天猫、抖音、小红书、快手等多个平台，借助清晰的人设、特定的促销技巧展现出高转化的能力：2018年上半年，其在天猫上进行了80场直播，为欧莱雅带来千万销售额。

二、升级技术实力，优化服务与体验

欧莱雅集团董事长安巩认为，美妆行业的未来一定是数字化的，也一定要和高科技链接在一起，为此，欧莱雅透过收购、孵化等方式密切掌握美妆相关技术的动向，并利用技术赋能更加个性化、定制化的服务，让服务持续升级、进化。

（一）自研、收购与孵化：打造技术实力

早在2012年欧莱雅就于美国加利福尼亚州成立创新孵化中心，专注于美容领域的创新技术研究，如AR及3D打印等技术的应用，目前在全球拥有六大研发和创新枢纽。同时，欧莱雅积极与各企业孵化机构、投资基金等展开合作，为大量初创企业提供营销推广、产品研发、生态系统等方面的资源支持，欧莱雅则得到开拓技术方面的新思路。这些初创企业涵盖的技术领域甚广，例如定制化天然护肤品公司InsitU、美甲技术公司Preemadonna、加拿大小样分发公司Sampler及美国视觉搜索引擎公司Riviter、利用AI技术打造定制化香水的技术公司Sillages Paris等。

2018年，欧莱雅重磅收购以增强现实和人工智能技术为主的美妆科技公司ModiFace，纳入欧莱雅旗下数字服务开发与设计部门“数字服务工厂”（digital services factory），并与欧莱雅的高级研究部门（advanced research）展开紧密合作，这家技术公司开发的服务已运用于欧莱雅集团旗下11个品牌，在十余个国

---

① 李佳琦：我的事业从上海起步，是上海成就了我，新华网．http：//www.sh.xinhuanet.com/2020-05/18/c_139065276.htm.

家和地区落地。

通过一系列自研、收购及孵化的举措，欧莱雅得以打造自身技术实力，向美容技术的方向前进，将崭新的数字技术注入品牌百年的基因，推动品牌前进，实现从生产到销售全流程技术升级。欧莱雅在技术方面的举措与布局具体见图 3－13。

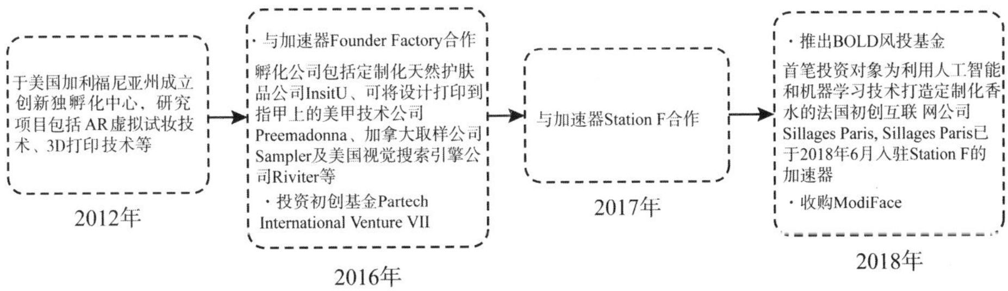

图 3－13　欧莱雅近年来在技术方面的举措与布局

（二）技术赋能个性化、定制化服务，多维升级用户体验

1. 前沿技术更新开拓多样用户服务，覆盖多维渠道与场景

依托于以自研、收购及孵化等方式积累的技术实力，欧莱雅充分将其应用到用户服务中，推出了包括试妆试色、状态诊断、产品推荐、产品定制等多样的服务，涵盖线上小程序、实体终端产品如梳子、试妆镜、化妆品定制生产设备等，覆盖线上社交网络、电商，线下门店等渠道，打入消费者生活化场景，构建起与消费者全方位沟通的触点网络。

以虚拟现实技术为例，欧莱雅推出在线试妆小程序，并将入口铺设到了包括自有品牌 App、品牌官网电商、外部电商平台、社交媒体平台等线上多渠道中，消费者足不出户便可体验产品妆效，获取相应的个性化产品推荐。同时线下门店也设置了搭载着试妆程序的实体试妆镜，到店消费者亦可体验便捷的虚拟试妆试色服务。

2. 个性化、定制化服务提升用户体验

在为消费者提供全渠道全方位服务之上，欧莱雅的技术产品还呈现出明显的个性化、定制化的特点，能够为消费者带来具有针对性的、体验感出众的服务。

例如消费者在使用理肤泉天猫旗舰店的艾菲卡痘痘检测小程序后，可以得到专属的皮肤检测结果、定制的产品建议，并可直接和品牌专家预约咨询；使用欧莱雅旗下美发品牌卡诗推出的智能发梳“Hair Coach”后，消费者也可通过与梳

子相连的手机 App 获取个性化护发建议及产品推荐；兰蔻的定制粉底系统“Le Teint Particular”则可针对不同肤色的消费者提供粉底定制服务，在线下专柜，兰蔻专柜的美妆顾问会协助消费者进行皮肤测试，再利用定制粉底系统现场制作个性化定制粉底，使得消费者可以体验到全程定制化的服务，满足消费者的个性化需求。

三、自主提升数据力，驱动营销

打造数据能力是企业实现全面的数字化转型的核心。作为一家缺乏互联网基因的传统企业，欧莱雅一方面从企业基础组织架构入手，通过对企业运营全流程的人员及部门架构的调整与变革，渗透数字化意识与能力；另一方面则是通过自建数据库的方式，打通企业各部分数据资源，强化对数据的掌控力与管理能力，从而赋能营销，提升转化。

（一）全面调整组织结构，实现从管理层到普通员工的数字化渗透

为实现数字化转型，欧莱雅在组织架构、人才储备方面进行了调整，2014 年即设立了首席数字官（chief data officer，CDO）的职位，并在全球广泛招募数字专家强化数据底层建设，目前已拥有丰富的数据人才储备。2018 年的财务报告中提到，在过去四年里，集团招募了 2000 多名数字技术专家，在中国上海浦东的研发中心即有 400 名数字技术人员。

此外，欧莱雅进一步推进员工的数字化意识渗透、能力武装、权力下放。欧莱雅全球 CEO 认为数字化战略需要与业务融合，在各个国家和业务中，需要非集中、完全下放的管理方式。以欧莱雅中国为例，依托于微信的多元应用，其对 2.2 万名员工进行数字化培训，在企业微信中提供培训资料和培训课程，搭建消费者和市场资讯的实时查询系统，员工可以在微信上获取关于热点话题、KOL、产品反馈等相关信息[①]，以此培养员工对于数据的意识，以及对数字化工具的应用能力。

（二）打通多源数据，建设数据平台赋能营销

为打造数据力，欧莱雅持续完善自身数据体系的架构，推进私域与公域数据

① 第一财经．欧莱雅集团董事长安巩：美妆行业的未来一定是数字化的．https：//www. yicai. com/news/5426370. html.

打通，搭建数据平台，实现数据的多维应用，赋能营销（见图3-14）。

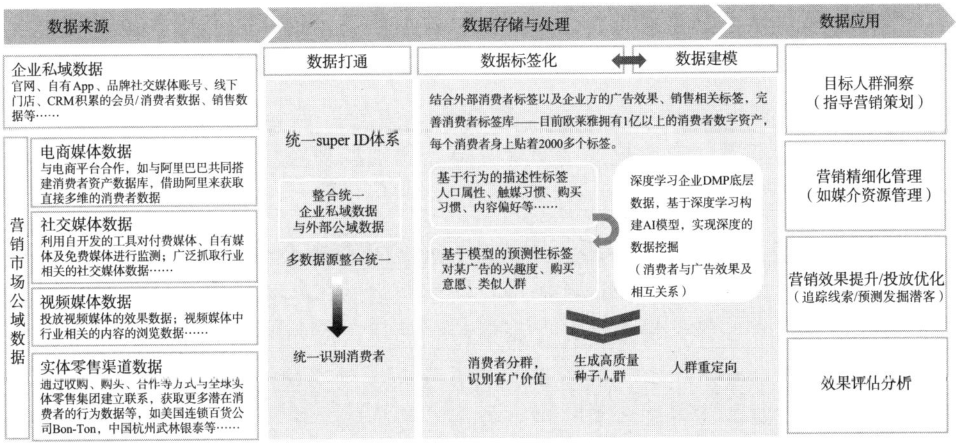

图3-14　欧莱雅的企业数据平台架构

1. 拓展占有数据及打通内外部数据，深化对消费者的理解

在数据来源方面，除了企业官网及电商、自有App、品牌社交媒体账号、线下门店的会员资料及销售数据等企业自身占有的私域数据外，欧莱雅还依托于数据平台对付费媒体、自有媒体及免费媒体进行监测，从而实时获取旗下各品牌在各国家的营销表现数据与社交数据，如在中国市场，系统每天在3.6万个网站上抓取数据，每年积累2.5亿条消费者讨论量①；此外，欧莱雅还持续开发更多的拓展数据获取与分析纬度的工具，如欧莱雅利用自主开发的Deep Vision工具，可以从Instagram上抓取100万张与化妆品相关的图片，并将这些图片分门别类，包括眼部、唇部、在手臂上的唇膏试色等类型，由此可从图片中判断市场趋势，用作决策参考②。

在渠道数据方面，欧莱雅中国与阿里巴巴的合作即为典型，双方共同搭建消费者资产数据库，在一年多时间里便拥有了1亿以上的消费者数字资产，每个消费者身上贴着2000多个标签③。此外欧莱雅亦广泛通过收购、购买及合作的方式与全球实体零售集团建立联系，如收购破产的美国连锁百货公司Bon-Ton、欧

① 郑晶敏．欧莱雅，做美妆的科技公司［J］．第一财经，2019（8）．

② 界面新闻：《【深度】“美丽战争”再爆发，但是战场已经不一样了》，2019年．检索于：https：//m. jiemian. com/article/3153844. html.

③ 李及言，陈苏城．欧莱雅：国际美妆品牌的社会化、数字化布局［J］．国际品牌观察：媒介，2020（5）：47-52.

莱雅中国与杭州武林银泰等展开合作等，多维地实现对消费者数据的全路径追踪，帮助形成立体的消费者画像。

欧莱雅深知以上数据的价值，注重对数据的掌控，因此在全球各地市场中多采取自建数据平台的方式，建立统一的“super ID”体系对多源数据打通整合，依托平台对底层数据的深度学习，系统构建了多样的数据分析 AI 模型和算法，持续丰富数据标签库，高效地对消费者分群、识别其商业价值，深化对消费者的洞察能力。

2. 深度洞察数据应用于营销全闭环，显著提升营销效果

通过数据平台对消费者的深度洞察，欧莱雅得以优化从营销策划到投放回收的营销闭环，包括目标人群洞察、营销精细化管理、营销效果提升以及效果评估分析。如在人群洞察上，欧莱雅可以挖掘并总结不同等级会员的人群特征偏好，当会员临柜时，服务人员可在系统中查看到会员特征，历史购买记录、广告营销记录等，从而结合会员偏好做出针对性推荐，促进线下销售转化，包括向具有高级会员特征的中等会员推荐高档产品，向会员推荐其在广告营销活动中有参与互动的产品等；在效果评估与优化方面，欧莱雅结合系统中获取的各大视频媒体投放后得到的转化效果，追踪人群被触达和转化前接触过的媒体和广告，从而评估媒体和广告的贡献度，调整最佳频控设置，减少预算浪费，判断转化贡献较大的媒体。

四、长期运营两类消费者

欧莱雅面向的消费者既包括普通消费者亦包括专业消费者。为了实现对消费者的长久运营，充分释放消费者价值，欧莱雅从社交入手升级会员体系，以社区的形式进一步笼络专业型消费者，用在线工具以及课程资料赋能其专业工作、以线下活动强化关系连接，提升其对品牌的忠诚度。

（一）强调社交分享的会员体系，多样化奖励激励会员

对于品牌来说，为了实现对消费者的长期运营，提升品牌忠诚，构建会员体系是常见的做法。而欧莱雅在基于购买行为进行积分兑换的常规操作以外，拓展了包括信息完善、社交分享等多维的积分兑换方式。

以兰蔻的“elite rewards”会员机制为例，消费者可以通过多种方式累积积分，包括社交分享行为，例如通过邮件或社交媒体分享给朋友；消费者也可以通过观看最新的护肤视频、完善个人资讯、参与兰蔻的调查、撰写产品测评等方式

得到积分，其中推荐给朋友能获得高达 25 分的积分奖励，通过多样化的积分方式，兰蔻得以全方位深化与消费者的连接，促进消费者的链路转化。

此外，欧莱雅会员积分可兑换的奖励也十分多样化，并不局限于旗下产品与服务的兑换，还涵盖包括 Uber credit、spa 优惠、教育培训、营销素材、公益捐赠等多种权益，甚至自定义奖励心愿。以巴黎欧莱雅为例，其 2017 年新推出的会员系统，将品牌长期推动的公益项目"Worth it rewards"与其会员积分联动，会员可以将积分直接赠予集团公益项目获奖者的慈善机构（见图 3－15）。

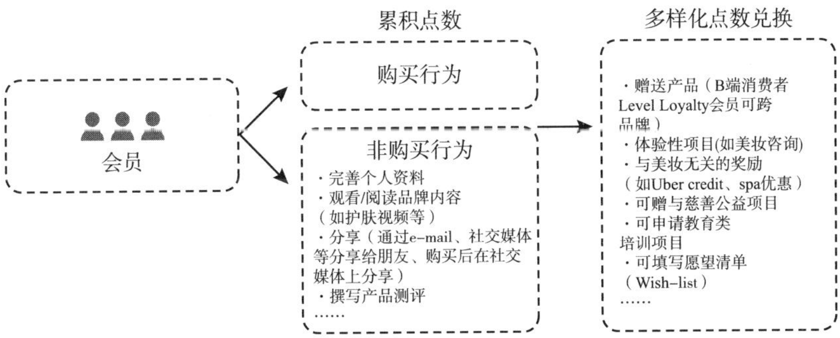

图 3－15 欧莱雅会员积分兑换机制

（二）社区运营 B 端专业消费者，以工具与知识赋能

欧莱雅的专业美发产品线下拥有大量 B 端消费者如美发师等，针对这样的消费者，在产品销售以外，欧莱雅以社区的方式强化品牌与消费者以及消费者之间的联系，并提供一系列工具以及知识课程赋能其美发工作或商务工作，以专业、个性化的服务留住这群消费者，形成长期的关系连接（见图 3－16）。

欧莱雅在英国推出的 ACCESS 在线学习平台目前已有 12000 位美发师注册，平台为美发师提供分享、讨论、推荐的社区空间：美发师可在其中共享专业资源，并使用平台上丰富的 e-academy 培训材料提升自己的专业能力，包括视频、教程、问答等；美发师还会在其中主动分享自己的专业知识、技术及体验来丰富平台内容。

欧莱雅旗下品牌 Redken 的 pro 网站也是一个美发专业服务平台，美发师注册后可免费获得美发教程（education on demend）及各式商务工具（business tool），助力沙龙事业。例如 Social Media Business Tools 提供沙龙在线上运营社交媒体平台的教程，巴黎欧莱雅官网电商上也会提供沙龙专用素材的购买。

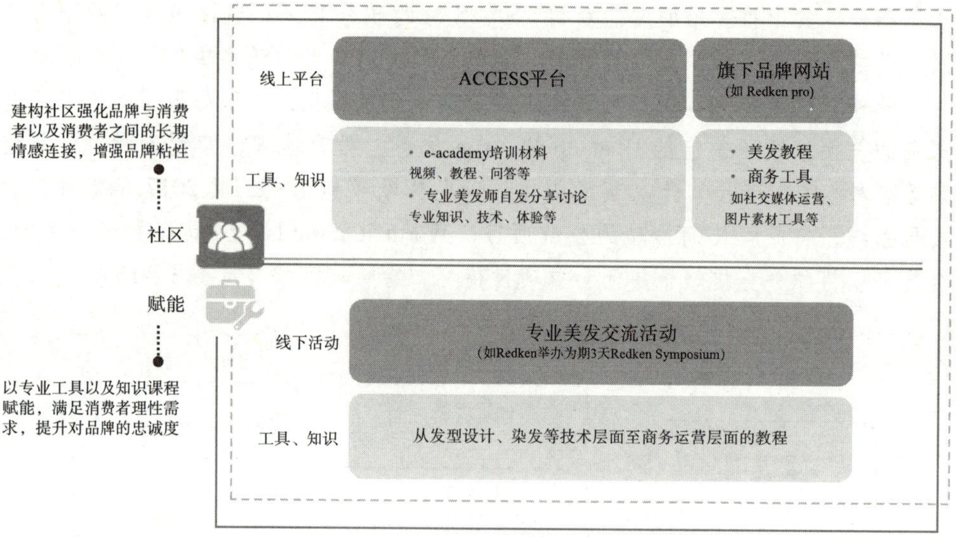

图 3-16　线上线下运营与赋能 B 端消费者

除了线上社区的服务以外，欧莱雅还针对这些专业的消费者推出各种线下活动。以旗下品牌 Redken 为例，Redken 每年举办的为期三天的 Redken Symposium 专业美发交流活动，都会吸引数以千计的专业美发师到拉斯维加斯参加，2019 年品牌在活动中提供了从发型设计、染发等技术层面至商务运营层面的教程。

【案例 4】中国银联的内容营销①

中国银联成立于 2002 年，主要业务是建设和运营全国统一的银行卡跨行交易清算系统、提供银行卡跨行信息交换相关的专业化服务，保障银行卡得以跨银行、跨地区和跨境使用，是支付领域的“国家队”。

在近二十年的发展中，银联一直在顺应环境的变化求新求变，而随着市场化转型的深入，银联确立了支付为入口、综合服务转型的发展方向，并对内部组织架构进行调整与优化。目前银联的业务涵盖了 2B（面向企业客户）业务与 2C（面向个人消费者）业务，2C 业务包括以云闪付为代表的银联移动支付业务以及各种卡产品与权益，2B 业务提供八种行业的金融解决方案以及在云闪付商场赋能商户的服务。其中云闪付作为银联 2C 支付业务的核心，处于重要的战略位置。

自 2017 年 12 月 5 日起，“银联钱包”手机客户端变更为“云闪付”手机客

---

① 张泽群．“支付国家队”的营销之道［J］．国际品牌观察：媒介，2020（5）：42-46.

户端，“云闪付”业务正式成型。接下来的2018年，银联启动一系列营销布局，将云闪付App的用户数量，在不到十个月时间内，从1亿提升到2亿。截至2020年2月27日，云闪付App用户数突破2.4亿①。

这样出色的成绩离不开银联卓有成效的营销策略，笔者认为可以将之总结为多个层面的经验：在营销理念层面，集中式品牌力、互动力和转化力的协同，同时也重视底层数据体系的支持；在具体的营销策略方面，则通过精品内容、节日IP、社交裂变等操作，综合实现营销目标，促进传播与转化（见图3－17）。

图3－17 中国银联的营销理念与营销策略

一、营销理念：协同思维与数据思维

银联顶层的营销理念可以从两个层面来概括，其一是品牌建设、社交互动、消费转化三个方向的营销目标相互配合的协同理念，其二是持续打造“基础设施”，由数据支撑，贯穿营销决策、广告投放与消费者运营、效果测量全流程的数据理念。

（一）品牌力、互动力、转化力三力协同

在新的营销环境下，实现持续的消费者连接，需要企业既构建品牌壁垒，又

① 云闪付App用户数突破2.4亿 优化功能保障用户隐私，人民日报，2020年3月2日．http：//paper. people. com. cn/rmrb/html/2020－03/02/nw. D110000renmrb_20200302_4－14. htm.

能够贴身互动，并且必须落实到具体的转化中。银联正是践行了这样的营销理念，既重视品牌建设，也强调对社交力量的使用，与消费者贴身互动，并且随时将转化入口、转化链接铺设到营销活动的各个环节中，实现即时的转化。如银联“62节”就是三力协同的典型案例。

在“造节”过程中，依靠精品内容打造品牌力，综合运用硬广短片、微电影、广告主题曲等内容打造“62节”品牌，其内容创意放大了品牌传播效果，《回到6月2号》微电影，讲述了一个穿越+爱情的故事，用电影级内容打动消费者的同时，植入银联的“62节”信息，并配合推出歌曲《银联62之歌》击穿社会化媒体。

同时，巧妙借势话题明星，创造营销讨论点，激发线上线下的互动。银联“62节”邀请明星作为银联“62节”超级体验官并推出定制“省钱”表情包，抢占流量担当明星的话题红利，打入年轻人社交圈。线下，则在上海静安大悦城摩天轮广场打造的“银联62小镇”，快闪小镇内布置了甜品店、62派花店、云闪付欢乐体验店等，吸引消费者在快闪小镇拍照打卡，参与互动。此外银联还联动了南航打造62节主题航班，联合首汽约车推出银联“62专车”，创造社交媒体事件。

最终整合资源释放转化力，“62节”联动了60.99万家门店，230个全国连锁品牌，31个省份，328座城市，17家大型银行，打造全民狂欢的消费嘉年华，通过联动消费“终点”，有效获得新用户、激发老用户①。

（二）重视数据体系建设

在数字化、碎片化的营销环境中，取得营销实效，无疑需要对数据进行通盘的掌握，并将其应用到营销的各个方面。在营销过程中，银联也在持续优化着自身的数据体系。

首先，作为支付领域的产品，银联在数据方面具有一定的优势，能够对用户进行较为客观、全面、准确的画像，进而理解用户，提升营销的效率，如搭建自主的数据管理平台系统（DMP），提升信息流投放精准度等。当然，将业务数据用于营销优化，涉及部门的联动、数据的权限等，是逐渐探索的过程，并且在打通集团业务数据，用于营销的同时，银联也始终关注数据安全和用户隐私。

其次，在营销过程中，面对多样的媒体资源，银联强调与媒体方、第三方机构等进行合作，对落地页、转化效果等进行全方位的评估与监测，提升对于流量

---

① 张泽群．“支付国家队”的营销之道［J］．国际品牌观察：媒介，2020（5）：42－46.

价值、营销效果等的判断和反馈能力。这一能力不仅体现在对线上广告形式的更好掌握，在户外等类型媒体的遴选、组合中，也在发挥作用。

此外，随着银联在营销体系中数据能力的积累和强化，未来还将有可能将这一能力以解决方案或工具体系的形式输出，赋能金融行业的智能营销。

二、营销策略：多种打法实现传播与转化

在具体的营销打法上，银联探索出了具有自身特色的营销策略：营销内容的精品化、创造品牌购物节日、激发社会化媒体互动，通过多种打法的配合，不断提升银联的品牌传播和转化效果，持续建立与用户的连接。

（一）重视精品内容，与用户达成情感共振

银联在内容营销的布局包括内容IP深度合作与内容自制两条路径。

在与外部内容IP的合作中，银联看重内容资源的质量与契合度。如新中国成立70周年之际，银联成为电影《我和我的祖国》独家支付合作伙伴，也是唯一的植入品牌，在电影中与国家发展节点的相互映衬强化了银联的国家品牌形象。

在自制内容方面，银联亦强调精品化路线，推出的微电影、广告片等充满了让人惊艳的执行力和创意点，被业界称为“银联影业”（见表3-1）。

表3 1　中国银联营销内容概览

银联营销内容	主题简介	内容介绍
《大唐漠北的最后一次转账》微电影	唐朝古装主题	随着《长安十二时辰》等古装剧带动的唐朝热，微电影讲述“唐朝漠北两名士兵历尽千辛万苦将军费成功送达”的故事，传达了军人的使命感，同时突出银联“云闪付跨行转账0手续费，虽远必达，分文不差”的服务卖点
《中国人民很行》短片	新中国成立70周年献礼	用“银行”易错认为“很行”的梗，拍摄用很行来歌颂祖国发展面貌的广告片，让每一个中国人都能感受到祖国越来越好的盛景
《你为生活努力付出的样子，就是福》广告短片与海报	新年“百福图”主题	在短片中创新性地为100个行业的付出者，画了100幅肖像，将“福”字巧妙地故事化，从而具体到生活中的每个付出者，聚焦100个职业，对各行各业致敬
《普杰的冬天》微电影	“让山里的才华被看见”公益主题	讲述了一个青海留守儿童渴望求学的故事，关注留守儿童的教育问题；推出“诗歌POS机”，将公益与创意产品相关联

续表

银联营销内容	主题简介	内容介绍
《致喊过12的你》短片	“双十二”全民回报节	重新定义了12月12日的价值意义，在人们“1、2、1、2”的呐喊中，中国银联肯定的是每一个人的付出和努力，把“双12”解读得斗志昂扬
《疯狂的回报》微电影	“双十二”全民回报节	影片抛出悬念，这一天整个城市的人似乎都疯狂起来了，最终给出答案12·12银联全民回报节，人人有打折回报，诠释双十二“用银联　有回报”的品牌理念
“打折”广告短片	“双十二”全民回报节	用打折的谐音梗创造的反差性段子，来展现全民回报节的强力优惠及超多品类，9个场景，为消费者呈现了各种东西被“打折”的有趣画面
“四海团圆，共度中国年”短片	中国年主题	银联国际新春广告，以除夕夜为背景，通过身处境外的国人对坚持00:00守岁的仪式感，而银联国际则是那个一直在国人身边陪伴着的品牌
《回到6月2号》微电影	银联62节	「2号」是一个博物馆管理员，借助一台靠抽水马桶做引擎的时光机，不断穿越回6月2号这一天，试图拯救心爱的女孩「6月」……6月2日这个营销时间点成为推动故事发展的关键设定
“6月和2号在一起”广告短片	银联62节	脑洞大开地将「银联62节」中的「6月2号」拆成「6月」和「2号」并拟人化——戴着「6」、「2」头饰的人物之间的各种奇遇，加上各种银联支付场景，简单直接地带有节日信息：6月和2号在一起，三天62折扣

资料来源：根据中国银联官方网站资料整理。

银联的内容营销不仅关注将营销信息植入内容，并更进一步强调借助内容传递品牌价值观念并寻求与消费者的情感共振，最终用情感势能推动转化。即使在当下谈及营销言必称精准、实效，基于内容的品牌建设依然能够在无形中提升转化，辅助营销目标的达成。

以《大唐漠北的最后一次转账》为例，这部微电影拍摄精良且道具考究，用堪比电影级的制作还原唐朝历史背景下的故事，其中蕴含古人对军令如山的态度，以及中国人从未改变的对使命的信仰，从而传递出银联的品牌态度：每一分钱都是一份使命，虽远必达，分文不差。讲故事的同时，突出银联“云闪付跨行转账零手续费”的业务，既达到了业务推广的目的也打动了消费者。

凭借这部微电影，银联不仅与消费者产生情感共振，同时这种情感还带来了实在的转化，带动了中国银联云闪付App自发注册用户量提升20%以上。

（二）打造购物节 IP，贴近消费者心智

银联打造了多个购物节 IP，诸如 2018 年的“12·12 半价补贴节”、2019 年“1212 全民回报节”、2019 年中的银联“62 节”、2019 年 8 月的银联超市节等，通过举办全民消费的节日形式来贴近消费者的心智，创造消费场景。

在将特定时点绑定促销活动的过程中，银联在消费者心中建立了“品牌 + 时间 = 大促”的心理暗示，让“12·12”与“6·2”等成为银联品牌记忆元素的一部分。

创造品牌日的优势体现在多个方面：节日 IP 自带流量，银联基于自身资源打造的多个优惠节日已经形成了自有 IP 资产矩阵，能够在消费者心中形成稳固的品牌印象；能够实现整体性和长效性品牌传播，持续吸引消费者的注意力，把握消费者的心智，实现与消费者的长效沟通与连接；同时，具有强大的转化效果，有利于新用户的持续获取以及老用户的活跃度提升。

虽然造节 IP 的创意始于电商平台，但银联的造节策略有着自身特点：一是整合资源聚焦于线下渠道，二是转化方式高效直接。

从近几年银联制造的“62 节”“超市节”“双 12 节”来看，主场均强调线下。银联凭借在整合资源方面强大的能力，其优惠节日囊括了各大线下零售商超市门店，同时联合其他银行机构扩大活动覆盖面，给消费者带来打折福利的同时，也帮助商户和银行提升了客流量。

此外，银联的优惠节，相对于促销手段日渐复杂的电商节庆来说也更为直接、高效。使用利益激励激发用户活跃，利益的直接、快速实现和简单易得，至关重要。银联“双 12”打 5 折，“62 节”打 62 折，用户只需下载云闪付在定制商户消费即可获得，这就有效发挥了激励机制的作用，快速推进用户增长（见表 3－2）。

表 3－2　银联购物节的营销操作

银联节日 IP	营销操作	转化效果
银联 12·12 半价补贴节（2018 年 12 月 12 日～17 日）	• 节日优惠：银联移动支付半价优惠 • 资源整合：联合全国 40 万线上线下品牌商户	—
银联 1212 全民回报节（2019 年 12 月 12 日～15 日）	• 节日优惠：5 折及满减活动的单品营销 • 资源整合：合作了全国超 40 万活动商户；引进农产品扶贫	• 云闪付 App 新增注册用户 100 万 • 日活用户数较上年上涨 70% • Apple Store 免费下载排行榜位列第一

续表

银联节日 IP	营销操作	转化效果
银联 62 节（2019 年 6 月 2 日）	• 节日优惠：购物享受 62 折优惠 • 资源整合：超 60 万商户参与，全国连锁商户和区域连锁超过 1.2 万个品牌参与；17 家大型银行提供高达 15% 返现、100 倍消费积分叠加等优惠	• 702.2 万人次的点击量 • 转化规模大：29.1 万用户受本次精准投放影响成为“云闪付”新增用户 • 转化质量高：受到精准投放的注册用户绑卡率为 84.08%，较平均水平高出 2.16%
银联生活高手超市节（2019 年 8 月 23 日～9 月 15 日每周五六日）	• 节日优惠：云闪付 App 满 99 减 20 元 • 资源整合：16 家连锁超市参与，门店总量超 10000＋	—

资料来源：根据中国银联官方网站资料整理。

（三）社会化传播，拉近消费者与品牌的距离

在碎片化的传播的环境下，通过社会化传播，与用户展开互动，能有效建立品牌与用户之间的联系，拉近品牌距离。

银联注重借助与品牌契合的头部明星、网红等，在社交平台上快速打出声量，吸引粉丝与用户的注意力，同时用创造品牌话题点等形式，引导消费者主动参与到银联发起的营销活动中。

当然，流量最大化并不是唯一标准，银联会在契合度方面有更多考量，比如邀请“62 节”的超级体验官，是出于他在剧中人设与银联省钱的营销点契合，在拍摄的广告片中，小账本、手磨咖啡、惹祸甩锅这三个剧中清晰的人物印记，成为阐释银联 62 节特色的有效载体。再如银联邀请某歌手做“双 12”的“补贴大使”，其人设与银联的“成年人的生活里没有容易二字，每个人赚钱都不容易，所以能省则省”的理念契合。

明星虽然有助于短时间内快速建立社交声量，但对品牌来说，社交更应该强调持续的互动。为了激发消费者的互动积极性，银联充分借助各类手段，包括利益、话题、线下互动终端等，激发消费者参与。

比如在抖音平台上，银联先后发起了#云闪付省钱一亿人#、#生活高手赢银联 4999 红包#等话题，用现金或者奖品奖励积极互动的消费者，目前两个话题下分别积累了 2.9 亿与 3292.4 万的播放量①。

又如 2019 年底，银联推出微电影《普杰的冬天》，号召关注留守儿童的教育

① 张泽群.“支付国家队”的营销之道［J］. 国际品牌观察：媒介，2020（5）：42－46.

问题，伴随这次公益营销，推出线下装置“诗歌 POS 机”，消费者在商户消费，打印出的 POS 单上就会出现一首孩子的诗歌。以 POS 机这种特殊的媒介形式作为话题点，吸引消费者到现场打卡并分享互动。品牌发起的微博话题#普杰的冬天#、#中国银联诗歌 POS 机#则分别获得了 769.7 万和 1.1 亿的阅读①。

作为连接商户与消费者的平台，银联始终关注此次“新冠”疫情的变化和对经济的影响，并推出了“重振引擎”的全国性助商惠民活动。在该活动中，银联聚焦餐饮、购物和旅游等高频消费场景，联动民生消费的 2000 多个热点品牌、超过 40 万家线下门店，用单品折扣、支付立减等优惠，激励消费者的信心，并通过补贴优惠和配套的助商措施，帮助商家冲破困局。计划已于 2020 年 5 月初正式启动，为期两个多月，覆盖全国 1000 多个市县②。

以营销连接用户、拉近距离，具有贴近性的代言人或者激发分享欲望的话题都是有效策略，但归根结底，还是要能够回应用户的核心需求，从价值层面给予满足。银联所提供的是社会性、平台级产品，这一活动正体现了“支付国家队”的担当，同时也是在回应特殊时期，社会对“价值”的需求。相信此次活动能够有效帮助拉动内需、提振经济，并进一步夯实银联的品牌。

在激烈的市场竞争中，银联快速脱颖而出，这确实体现了银联对营销的独到理解，以及稳扎稳打的扎实风格。银联对营销目标的协同组合，对数据体系的重视，对内容、激励、社交等营销要素的灵活应用，也正提供了碎片动态营销环境中，如何做营销的一种答案。

第二节 利益激励

与消费者对话，“让利”是简单有效的方式，它意味着在传播环节嫁接了销售的功能。把利益作为种子，附着在“货”上，或者利用“人”的社交扩散，利益裹挟势能、加速传播扩散，并通过利益激励的“催化”作用，推动消费者快速决策、实现销售。

同时，利益也具有粘着度和卷入度。精巧设计的利益激励机制，有助于帮助企业绑定消费者、合作方等，建立长效连接关系，产出更多价值。

---

① 王琛．让山里的才华被看见，银联诗歌 POS 机举办公益行动［N］．大众日报，2020 年 11 月 23 日．http：//paper. dzwww. com/dzrb/content/20201104/Articel16006MT. htm.

② 加强金融科技创新赋能 中国银联助商惠民计划全面启动［N］．人民网，2020 年 5 月 13 日．http：//scitech. people. com. cn/n1/2020/0513/c1007 -31707373. html.

一、利益的价值：让利益相关方拥有获得感

满意的员工，才能创造满意的产品；满意的供应商、经销商，才能提供满意的服务；满意的消费者，才能形成持续消费和推荐。只有多方共赢，才能提升整个商业链条的效率。

因此利益激励的核心价值在于让利益相关方拥有获得感，对品牌产生认同感，从而为作为链主的企业贡献更多价值。

利益天然带有传播扩散、刺激转化的势能，企业作为利益分发的“链主”，要利用好这一元素，通过对营销链条中各关键主体的利益激励，获得高效的传播和转化效能。价值最终将回流进企业，形成更大收益（见图 3－18）。

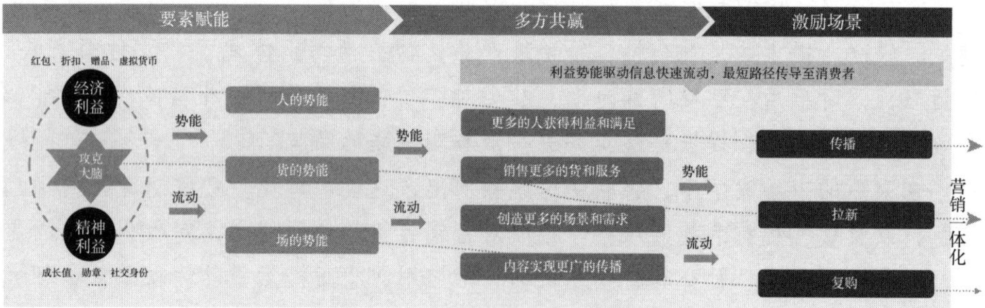

图 3－18　利益激励链条

新观点

企业的供应链就是一条生态链，客户、合作者、供应商、制造商命运在一条船上。只有加强合作，关注客户、合作者的利益，追求多方共赢，企业才能活得长久。有利益共同体又有利益驱动机制，我们就能激活这个组织。

——华为创始人①

二、两种利益激励：经济利益＋精神利益

从利益形态上，利益激励可分为两大类：一类是经济利益激励，通过降低消

① 常耀中．先进性或稳定性：华为公司供应链替代决策［J］．企业经济，2020，39（11）：83－90.

费者的交易成本发挥作用，比如现金折扣、赠品、试用、虚拟货币、信用积分等；一类是精神利益激励，通过提高消费者的社交形象发挥作用，比如成长值、勋章、社交身份等级等。

在实际操作过程中，利益激励可以是经济利益，也可以是精神利益，并没有绝对区分，二者也往往交叉融合在一起，共同发挥营销势能（见图3－19）。

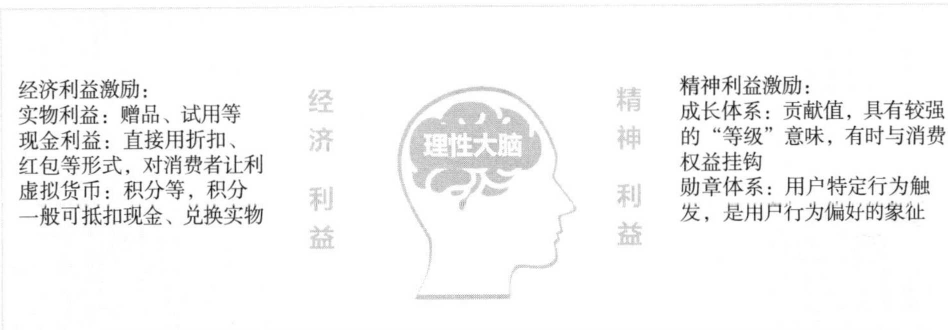

图3－19 经济利益和精神利益

三、利益激励操作上要短、频、快

利益激励是攻克消费者理性大脑的手段。为了更直接地刺激消费者，驱动其重复购买、主动分享扩散，继而引入新的消费者，形成正向循环，利益激励要做到"短、频、快"。

其一，利益发出的流程要"短"。这里有两层含义：一是操作路径短，快速转化、容易执行，减少因为路径设计过长而造成的用户流失；二是利益的有效期限短，让消费者缩短决策流程，快速采取行动。

比如当用户打开微店App，系统会随机弹出一定金额的红包，但这个红包仅限当日使用，目的就是为了加速购买转化。

现实操作中，有很多利益激励在转化方面失效，因为路径设计过于复杂。太长的路径，需要消费者层层周转，完成一些复杂如迷宫一样的关卡。没有多少人有耐心参与完整路径，过程中基本会流失掉。

其二，利益给出的次数要"频"。利益频率高，经常有激励、经常有优惠，有助于加深印象，形成习惯。

其三，利益兑现的速度要"快"。一旦消费者完成相应激励任务，承诺的利益就需快速兑现，比如自动到账、一键兑换等，以增加满意度。

当然，“短、频、快”的利益激励操作，对于不同行业而言，在具体应用中并不是绝对的要求，需要根据实际场景和行业特征、围绕效果目标进行变通调整。比如，高频小额的利益激励，对于低额、高频、快消品等消费场景适用性较强，而在高额、低频、耐用品等消费场景则吸引力不大（见图3-20）。

多平台会员利益激励

	京东PLUS	淘宝APPASS超级会员	网易考拉黑卡	汉光百货金/银/普卡
运费减免	每月5张免运费券	无	海淘运费减免	线下停车费 线上购物运费减免
专属折扣	每月100元专属优惠券	有	海淘商品税费减免	有
积分加倍	京豆10倍积分，可用于下次购物减免现金用	无	无	20/15/10倍积分，可兑换现金，下次购物抵现
退款/退货	退货免运费	退货免运费	退货免运费	退货免运费
专属客服	可随时插队，无须排队	可随时插队，无须排队	可随时插队，无须排队	会员专用通道
专项商品/活动	每周一次会员购物节	有	有	每月1-2次 会员专属购物节/主题活动

图3-20 “短、频、快”的利益激励

四、利益激励的应用场景：传播、拉新、复购

实操层面，利益激励的具体玩法如何呢？根据具体的激励目标，一般可分为传播激励、拉新激励、复购激励三种场景（见图3-21）。

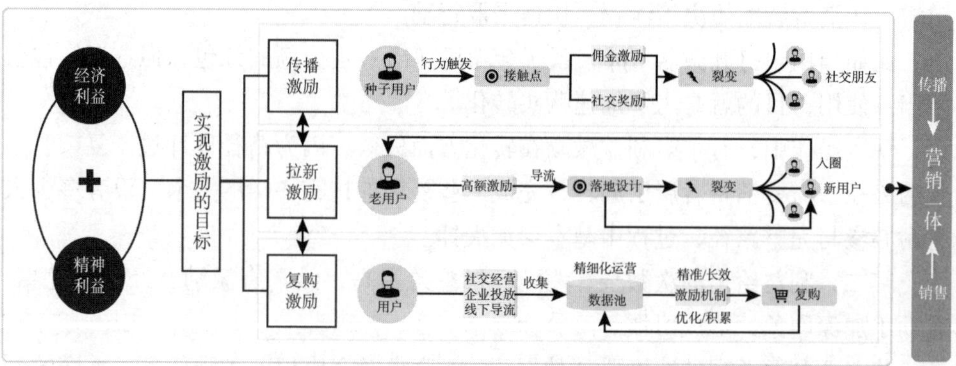

图3-21 利益激励的应用场景

（一）传播激励

传播激励，一般通过为消费者提供利益，促进消费者主动传播、分享，实现对消费者社交资源的充分发掘与利用，达到一传十、十传百的“裂变”效果。

时下朋友圈流行的英语阅读类 App 打卡签到的情况，就是典型的传播激励。例如：“打卡满 80 天，全额返学费”“坚持打卡满 80 天，价值 200 元实体书带回家”等，都是通过提供利益的方式，驱动消费者为产品进行传播扩散。

利益激励的操作中也需要防范一些可能的风险，比如微信对于“诱导分享”严打封杀、“多级分销”触碰法律红线、过度刷屏导致用户反感等。针对具体个案、要根据个体特点进行考量评估。其他利益激励场景的风险防范，亦是同理。

2018 年初曾产生刷屏轰动效应的某品牌“开年运营大课”，就是一个传播激励的典型案例。用户通过推广分销其海报或链接可以获得收益——“如果你的好友通过你生成的海报购买了课程，你就立即能获得高达 60% 即 23.25 元的现金分成（以此类推如果第三个人购买，你将会获得 11.62 元的奖励）”。

短短十几个小时，售价 39 元（原价 199 元）的课程就售出了超过 10 万份，转化效果惊人。

但很快，该活动因涉嫌诱导分享和多级分销被禁止，在多个平台下架。活动策划本身可圈可点，但爆火背后也存在风险，尺度把控是一个重要问题。

（二）拉新激励

拉新激励是以“一方拉新，双方获利”的形式，引导消费者主动分享利益红利到社交圈子，吸引新客，获得激励；同时，新客下单后，利益被复制，成为下一个利益发出源。

某咖啡品牌快速获客很大程度上得益于其巧妙的拉新激励机制。比如，老用户分享链接给新用户，新用户注册、领取免费咖啡券的同时，老用户还可以得到一张体验券；用户使用咖啡钱包储值消费，可享受买二赠一、买五赠五等利益激励，同时也可给好友发咖啡红包，好友领红包进一步带来拉新（见图 3-22）。

（三）复购激励

复购激励是指通过对用户行为数据收集和精细化管理，对已购消费者进行定制化的利益激励，使其更快地产生复购行为，并培养多次复购习惯。

如会员营销就是一种典型的复购激励方式。以美国某潮牌经销平台为例，它发现 1.3% 的用户为平台带来了 43% 的业绩，于是决定“狠抓”这一小部分用户，采用会员营销的方式，给予会员利益激励，不到三个月的时间，公司业绩提升了32%（见图3-23）。

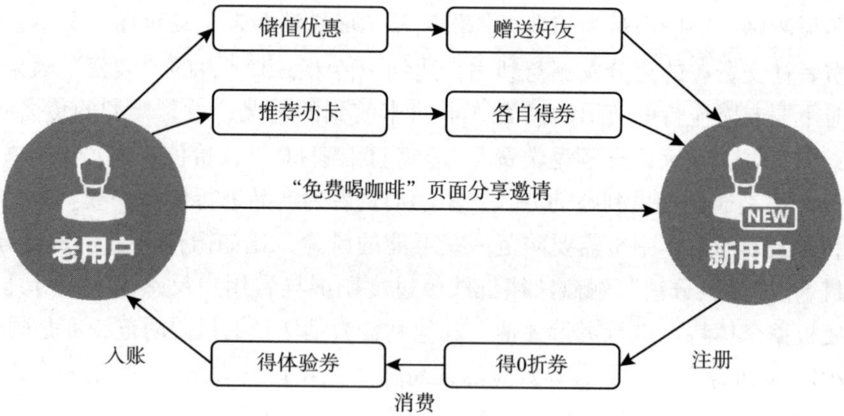

图3-22　某咖啡品牌利益激励

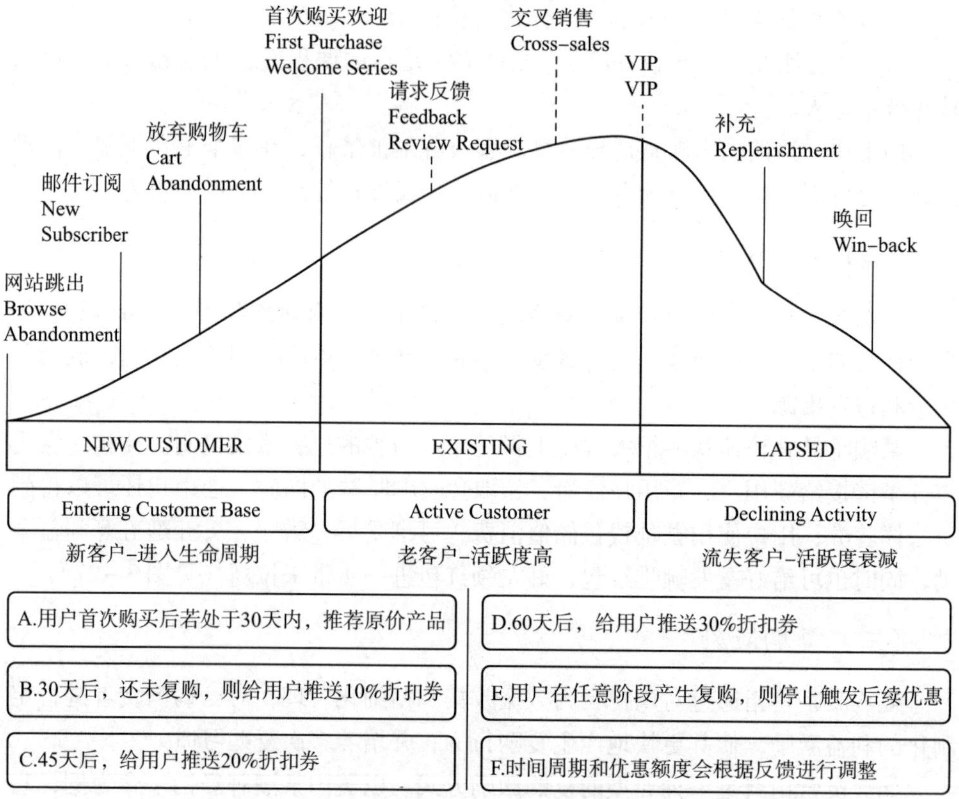

图3-23　某品牌会员营销中应用利益激励促进复购

资料来源：朱容州，王仁铎，亢得霖．社交裂变的价值与路径［J］．国际品牌观察：媒介，2019（10）：44-50.

新观点

会员营销可以被看作是跟会员用户谈恋爱。所以企业要思考如何认真对待这场恋情，让感情持续升温，从相知到相爱，再到磨合、碰撞，最后和会员用户“长相厮守”。

——Webpower 中国区总经理[①]

五、利益激励的操作目标：高效、长效、落实到位

在营销一体化实操中，落实利益激励的关键在于敏捷高效地运行，稳定有序地发起，以及明确到位的利益分配，最终让利益链条上的每一个个体都获益、共赢，利益激励策略目标如图 3 –24 所示。

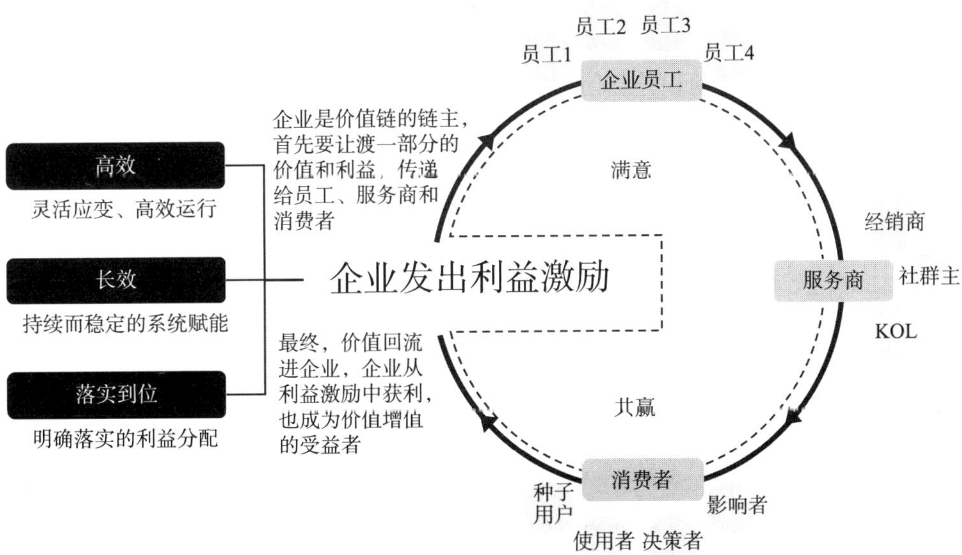

图 3 –24　利益激励策略目标

① 史航．Webpower 谢品：十年转型之路［J］．成功营销，2016（Z2）：52 –53.

（一）高效

要根据实际情况，建立可灵活适应市场变化、高效决策的利益激励机制和管理流程，避免刻板拖沓，让利益激励在最恰当的时间给出，确保整个流程高效运行。

如某洗衣液品牌能够在竞争激烈的日化快消品市场中快速脱颖而出，就得益于该公司灵活应变、决策高效的管理机制。在得知另有新公司要进入洗衣液领域、将以低价策略抢占市场的消息之后，其马上证实竞争情报、连夜决策，制定产品半价策略，并在3天之内推广到全国各个渠道执行，有效阻击竞品。这样的快速行动，对于很多大企业，尤其是一些国际性的跨国公司而言，可能犹如天方夜谭。

（二）长效

同时，需要充分认识到，利益激励不是单独、短期策划的一次营销活动，重在持续、稳定、长效地开展，配合长期发展目标。

会员制实际上是实行长效激励的典型，比如消费者办理星巴克会员卡后可以有三次机会享受买一赠一的特权，其后通过消费累计可以升级星级，享受不同等级会员的相关权益。京东会员，突出免运费、京豆翻倍；小红书会员，突出包邮、专享价；网易考拉会员，突出赠送的运费券、免税券、优惠券的价值；网易严选会员，突出自己的积分翻倍和每月免费领取试用品的特权等。

当然，长效机制不仅仅是会员制，节日营销的特定激励也是一种长效机制，比如天猫的“双11”，京东的“618”等。操作中要把长效激励作为一种战略设计来执行，而不是单次战术活动。

（三）落实到位

在利益势能不断流动的价值链中，利益关联方不仅是企业和消费者这两类角色，还涉及企业员工、服务商、社群组织者、种子用户、KOL等多个主体；他们也可能是营销实施中的重要主体，在关键环节发挥传播、转化价值。

营销转化链条中，对于最终销售转化有重要贡献的参与主体，都应该通过合理的利益手段进行激励，充分激发他们的积极性、执行力，让其成为利益流动的推动者，形成营销合力，提高整体转化效率。

同时，利益分配也不能只停留于顶层设计，如果实际执行中落实不到位，效果也将大打折扣。比如，可对经销商提供不同程度的返现激励政策，且经销商可以先卖货、再付货款，不用担心厂家降价调价等。

某联盟平台的内购群是利益落实到位的较典型案例。其商城里所有产品，商家都可以设置内部优惠券，内购群的群主（推手），可以通过分享优惠券这种利益激励售卖商品，获得收益。

推手获得收益的方式为商品通过推广被下单后，完成订单按服务费比例计酬，其中服务费比例是商家自行设置，即推手的收益 = 服务费比例 × 商品客单价。

比如，商家设置店铺里的某一类目或商品服务费比例为 10%，该类目下商品通过推手推广被下单并完成，商家需要提供给推手的服务费为商品价格 ×10%。

第三节　社交裂变

社交裂变是让分散在全网域的消费者通过社交关系连接、形成自驱动传播势能的有效手段。在营销一体实操中，一方面要善于挖掘活跃的意见领袖和种子用户，让他们对营销内容进行再创造，扩散营销声量；另一方面也要策略性地设计产生社交裂变的路径，推动自发传播，形成规模效应。

一、社交引发裂变的营销价值：聚合碎片、导向销售

新商业环境下，消费者成为散落、动态的点，仅通过中心化媒体已经难以形成有效沟通，需要借助社交力量来对他们进行串联、聚合。

营销中要充分发挥社交网络的作用，挖掘对目标人群有影响力的关键意见领袖（KOL）和种子用户，赋予他们内容与利益，发挥其创造力，推动社交扩散、形成多级裂变；并借助社交关系的信任度，促进情感沟通和交易转化（见图 3－25）。

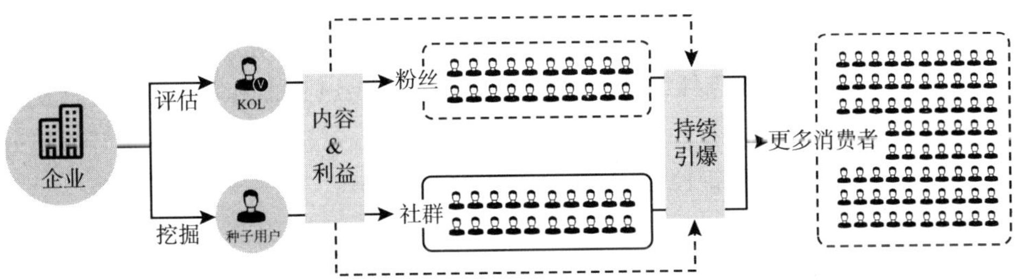

图 3－25　社交裂变示意

二、社交裂变的操作节点：关键意见领袖和种子用户

在社交裂变的实施中，熟悉社交语境、挖掘初始阶段的关键裂变节点非常重要，KOL 和种子用户是两类关键节点。

KOL具有粉丝基础、圈层话语权和影响力，他们作为社交传播的初始节点，可以有效形成势能、扩大基盘。种子用户是普通消费者中的活跃分子，他们乐于分享，在个人社交圈中具有较高信任度，能够影响周围人的消费。KOL和种子用户像落入池塘的多个水滴，激发起一个个涟漪，会把波纹扩散至更大的水面，是引发社交裂变必不可少的要素。

这些关键节点的人群选择，需要借助大数据的力量。通过相关的外部数据库或内部数据库进行挖掘，并在营销应用中持续评估、将效果进一步返回数据库，形成应用循环；并对高效能的KOL和种子用户形成数据库积累，长期维系关系（见图3-26）。如阿里影业在宣发过程中应用淘票票的内部关联数据库选择影评人进行点映活动；摄像机品牌Go Pro使用ZAKER的外部数据库发掘种子用户、让其参与到裂变中。

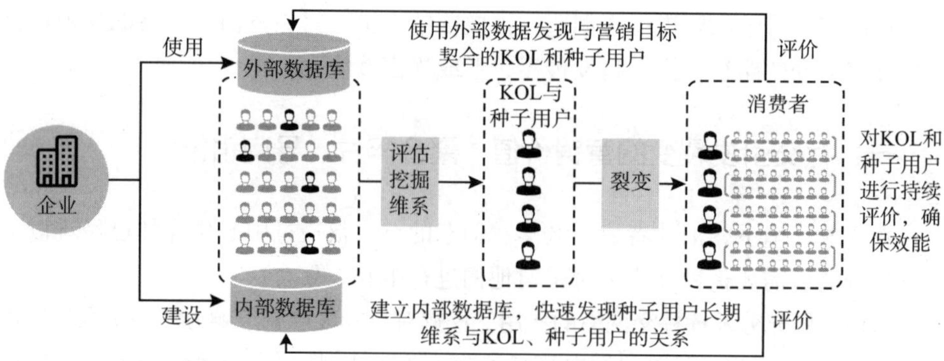

图3-26 通过内、外部数据库挖掘KOL和种子用户

例如，某咖啡品牌在推出派克烘焙咖啡时，与BzzAgent（一家口碑营销公司）进行合作，通过对BzzAgent用户数据库的筛选，挖掘出8000名符合资格的种子用户，为其提供新品体验券。这些种子用户在BzzAgent站内以及各类社交媒体、视频网站、购物网站上主动分享新品体验口碑，为其新产品带来良好宣传效果，并引发裂变，带来了12万新用户（见图3-27）①。

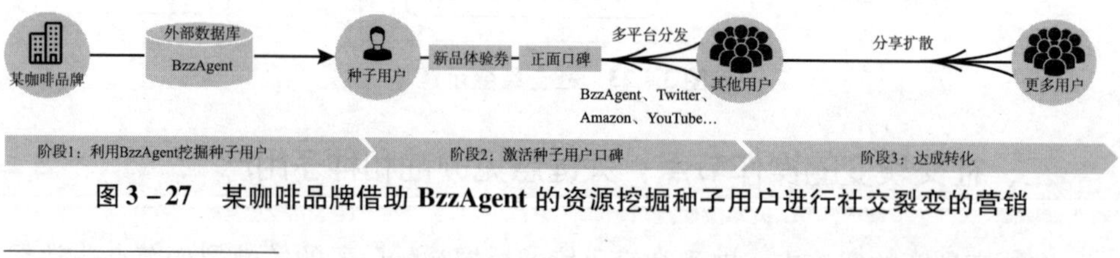

图3-27 某咖啡品牌借助BzzAgent的资源挖掘种子用户进行社交裂变的营销

① 朱容州，王仁铎，亢得霖．社交裂变的价值与路径［J］．国际品牌观察：媒介，2019（10）：44-50.

三、裂变的执行：深耕口碑和种草

在社交裂变的实施执行中，激活 KOL、种子用户的创作力，让他们在原始物料基础上创造出裂变物料，是开启裂变过程的重要环节（见图 3－28）。

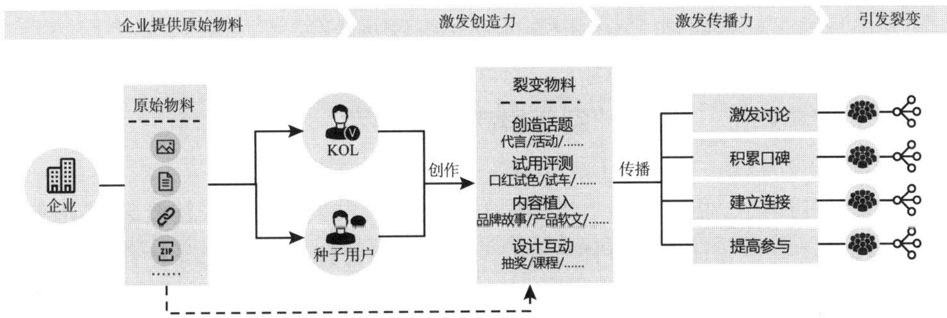

图 3－28　激活 KOL 和种子用户的创作力

原始物料：关于产品或服务的相关信息、内容示例、产品样品、优惠券或二维码等，以方便 KOL、种子用户在此基础上发挥。

裂变物料：KOL 和种子用户发挥创造性，在原始物料的基础上，结合传播和分发场景，创作出各类能够直接引发裂变的物料，包括话题、评测（试车、口红试色等）、内容植入（品牌故事、产品软文等）、互动环节（抽奖、讲座等）。

口碑＋“种草”：KOL 和种子用户通过内容创作和传播，带动其粉丝或者社交圈形成讨论，积累口碑、引发“种草”，再进一步产生主动分享和裂变。

例如，GoPro 与 ZAKER 合作，定向选择北京、上海、广州、深圳、杭州等一线城市以及江苏、四川等聚集目标人群较多的省份，在科技、旅游、体育等兴趣标签下挖掘种子用户参与新品测评。

这些种子用户对产品的实际测评更具说服力和真实性，为产品积累了正向口碑，最终在短时间内实现了较好的传播和转化效果，带动近千台产品的销量（见图 3－29）。

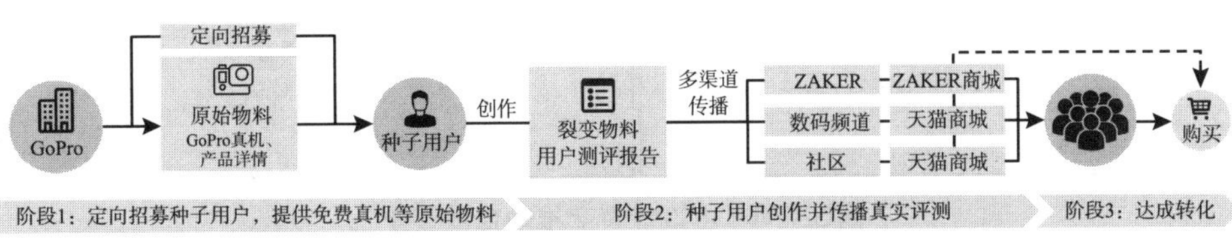

图 3－29　GoPro 招募种子用户积累正向口碑提升销量

再例如，美宝莲使用明星代言人及多种角色的 KOL，在不同平台上通过多种形式对消费者进行“种草”。

明星代言首选在时尚领域有号召力的明星，发布内容，创造话题，吸引粉丝转发扩散并购买；在购物分享平台选择有较多粉丝的美妆网红，发布图文内容，图片包括产品实物图以及试色图，内容主要围绕产品使用感受、喜爱程度、对于产品使用人群与场景的建议等；微博选择具有万级到十万级粉丝的微博大号，发布图文内容以及抽奖活动，内容展现产品实物以及试色。

四、积攒势能，从设计裂变导向自发裂变

设计裂变路径、积攒势能、进而引发用户的自发裂变，也是社交裂变实施的关键。从设计裂变（让 KOL 和种子用户参与）发展到自发裂变（让普通消费者自己参与），才能形成规模效应、提升营销效率。

裂变路径的设计，一般先选择合适的 KOL 和种子用户，通过合理的布局组合、节奏把控，让他们先发起营销相关的社交分享。随着话题引导、传播发酵，影响扩大至更广泛人群，继而引发消费者自发的讨论和分享。通过这种更具生命力的自发裂变，后续才能不断产出话题分支、延续热度，为营销带来更大收益（见图 3－30）。

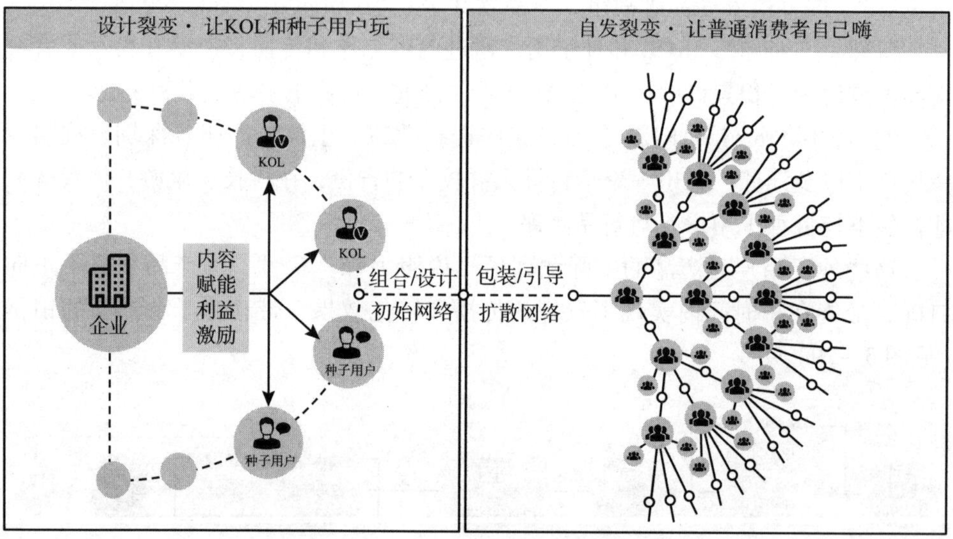

图 3－30　由设计裂变推动自发裂变

例如，某品牌卷发棒的营销推广案例，是从设计裂变到自发裂变的典型。

从发布到正式上架售卖期间，不同的 KOL 和种子用户分别在不同时间点、多个社交平台上制造了有关新产品的各类话题，充分调动了消费者的关注和讨论热度。经过一系列话题的热议和发酵，卷发棒积攒了强大的裂变势能，在消费者心中强势“种草”，成为终极草单，最终引发了现象级的传播裂变和销售转化。

（一）设计裂变阶段

自卷发棒上市后，预埋话题“再也不用纠结下次过节给女朋友送什么礼物了”，并选择微博、微信公众号、百家号等社交媒体进行技术测评。之后开始强推“种草”，用时尚美妆专业号来引爆话题，从女性视角展示该产品的美发功能。引爆话题后，社交平台上的时尚美妆博主号全面跟进，用社会生活类的号探讨爱情话题等，形成全民话题。网络时尚美妆类的网红、发型师也同步“种草”，体现各种产品使用场景。

（二）自发裂变阶段

由于此品牌设计的社交裂变势能很强，引发了消费者以及各种自媒体积极地参与到口碑扩散中来，全民热议、自发创作、自发裂变。话题自动发酵，不断产出爱情、脱发、价值观等新热点，带动一波接一波的扩散。通过深层自发裂变，品牌和产品已经在社交网络中扎下了根，生命力将更加持久。

第四节　经纪人承接

在营销一体的战场上，面对各种碎片化场景中的消费者，需要借助内容、利益、社交等手段，更具势能、更高效地触达消费者，并激发其消费行动。但从兴趣、意向到最终完成消费，是一个充满惊险和变数的漫长过程；如何能与消费者更主动地连接，在转化过程获得一个更有力的抓手？引入“经纪人”角色，是我们找到的重要解决方案。

一、经济人的营销价值：人对人沟通，形成用户直连的高效通道

营销中企业形态是抽象化的，即便通过 IP 赋予品牌形象、个性，企业也难以在无数消费转化中与个体消费者进行沟通和连接。

在移动化、社交化的新商业环境中，企业需要有个体化（C化）的主体来与用户连接，以此获得对用户消费转化流程的更强把控力。目前很多行业开始引入“经纪人”体系，通过利益激励、工具赋能，让代表企业的个人成为市场主体、与无数散点场景中的消费者进行连接，通过一对一交互，提升消费转化。

经纪人作为底层设施，可以通过数字化手段对线上线下多种场景的消费者需求进行快速承接，甚至是主动连接。由此从根本上改变了传统营销体系中企业与用户之间的游离关系，使企业获得用户连接的有力抓手。

而且，在竞争更为激烈的新商业环境下，企业的用户“存量”经营能力将比“获客”具有更大价值。通过构建经纪人与用户的直连通路，并为用户提供全生命周期的持续服务，可以节约巨大的重复性获客成本、获得持续消费收益，从而极大提升营销和经营效率。

新观点

在消费互联网和产业互联网的背景下，汽车营销产生的大量线上流量（人流 + 人心）无法顺畅转换为汽车交易，这需要“人到人的长周期交易转化服务”，而且这个服务应该是从主机厂端的营销业务开始，由专业的汽车销售人员在一天到三个月甚至更长的周期里，持续提供内容和咨询服务、线下接待服务，最终实现转化。

——中骏资本首席执行官①

二、两类经纪人的角色：专业经纪人和社会经纪人

从落地实施的具体机制看，经纪人可分为专业经纪人和社会经纪人两大类，各具特色，企业可以在不同需求定位中使用、发挥其价值（见图3－31）。

专业经纪人主要由企业内部的经销相关人员、或具有行业内权威认证资格的专业人士所构成。他们与企业有紧密的雇佣关系或合作关系，并拥有相关领域的专业服务能力，在消费者服务承接方面具有专业度、可信赖感。

① 马涛．重构人与车的连接，移动互联时代的汽车营销变革——对话行圆汽车创始人，董事长兼首席执行官邵京宁［J］．国际品牌观察：媒介，2017（11）．

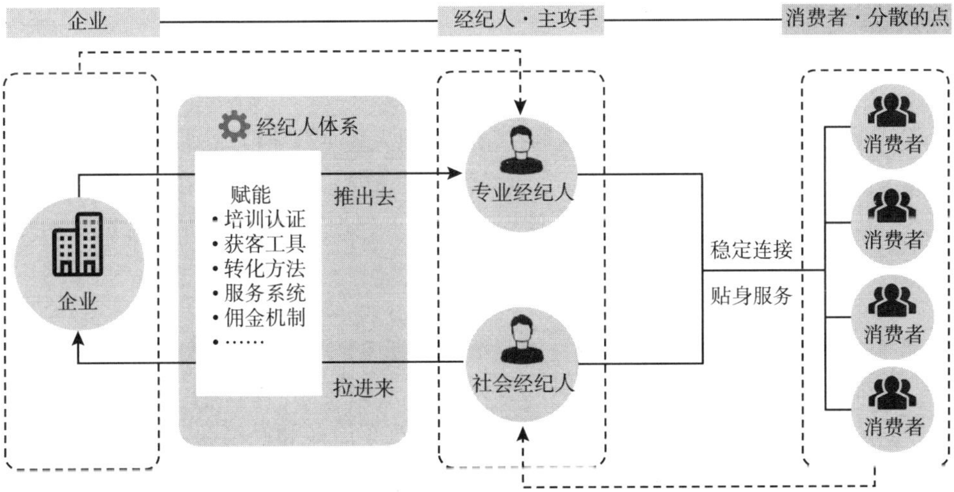

图 3-31　经纪人承接示意

社会经纪人主要由各种类型的社群组织者组成。他们和企业一般是临时性、项目性的合作关系。这一群体是敏锐捕捉消费市场机会的积极分子，他们深入渗透在消费者中间，具有亲近、下沉、灵活等人际关系方面的优势。

例如，2018 年初，某牛奶品牌推出“慢燃”纤维奶昔牛奶，其推广方式是社交零售的“一对一”经纪人模式。“慢燃”奶昔招募的社会经纪人共有三个代理级别：高级合伙人、城市合伙人、城市经理。

该品牌还建立了微商、全民营销微商城等体系，并提出“消费商”的概念，分为创客、体验官和市场零售三个级别，本质上也是社会经纪人的角色，以此来解决针对零散消费者的营销一体转化。

（一）把专业经纪人推出去，贴身服务实现转化

消费场景越来越趋于线上化、碎片化的市场环境下，被动等待消费者上门的“坐商”模式，已经无法实现企业与消费者的有效连接。同时，消费者端也确实需要专业、个性、即时可得的服务体验。

因此新营销体系中，应该改变传统思维定式，把“坐商”的销售、导购、客户服务等人员转化为专业经纪人，把他们推向营销体系的前沿阵地，让他们以专业、贴身、人性化的服务，承接消费需求沟通、促进消费转化，建立并维系用户关系。

在此新机制中，作为“经纪人”的个人，成为被营销赋权赋能、更具独立性和能动性的市场主体，获得更有吸引力的利益激励、更具持续发展潜力的职业定位，从而形成企业、经纪人个体、消费者个体的三方共赢。

新观点

我从来没像今天这么确认也这么在意对经纪人这个职业群体的建设。平台应该是竞优的生态，让经纪人做得更好，谁做得好谁占便宜，谁做得不好就要被淘汰。

——链家董事长①

例如，行圆汽车公司推出车顾问服务平台，为汽车行业营销一体化提供 C2C 服务解决方案，通过系统性平台及服务，帮助汽车厂商和经销商实现高效连接用户、降低营销成本、提升经营效率。

1. 车顾问服务平台架构

行圆通过车顾问服务体系，为传统汽车经销商的销售顾问进行赋能，使其实现向汽车经纪人的转型。平台可为车顾问提供主动营销工具、智能用户管理系统、营销物料等，并铺设全网域 C 端各场景用户到车顾问端的线上路径，形成以移动互联网为场景的智能营销体系（见图 3－32）。

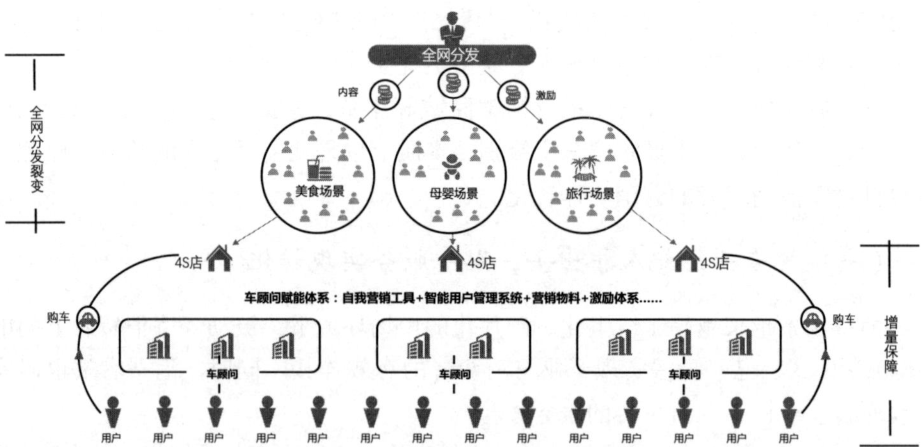

图 3－32 行圆汽车销售转化示意

① 尹西明，王新悦，陈劲，李纪珍，戴蕙阳．贝壳找房：自我颠覆的整合式创新引领产业数字化[J]．清华管理评论，2021（Z1）：118－128.

2. 车顾问服务输出

车顾问通过行圆汽车提供的便捷化工具，可以实现对消费者的一对一专业服务，为用户提供车辆选购、价格沟通、购车方案、使用咨询等多种服务，为汽车消费者带来更省心省力、高效可靠、持续优质的服务体验。

3. 车顾问模式的价值

在传统汽车销售服务模式下，用户在有购买意向后，提交询价信息（线索）等候商家回呼，但线索需经过多层周转，最终分配到某一销售顾问手中才回呼。用户体验差，销售转化效率低，营销成本高。

在新型的车顾问模式下，当用户有意向时，点击其所在线上场景页面中的车顾问入口，就可以直接在线与销售/服务人员进行咨询沟通，体验快捷，且通过C2C人性化沟通更有利于销售转化。

而且，车顾问可以利用平台提供的智能用户管理工具和营销物料等，维护用户长期关系，实现对用户全消费周期的管家式服务（见图3－33）。

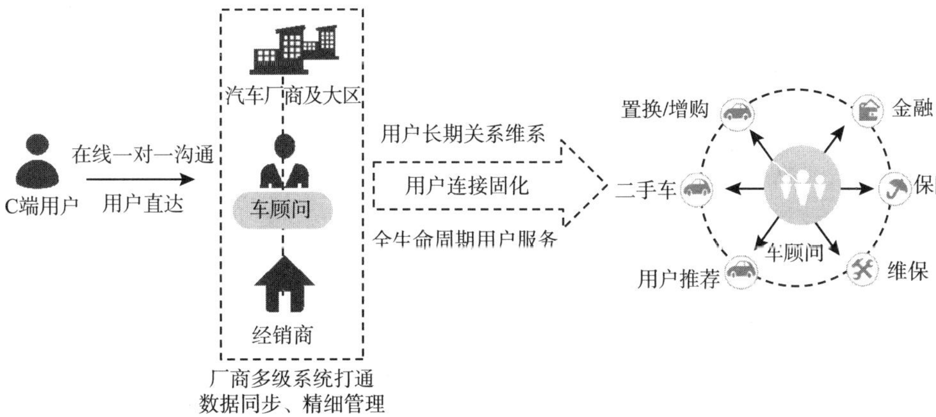

图3－33　行圆的车顾问模式示意

（二）把社会经纪人拉进来，转化他们的社群资源

社交化时代中，消费者的快速流动性、分散化是营销人面临的现实挑战。抢先找到那些分散在各处且拥有可观成员数量的社群组织者，利用其社群资源进行营销分发和销售转化，是一个非常有吸引力的解决方案。

事实上，越来越多的企业已经在开始实践这一手段，即招募“社会经纪人”，把社群组织者拉入营销体系中，共同协作完成目标，各种场景下的社群数量也在快速增长，供需双方都快速嗅到了商机。

以母婴行业为例，仅在微信小程序中，就有将近一万多个宝妈群正在寻找志同道合的群友。拥有较多自由时间并掌握家庭采购大权的宝妈们，除了渴望交流育儿经验，还希望通过口碑推荐买到物美价廉的商品。除了宝妈群，还有水果群、美妆群等各种社群，汇聚了各种细分需求场景的用户。

在实操中，可以通过招募，与众多零散的社会经纪人建立联系，向他们分发任务；也可以借助一些第三方的平台，对接规模化的社群资源；或者也可自建和运营社群，为社会经纪人提供专属的系统服务。

比如，网易推手作为网易考拉、网易严选两大电商的社交零售平台，积累了数量庞大的“推手”。“推手”中有大量宝妈的身影，平台为宝妈们提供内容物料、利益激励、分销工具、专业认证等，赋能宝妈成为社会经纪人，让她们给身边更多宝妈种草明星产品，实现商品的营销一体化落地。

推手1：一人带货上百双毛毛虫儿童运动鞋

D是网易推手的第一批宝妈推手。她的朋友圈像一本精致的生活杂志，分享给孩子做的美食、自制手工艺品，甚至把在网易考拉买的牛排做成家庭BBQ。她认为“种草是很重要的工作，每次收到自己买的商品，都会认真拍照，写下真实感受。所以每当我收到平台优惠活动推荐时，都会及时通知小伙伴，大家跟着我买买买。”

推手2：一次性带货两三百件婴儿湿纸巾

某宝妈是网易推手里的“冠军推手”，曾在朋友圈带货卖掉两三百件婴儿湿纸巾。她对诀窍的陈述是“我是一名母亲，我清楚地知道婴儿湿纸巾是新生宝宝的高频消耗品，需要加厚、不连抽、无酒精、无添加的设计，这款产品还特别加入了木糖醇，凸显这些专业优点后，产品迅速成为了朋友圈中的爆款。”

新观点

新的连接器是宽广的、是非稀缺的、是高效、是低成本的。和传统电商的连接功能相比，社交网络世界流淌着一种非稀缺资源、一种宽广的连接资源。这个连接器就是“个人影响力、个体信任”，也是“社交货币”。

——云集微店首席执行官[①]

① 朱晓培．云集CEO肖尚略：数字化、共享化致敬传统零售［J］．互联网经济，2019（6）：56－61.

三、经纪人赋能体系的运营

让经纪人成为主力军进入主战场，赋能体系建设非常关键。无论是专业经纪人，还是社会经纪人，在承担传播和销售任务落地中，都需要全方位的赋能支持，包括身份、工具、权力、利益等，使其可以充分发挥潜力和价值（见图3－34）。

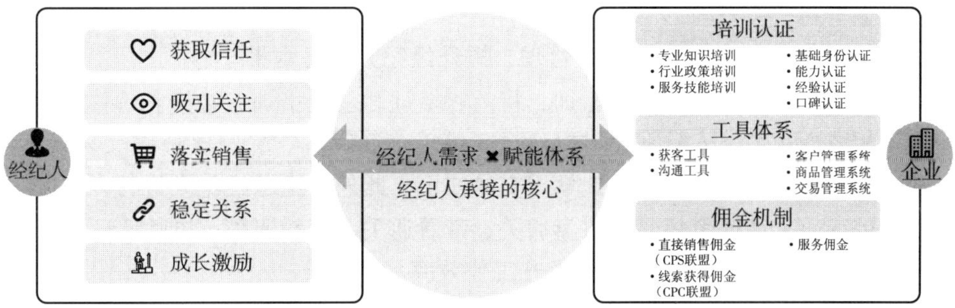

图3－34　经纪人的赋能体系

（一）提供持续的培训认证

让消费者对经纪人产生信任，是实现营销的重要基础。信任来自经纪人表现出的专业性，以及经纪人的专业体系身份认证。持续的培训和认证体系是为经纪人形象赋能的有力保证；同时，认证也是对经纪人规范管理、保障服务质量的重要方式。

（二）打造满足经纪人各阶段需求的工具体系

经纪人与消费者的沟通过程包括获客、转化、二次营销等多个环节，每一个环节都需要相对应的便捷工具进行支持。比如，接单工具、推广工具、营销物料、沟通工具、订单管理、效果分析、用户管理、佣金结算管理等。工具体系贯穿经纪人服务提供的全流程，保障企业营销的落地效率。

（三）设计合理的佣金机制并落实到位

企业与经纪人表面是雇佣或合作的关系，实质上是紧密捆绑的利益共同体。经纪人为企业带来稳定的销售和客户资源，企业则需为经纪人提供具有吸引力的佣金。

由于经纪人对企业营销的贡献发生在多个环节，不只是最终销售，还包括推广、线索、关系维护等；而一次交易的达成，也可能来自多个经纪人的贡献。因此，针对不同经纪人在不同环节的贡献，佣金机制也应更合理细致。

比如，商家为其社会经纪人提供多样化的分佣机制，经纪人可按需选择。一是当商品通过推广被下单后，经纪人按商家设置的比例获取佣金。二是当商品被用户点击，经纪人根据商家收益情况获得一定数量佣金。佣金每月在指定日期自动结算，可提现至银行卡中。

再比如，房地产中介全面开放经纪人赋能体系，包括自有经纪人和外部经纪人都可以在平台上协作完成获客、销售与客户服务。这一赋能体系包括培训、工具和佣金机制三大方面。

1. 培训+认证，标准化流程管理，提升经纪人服务水平

为经纪人提供不同层次的培训，将门店培训和基地培训、必修和选修、线上和线下相结合；经纪人日常还可以通过《签单全攻略》《交易有约》《交易案例》等专业内容和培训视频随时随地学习交易知识。此外，组织经纪人进行专业知识考试，进行通关认证考核，如讲盘通关、带看通关、签约通关、讲师认证等。

2. 工具+服务，助力经纪人提升工作效率

围绕房产交易的前中后环节，根据经纪人需求，设计了面向全网经纪人开放的 A+系统工具，帮助经纪人制定业务计划、规避风险、提升作业服务效率，包括以楼盘字典为核心的房源管理系统、客户管理系统、交易管理系统。

例如，“A+房源系统”确保房源从录入到核销的全生命周期智能化验真，提供多种功能，包括：房源共享池、房源跟进（随时记录业主动态）、房源纸（房源营销工具）等，提供全面、真实的房源共享和信息流通数据平台，帮助经纪人高效匹配房源，提升成交效率。

“交易管理系统”则提供各种终端的交易相关管理工具。经纪人还可以使用税费精算、贷款计算器、房产估价等工具，实现税费、贷款金额、房产价格的在线实时获取，还可以使用备件字典、最新贷款政策等工具，随时随地一键查询交易流程、备件资料、贷款利率等各类重要信息。

3. 佣金机制：各环节及时高效奖励，提高协作效率，防止经纪人员流失

激励机制以积分制为基础，充分考虑级别、业绩、工龄等，按照权重计算收入。在业绩部分，根据各经纪人在每单业务中的关键活动设置佣金比例。确保经纪人对全流程服务的积极性和协作效率。

第五节 结点落地

在营销一体的实施体系中，我们提出了“结点”的理念。将消费者在传播、销售流程中的关键性触点，通过完善消费体验、铺设闭环路径，变成可同步完成传播和交易的终点（结点），从而进一步保障营销一体的落地效率。

一、结点的营销价值：传播和销售同时出击的结合点

过去我们在营销中总是谈产品与消费者的“触点”（touchpoint），比如媒体、展会、活动等传播触点，线下零售店、大卖场、线上电商等销售触点。传播触点难以直接销售，销售触点不能引发传播分享，造成消费者的转化路径长、流失多。

营销一体的操作中，应该做到传播中实现销售、销售中带动传播，需尽可能把“触点”转变为“结点”（termination）。“结”既指“结合”，传播与销售两个拳头同时出击；同时也指“结束”，消费者在此可以完成从知晓、了解、决策到购买的全流程，即刻转化。

通过对“结点”的打造，可以部署尽可能多入口短路径的营销闭环，避免消费者在转化的“惊险一跳”中流失。

二、结点设计的基本原则

具体而言，设计结点时需要遵循零阻力、场景化这两个基本原则，为处于该结点的消费者提供恰当且优质的体验，使其顺畅转化。

（一）体验 + 转化 = 零阻力的结点（frictionless）

营销一体实施中所强调的“结点”，正是一种零阻力、让消费者不知不觉完成传播和消费的场景。良好的用户体验设计，以及顺滑的转化路径设计，是实现零阻力的两大关键（见图 3 – 35）。

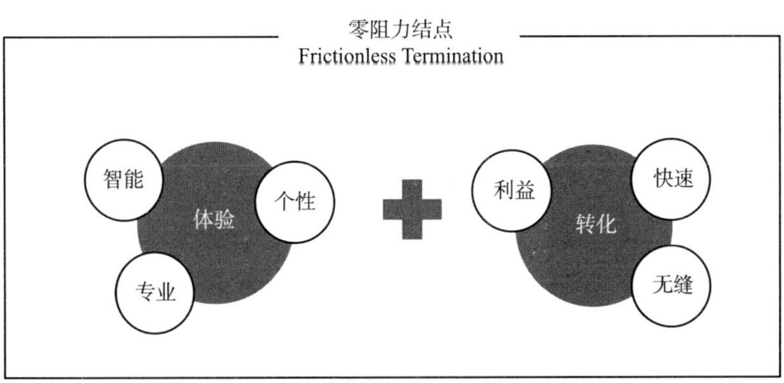

图 3 – 35　零阻力结点

新观点

消费者越来越追求和期待零阻力（frictionless）的购物体验。

——贝恩资本执行总监①

（二）场景化的结点

结点的构建，需要周密考虑场景特点，进行营销一体化的设计。即基于目标消费者的生活、人生阶段、需求等选择场景，并为之匹配合适的内容、利益、转化方式、服务链接等，形成用户传播和转化的闭环路径（见图3－36）。

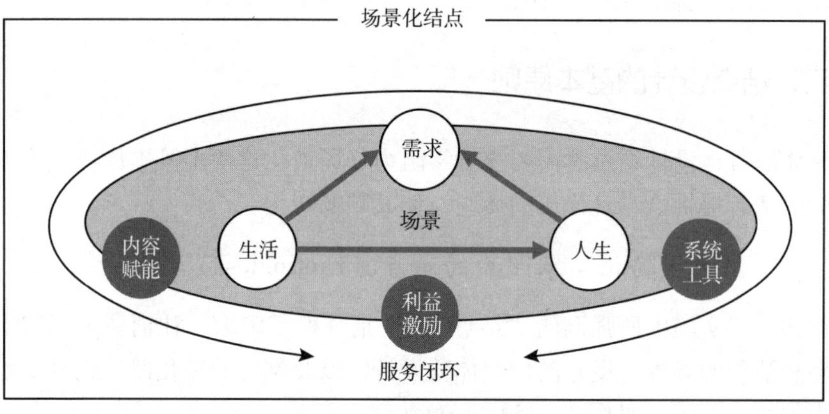

图3－36　场景化结点

三、结点落地的实操：缩短路径＋交叉关联场景＋升级体验

结点落地的具体实施方法，归纳起来有三个重点：一是缩短转化路径，二是交叉关联场景，三是用各种方式升级体验。

① 吴倩，关瑶，陈可缨．结点：传播和销售结合的“最后一公里”［J］．国际品牌观察（媒介），2019（10）：51－57.

（一）缩短转化路径

传统营销路径中，传播和销售的触点往往分离。消费者从传播触点看到内容产生需求、再到自行跳转电商或线下等销售触点，需要长路径周转。消费者在检索、比较、行动等过程中，每一环节都有流失的可能。

因此，缩短转化路径是结点落地的重要手段：在传播内容激发消费者情绪的同时，提供便捷、简短的购买路径，让消费者可以零阻力地完成交易（见图 3－37）。

例如，Instagram 的 Tap to View 功能上线前，重传播、弱销售。2017 年，Instagram 已经拥有大部分企业官方账号，已成为企业不可或缺的广告投放平台。但由于禁止在帖子中加入链接的规矩，Instagram 广告更多的是帮助企业进行品牌露出，对于转化率则帮助不大。而 Tap to View 功能上线后，营与销顺畅链接。Tap to View 功能让消费者在看到照片的同时，能获取更多产品信息，甚至能直接在 Instagram 里跳转到企业官网进行购物。Instagram 产品营销总监吉姆·斯奎尔斯（Jim Squires）表示，人们在 Instagram 上浏览时多抱有探索心理，因此 Instagram 要去掉中间障碍，让用户在感兴趣时能立刻满足好奇心。

这样一站式即看即买的结点设计，将 Instagram 广告的转化率提高到了 19%，同时企业也能在第三方的支持下获取用户点击、转化等互动数据，进一步优化结点设计。

（二）交叉关联场景

传统营销路径中，消费者的各种需求场景往往是独立而分离的。例如，A 产品和 B 产品各自铺货到不同触点进行分销，导致同时有 A 和 B 两种产品需求的消费者只能分别进入两种场景，购物路径分散，消费者体验不佳。同时，如何拓宽销售渠道且降低铺货成本，也是会面临的问题。

交叉关联性场景，是结点落地的第二种手段。可以与具有重叠目标消费群的其他产品或渠道方合作，将产品植入更多关联性场景中，或将关联性场景植入原有销售渠道里，打造整合、闭环的结点。

这样，当消费者因产品 A 进入场景 A 的时候，也可同时体验到过往只存在于场景 B 的产品 B，无须转场即可便捷地完成两种购买。此外，这样的结点也可以进行规模化复制，在更多场景中以新形态出现，更新消费者的消费体验（见图 3－38）。

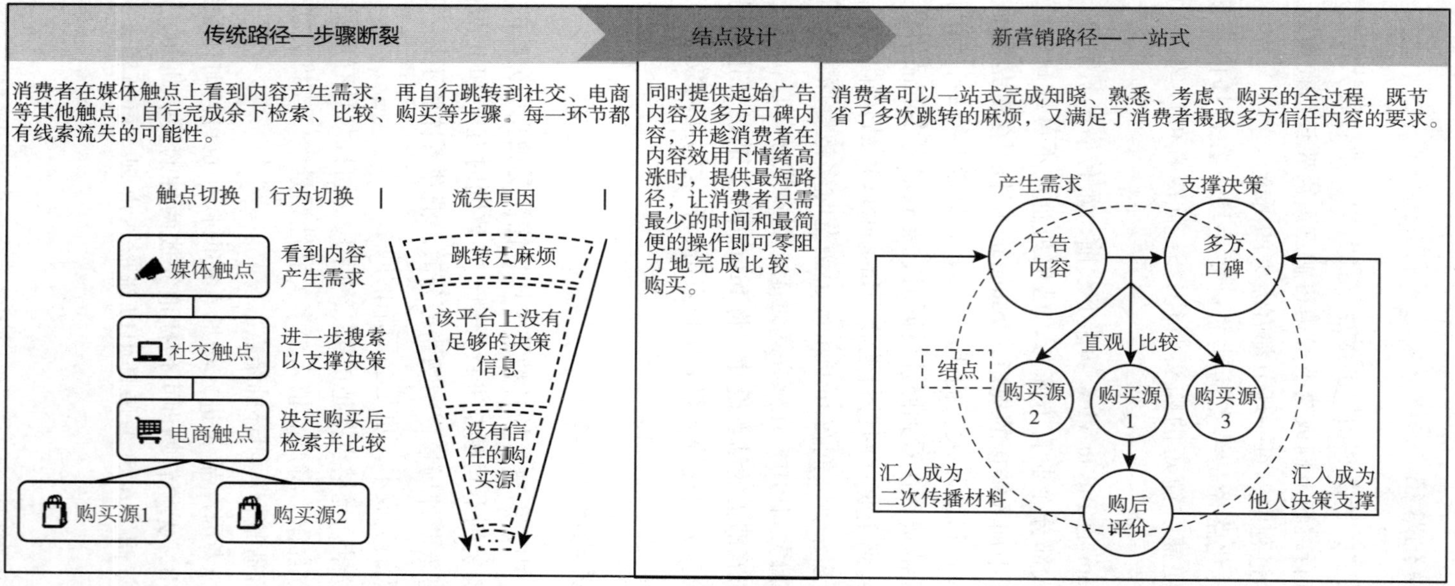
传统路径—步骤断裂
结点设计
新营销路径— 一站式
消费者在媒体触点上看到内容产生需求，再自行跳转到社交、电商等其他触点，自行完成余下检索、比较、购买等步骤。每一环节都有线索流失的可能性。
触点切换
行为切换
流失原因
媒体触点
看到内容产生需求
社交触点
进一步搜索以支撑决策
电商触点
决定购买后检索并比较
购买源1
购买源2
跳转太麻烦
该平台上没有足够的决策信息
没有信任的购买源
同时提供起始广告内容及多方口碑内容，并趁消费者在内容效用下情绪高涨时，提供最短路径，让消费者只需最少的时间和最简便的操作即可零阻力地完成比较、购买。
消费者可以一站式完成知晓、熟悉、考虑、购买的全过程，既节省了多次跳转的麻烦，又满足了消费者摄取多方信任内容的要求。
产生需求
支撑决策
广告内容
多方口碑
直观
比较
结点
购买源2
购买源1
购买源3
汇入成为二次传播材料
汇入成为他人决策支撑
购后评价

图 3–37　结点路径设计

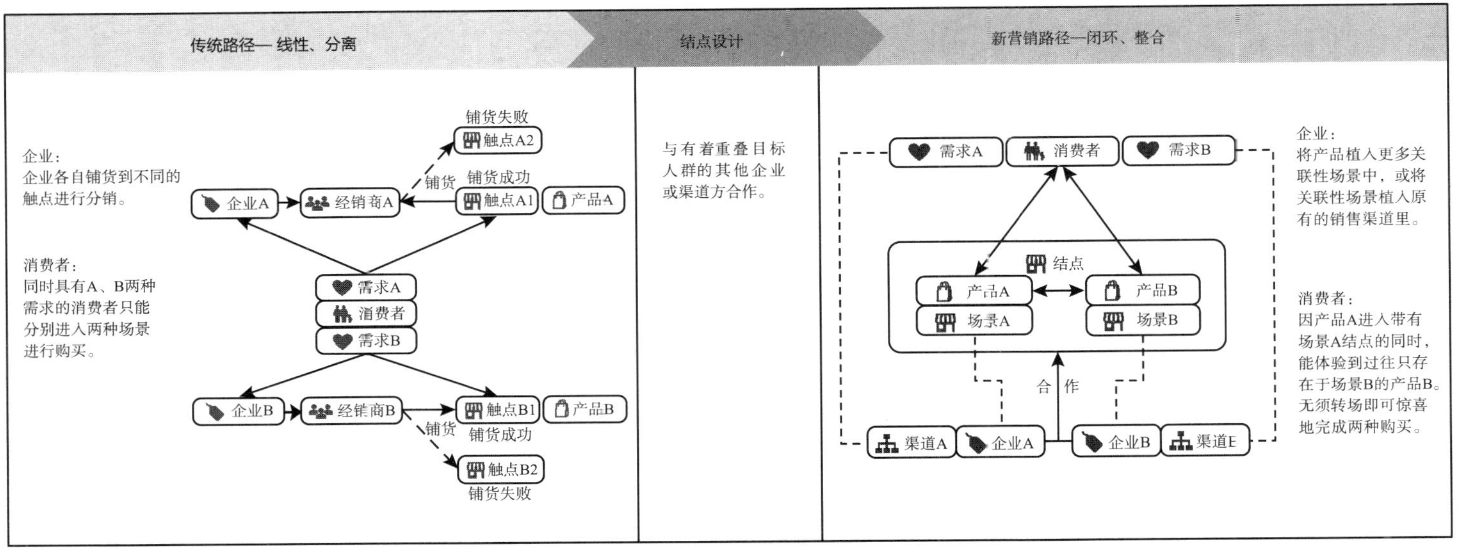

图3–38　交叉关联转化示意

让我们来看看国内汽车 4S 店升级线下结点交叉植入休闲娱乐场景，提升消费者体验的情况：

1. 消费者：对销售触点的体验期望继续提高，却未被满足

德勤发布的《2018 年全球汽车消费者调查》显示，大多数消费者仍然愿意在发生购买行为之前与产品或人员有线下接触，57% 的消费者认为消费体验是很重要的。然而麦肯锡《2017 年中国汽车消费者调查报告》显示，只有 49% 的消费者对 4S 店的体验感到满意，其中一项重要的原因就是“服务过时”。

2. 经销店：升级转型，急需改善体验留住消费者

截至 2018 年 7 月，全国已有 40.5% 的汽车经销商处于亏损状态，而门店数量却已达 2.96 万家，同比增长 5.5%，超过行业销量增速，竞争异常激烈。[①] 同时，新车毛利占比逐年下降，经销店利润主要依靠售后服务。要想改造 4S 店，就需要改变过去粗放式的管理方式，以精细且高质的服务满足消费者更多交叉需求，从而提高客单价和重复到店率（见图 3－39）。

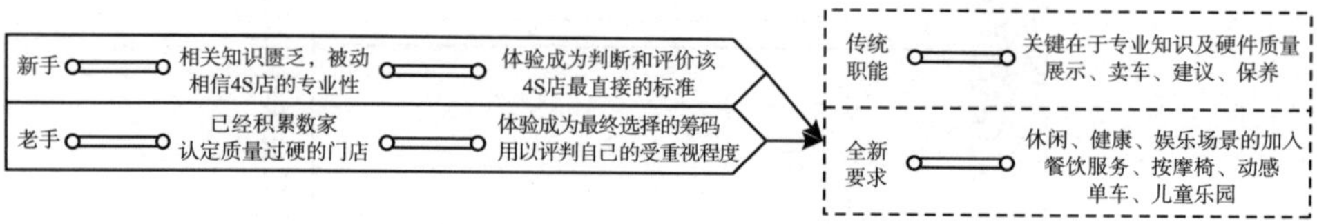

图 3－39 消费者的交叉需求

3. 结点设计：交叉植入休闲娱乐场景，升级体验

在消费点评网站搜索某品牌的本地 4S 店，按照好评度进行排序，可以看出到店消费者很在乎 4S 店提供的“吃喝玩乐”等附加服务，这些体验在很大程度上将影响用户后续是否还在此重复消费，对于提升用户消费粘性和忠诚度而言，已成为重要条件。

（三）多种形式升级体验

除了上述提到对原有传播或销售触点的结点设计，眼下各类社区店、新零售店、大篷车等新式渠道也正在成为营销界的爆款玩法。这些方法的实质是通过智能终端、主题氛围等多种形式升级体验、打造结点，提升转化效果。

智能终端可以在多个层面升级体验，比如提供零阻力的购物体验（例如，智能买手终端在消费者进店时打招呼，全面展示产品特点并提供最新的折扣信息，

① 资料来源：《2018 年 1～7 月全国乘用车市场调研分析报告》。

有效提升门店的购物转化率），或者提供个性化的服务体验（例如，智能货架为消费者提供肌龄测试服务、生成个人专属护肤方案）。

新观点

体验式营销能够影响消费者的购买速度。如果我们将常规的多渠道营销活动和体验式营销活动相比较，就会看到，体验式营销往往比其他任何营销模式更快速地将消费者转变为顾客。

——美国《活动营销人》创始人[①]

主题氛围则是让购物兼有娱乐体验，从而全面调动消费者情绪，达成如游玩迪士尼乐园般“在游乐场中愉快完成购买”的效果。消费者在主题氛围下产生的消费，不仅是因为体验良好而做出的购买决策，更是因为购买已经成为满足其心理需求的重要一环而“不得不买”。

例如网红化妆品 Kylie Cosmetics 线下店采用“限时 + 限量 + 盲价”的“游戏规则”，消费者只能在 15 分钟内完成选购，过程中看不到标价，同种商品不能超过三件，这反而刺激了粉丝排长队。星巴克上海烘焙工坊，通过大量运作中的生产设备让消费者见证咖啡豆从生豆变成咖啡的完整流程，同时咖啡帅用极具表演性的方式现场冲泡、将饮品端上吧台，让工坊店的平均客单价达到标准门店的 4 倍，而且消费者非常乐于去社交圈分享，继续“种草”其他人。这些都是通过提升主题氛围、带来娱乐体验从而实现营销一体转化的典型案例。

企业还可以综合应用各种手段提升体验，将智能、氛围等融合为一体，接入数据、终端等元素，共同构造全体验、零阻力的结点，让消费者在流畅、新奇的体验中快速完成购买，并激发消费者对于这种新体验的主动传播。

例如，亚马逊自发展线下渠道以来，已开设 Amazon Go、Amazon Books 等多家门店。亚马逊门店最大的特点是设置了大量接入线上平台数据的智能终端，能够实现进店自动识别会员、线上线下同步动态定价、商品自动加入 App 购物车、无人收款（Just Walk Out）等传统零售渠道无法实现的功能，以零阻力的购物体验吸引着众多消费者前去尝鲜（见图 3 - 40）。

---

① 克里·史密斯．体验式营销［M］．黄巍译．人民邮电出版社，2017.

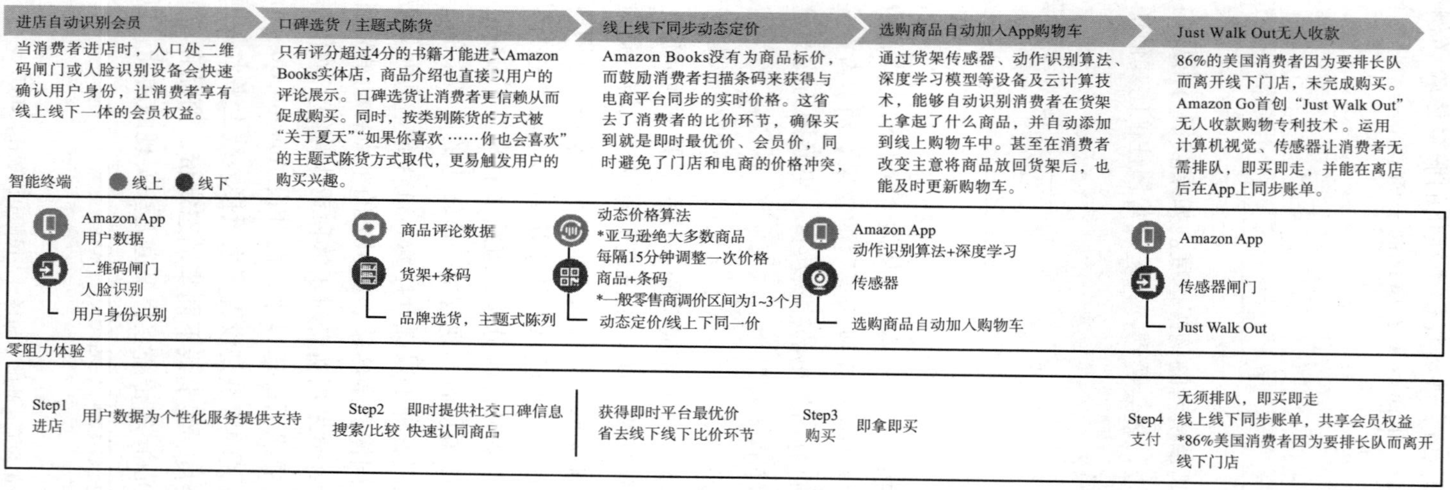

图 3-40　Amazon Go的结点设计

资料来源：根据亚马逊官方网站资料整理。

【案例 5】亚马逊：打通线上线下的新零售布局[①]

一、亚马逊进军实体零售的原因

（一）亚马逊认为未来的零售业态是混合的（blended）

亚马逊做出进军实体零售的决定，首先是基于亚马逊对于未来零售业态的把握与判断。通过洞察，亚马逊发现消费者可能会对线上购买或线下购买有所偏好，但很少有人专门在电商上或者在实体店中购物，他们往往同时使用着两种购物方式。因此亚马逊充分意识到零售行业的未来不是非黑即白地在实体店与线上电商间做出单一的选择，而是多渠道发展并且将彼此相互融合。因此拒绝单纯地押宝线上，选择线上线下并行自然成为亚马逊面对零售行业变革时给出的答案。截至 2018 年底亚马逊已经拥有 520 家北美线下零售商店（主要为全食超市）和 7 家海外线下零售商店，面积共计约 185 万平方米。

（二）实体零售升级窗口已现，亚马逊依靠优势资源重塑消费体验

无论电商还是实体零售目前均处于不断升级的过程。然而相对于迅猛发展的电商，传统线下零售的发展较为迟缓，不断暴露出各种亟待改善的短板。消费者对目前线下购物体验的不满让亚马逊看到了将实体零售带入“21 世纪”的机会。所以亚马逊的线下门店并没有简单复制其他零售商店的销售和服务模式，而是着力解决客户购物过程中的所有痛点（friction points），通过利用线上电商积累的大量消费者数据，以及其此前开展线上到线下（O2O）业务的经验和打入家庭场景的智能终端，重塑线下消费体验和实体零售模式。

（三）线上电商与实体零售优势互补，有效拓展亚马逊业务生态

亚马逊进军实体零售的第三个原因是线上电商与实体零售能够形成优势互补，使亚马逊的零售体系更加完整。相较于线下店，电商高效便捷节省成本等优势特点无须赘述，而线下实体店提供的商品展示功能同样也是电商无法替代的。实体店的开设允许亚马逊的消费者更加直接地体验产品，例如消费者可以在 Am-

---

① 胡睿忱．亚马逊：打通线上线下的新零售布局［J］．国际品牌观察：媒介，2021（2）．

azon Go 或是 Amazon 4-star 中到店亲自使用 Echo 智能音箱再决定是否购买，而不是仅仅通过线上的介绍和评价进行决策。

二、亚马逊新零售特点

纵观亚马逊的新零售体系，可以明显感受到线上电商与线下零售深度融合，相互赋能的共生关系。线上电商借助大数据优势为线下零售优化选品策略，而线下零售更好的体验弥补了电商的劣势，同时通过更快的物流服务反哺线上。另外，通过对家庭场景的扩展，以及整合 AWS 云计算、大数据、人工智能等底层技术作为技术支撑，最终形成全场景、全链路、智能化的新零售平台（见图 3－41）。

图 3－41 亚马逊新零售体系

资料来源：胡睿忱．亚马逊：打通线上线下的新零售布局［J］．国际品牌观察：媒介，2021（2）．

（一）线上电商嵌入新终端，覆盖新场景

为了打通线上与线下，亚马逊做的一个重要的尝试就是将线上电商嵌入新的终端产品中。这些终端产品作为线上电商在线下场景的延伸提供了新的交互形式，同时也为消费者提供了新的消费入口。另外，相较于在 PC 端使用的网站和安装在个人移动端的 App，这些智能终端能帮助亚马逊更好地贴近家庭场景。

典型的例子是亚马逊近几年推出的 Amazon Dash Buttons。Dash Buttons 最早是 2015 年亚马逊推出的一款内置无线连接功能，购买单一商品的物联网购物按

钮。用户可以通过按动按钮，从亚马逊网站上一键下单家中快用完的产品，免去传统购物的烦琐流程。①

随着智能家居市场的不断发展，运用互联网进行连接的设备和电器变得更加普遍。为了适应这样的潮流，亚马逊摒弃了 Dash Buttons 物理按键式的实体化设计，将其转型为电子化和虚拟化的 Dash Replenishment 服务。该服务为制造联网设备的硬件制造商提供了一个 API 接口，使得用户可以在自家的家用电器（洗衣机、打印机、冰箱）控制面板上订购其需要的产品。迄今为止，包括倍科、爱普生、意利、三星和惠而浦在内的众多品牌已在全球范围内推出了数百种能够在亚马逊上进行自动订购的物联网设备。

另外，亚马逊还发现客户“越来越多”地使用其 Alexa 语音助手回购商品。战略咨询公司 OC&C Strategy Consultants 在 2019 年 2 月出具的一项研究报告中提出，预计到 2022 年，全球用户通过亚马逊 Alexa 等语音助手进行语音购物的交易额将从 20 亿美元跃升到 400 亿美元。通过 Alexa Shopping 语音购物应用程序，人们可以告知智能音箱有关购买的信息。当然 Aelxa 购物服务不仅可以帮助人们完成下单，它还可以根据消费者的需求给出相应的购买建议。在购物前期和后期，用户还可以通过语音交互，获得促销信息、跟踪快递订单。目前 Alexa 在线语音购物可以在任何搭载 Alexa 语音助手的设备中进行，包括 Echo 系智能音箱等。但对用户会有所限定——用户必须是亚马逊 Prime 会员，并在手机端 App 设置有效的付款信息，以及在手机端完成启用这一功能的操作。

诚然，Dash Buttons 和 Alexa Shopping 的推出，能够让亚马逊更好地卖货，但亚马逊的野心可远不止于此。用户利用 Dash Buttons 和 Alexa Shopping 完成的每一次下单，都会成为大数据的一部分，帮助亚马逊分析用户的消费习惯、消费频率、消费数量以及哪种规格、哪种类型的产品更受欢迎。换句话说，亚马逊已经将自己的数据触点扩张到了更广阔的线下场景。

（二）线上电商数据优化线下选品，提升客单价及转化率

在亚马逊的新零售体系中，来自电商的数据赋能是其区别于其他实体零售商店的显著特点之一。基于电商上不断累积和更新的购买数据，亚马逊线下商店的产品选择往往结合了时下流行的趋势以及对目标消费者购物偏好的判断，同时通过引入地理位置等数据，亚马逊甚至可以在不同地区的店铺实行差异化的选品策略，实现“千店千面”。这种逻辑在亚马逊最先试水的线下书店 Amazon Books 和

① 胡睿忱. 亚马逊：打通线上线下的新零售布局［J］. 国际品牌观察：媒介，2021（2）.

其最新创立的线下精品店 Amazon 4-star 上得到了突出的体现。

Amazon Books 书柜上的书全部以封面示人，就像在网上浏览时一样，方便顾客一眼扫过获取尽可能多的信息。店内库存也会参考 Amazon 官网的用户评分、预售、销量和 Goodreads 上的热度来调整，甚至有专人协助评估、挑选。每本书下面都会有一张小卡片，上面有 Amazon 官网的用户评分和一则精选用户评价，帮助消费者更直观地判断这本书是否适合自己的口味。

Amazon 4-star 方面，凭借所掌握的客户数据，亚马逊为该商店提供了最畅销和最受人欢迎的产品。亚马逊在一篇博客文章中表示，Amazon 4-Star 的选择直接反映了我们的客户正在购买什么以及他们喜欢什么。Amazon 4-Star 所选择的商品包括电子产品、厨房用品、家居、玩具、书籍和游戏，所有商品均为顾客评为 4 星及以上，或是最畅销的产品，抑或是时下最流行的商品。如今，Amazon 4-Star 所有产品的平均评分为 4.4 星级，而商店中的产品总计获得了超过 180 万个 5 星级客户评论。

与传统的按类别摆放产品不同的是，在 Amazon 4-star 中有很多不同主题的展台。例如在“被最多人种草的商品（Most - Wished - For）”中，顾客可以看到在亚马逊电商平台的愿望单中出现最频繁的商品；在“纽约流行产品（Trending Around NYC）”展台，顾客可以选购纽约周围地区的顾客在 Amazon 官网上购买的热门产品；除此之外还有“经常一起购买（Frequently Bought Together）”和“亚马逊专属商品（Amazon Exclusives）”等。

正因为售卖的商品更加贴近消费者的需求，消费者才会更多地在亚马逊的线下零售商店购物，进而提高了客单价也促进了整个店面坪效的增长。同时，由于在选品上求精而不求多，亚马逊线下店的 SKU 能够维持在相对较低的水平，减轻了库存压力也节省了大量成本。

（三）线下零售智能化，传递更强体验

除了在选品外，亚马逊在创新线下店铺的形式和提升线下购物体验上面也为行业贡献了许多新的思路。最著名的当属它的无人零售店 Amazon Go。无人便利店的核心不是要“消除”所有人工环节，而是从一定程度上节约人力成本，从战略层面来看更重要的是在于将线下场景数字化、提升运营效率、实现精准营销，并通过提供更便捷的结账方式提升用户体验。

对于消费者来说，简化后的购物流程变得非常简单。进入 Amazon Go 前，顾客需要下载 Amazon Go 应用程序（与亚马逊网站并没有打通数据）。进入店内，顾客需要用程序扫描独特的 QR 码，随后商店使用大量彩色和深度摄像头，利用

图像识别和传感器来追踪每一个顾客，感知他们的体型和动作；而在货架上安装的大量传感器，例如压力感应装置与载荷传感器可以确认商品被取走和放回原处时的动作。每当顾客拿起一个商品，系统就会自动把货物放入虚拟购物车，而当顾客把商品放回货架的时候，虚拟购物车会自动删除，最终完成对顾客购买的商品的准确识别。顾客出门后 Amazon Go 通过顾客的亚马逊账户收费，简化了传统便利店的收银环节。

这一套技术被亚马逊称为"Just Walk Out"。Amazon Go 技术副总裁迪利普·库马尔（Dilip Kumar）表示，亚马逊开发 Amazon Go 概念及其"Just Walk Out"技术已历五年时间，极少出现系统没有识别出来物品导致遗漏的情况，并且由于"Just Walk Out"具备深度学习的功能所以会不断地提升识别的准确度，做到零误差。

（四）线下店面成为线上电商的延伸，提供更迅速的 O2O 物流服务

尽管亚马逊的线上电商发展顺风顺水，但其电商模式在生鲜和日常必需品这样的品类上却遇到了"瓶颈"。对于那些保质期长的商品，消费者愿意提前规划采购，事先囤积储藏，可以忍受一段时间的等待。但对于保质期更短的生鲜类商品和日常必需品，通常是在有需求时才作出采购决策，并且希望即时得到满足。

为了解决这一问题，亚马逊在 2007 年试水了一个名为 Amazon Fresh 的生鲜电商服务，并于 10 年后在西雅图推出了两家可供用户自主提货的零售门店 Amazon Fresh Pickup，然而由于 Amazon Fresh 冷链物流运营成本较高且 pickup 不能提供送货上门服务，这两项业务本质上并没有解决物流时效性和成本控制的问题。

因此，现在亚马逊更加偏向于一项完全从 O2O 概念出发的服务模式——Prime Now。该产品有一个独立的 App，Prime 会员可以在线上完成下单，并由当地餐厅、当地连锁超市提供订单 2 小时免费送达、额外付运费 1 小时送达的配送服务。除了与当地的连锁超市合作外，亚马逊还通过收购的方式扩展其 Prime Now 的销售网络。2017 年 6 月亚马逊以每股 42 美元的价格全现金收购全食超市（Whole Foods Market），交易总额达到 137 亿美元。① 全食超市是美国最大的食品超市，旗下有 456 家门店，主要面向中高端消费人群，出售有机食物。分析人士认为，亚马逊不仅买下全食超市的品牌，也买下 400 余个位于黄金地段、高收入地区的门店，以及其最重要的运输分销网络。

通过这些更加贴近本地消费者的线下门店，亚马逊实际上将线下店铺转化成

① 亚马逊 137 亿美元收购美国最大的食品超市全食超市［N］. 中国证券报，2017 年 6 月 19 日 .

线上电商服务的延伸，不仅为消费者提供及时高效物流服务，同时也更好地实现了线上线下的联动。

【案例6】埃森哲互动：体验营销代理商①

一、埃森哲互动概况

埃森哲互动是由战略咨询企业巨头埃森哲（Accenture）于2009年创立的市场营销代理机构。

埃森哲作为全球领先的咨询公司，其业务主要按照客户所在行业领域划分，通过对咨询、战略、数字、技术和运营五个方面的专业能力的整合，针对各个行业的特性为客户提供综合性、专业、端到端的服务，而埃森哲互动在其中主要发挥的是数字营销能力。

埃森哲对埃森哲互动的定位是"Experience Agency（体验营销代理商）"，即通过对商业咨询、创意设计和数字技术三个核心能力的整合，为企业提供以消费者体验为中心的全案营销服务，拉近企业与消费者之间的距离，提高销售率以及消费者的忠诚度。

据《广告时代》杂志公布的代理公司年度报告的数据显示，截至2018年8月，埃森哲互动2018财年的营业额达85亿美元，同比增长31%。而据官方透露，其2019财年的营收增长已超过20%，意味着2019年营业额达100亿美元，占据将近埃森哲整体营收的1/4（埃森哲年度营额为432亿美元）。同时，埃森哲互动已被《广告时代》杂志连续4年评为全球规模最大的数字营销服务代理商。在福布斯世界100强中，有3/4的企业已经成为埃森哲互动的客户，重量级客户有玛莎拉蒂、宝马、丽笙酒店、阿迪达斯等。

二、并购+合作提升核心能力

自2013年起，埃森哲互动在全球大量并购商业咨询、数字营销和创意设计业务领域的顶尖公司，以快速加强公司核心能力，为客户提供更全面专业的服务。

目前埃森哲互动已将30余家公司纳入自己旗下，其中包括设计咨询公司

---

① 潘子卿．埃森哲互动：体验营销代理商［J］．国际品牌观察：媒介，2021（2）：56-60.

Fjord、全球顶尖创意热店 Droga5、美国第二大数字营销公司 Acquity Group、瑞典数字咨询公司 Brightstep 等。

除了大量并购公司外，埃森哲互动也获得了来自母公司埃森哲的加持。埃森哲拥有 291 家生态合作伙伴为其提供各种业务上的技术创新和服务能力，其中也有多家公司与埃森哲互动建立了深度的合作——如 Adobe、IBM、Salesforce 和 SAP 等，从技术创新和智能平台服务层面为埃森哲互动提供方案执行的辅助。针对这些合作伙伴及其提供的产品/工具，埃森哲互动也配备了受过相应专业培训、认证的技术人员。

例如 Adobe 的营销云（Adobe Experience Cloud）是综合性的数字营销解决方案互联产品。埃森哲互动利用 Adobe 营销云增强对消费者体验优化实施的控制和系统性规范。埃森哲互动还使用 Adobe 的创意云和 Adobe XD 工具进行数字互动产品及应用的创新，以降低成本从而促使开发过程高效化，并且给予消费者更加智能的互动体验。埃森哲互动还与 IBM 合作，利用 Watson 工具从数据中提取具有价值的信息，规避无效信息的干扰，为企业提出行之有效的体验营销方案。

此外，2020 年埃森哲互动还与 Ideoclick 等电子商务优化平台进行合作，扩充新零售相关方案解决的能力，帮助企业保持高度敏捷的营销模式，提高电子零售的利润率。

通过并购、合作以及结合集团的能力，目前埃森哲互动的业务主要围绕两方面展开，其一是基于企业产品/服务的体验优化，其二是企业程序化广告平台的定制化开发。

三、体验营销的打造

（一）实现个性化

埃森哲互动认为以消费者为中心打造的体验，其本质是实现个性化。为了将个性化的概念具体落实在推进业务上，埃森哲互动根据研究调查提出了 4R 理论框架。4R 指的是识别（recognize），记忆（remember），关联（relevance）和推荐（recommend），即识别目标消费者及潜在消费者、了解消费者的消费历史以及消费动机、引导消费者参与与自己相关联的场景，以及根据消费者画像进行个性化推荐。该框架能够帮助企业考虑实现个性化所需要的能力和技术，从而有针对性地优化体验。

而实现个性化的前提是深入地了解消费者，这不仅基于消费者的行为记录，更要了解行为背后真正的原因，埃森哲互动将其称为埃森哲基因组（The Accenture Genome）。通过搜集消费者在线上线下多个渠道的交互数据（如对产品的访问、移动应用程序使用、电子邮件回复、社交交互、投票提交、亲自参加的活动等）构成消费者基因组，形成能够事实反映消费者特性的生活档案（living profile），为搭建个性化平台（推荐引擎、DMP、规则引擎、活动管理平台、体验优化工具等），指导创造良好的体验奠定基础。

（二）体验优化

埃森哲互动为企业进行体验优化主要体现在三个方面，分别是提升消费者对产品的感知、缩短转化路径提升转化效率以及整体服务体验的升级。

1. 提升消费者对产品的感知

对企业而言，通过良好的体验，实现消费者对自身产品或服务的感知，是关键的一步。在这方面，埃森哲互动能够结合创新的互动技术以及内容形态，帮助企业根据不同市场的特点、数字媒体渠道的特性，将合适的内容信息传递给特定的消费者，并且确保不同渠道商信息的一致性，从而让消费者对企业产品建立深刻的认知。

例如埃森哲互动作为玛莎拉蒂、宝马、丽笙酒店等多家企业的全案营销代理方，非常重要的业务之一是负责企业品牌在全球的数字渠道的内容管理和运营，并在此基础上实现产品感知的建立。

埃森哲互动还通过创新设计与企业产品相关的体验加强消费者对品牌的感知。例如 VELUX 是一家研究、生产和销售屋顶窗及其配套产品的国际性集团，埃森哲互动利用虚拟现实技术（360°3D 技术和 VR 技术）为 VELUX 创建了 My Daylight（我的日光）应用程序，为用户提供屋内采光方案可视化服务。设计团队与 VELUX 的日光设计师进行了紧密合作，保证根据用户定位到的地点和所处的不同季节，还原出贴近真实的光线。同时还使用了 3D 建模技术以在移动设备上动态模拟精美的日光，并且还利用云渲染形成能够用移动设备进行处理并呈现的高质量照明场景。用户可以通过在 My Daylight 上的互动了解 VELUX 的产品和服务，以及体会 VELUX 的顶窗产品应用可实际带来的效果。

在 2019 年 SXSW（South by Southwest，西南偏南）展会上，埃森哲互动与迪士尼的 Studio LAB 合作利用 AI 等人工智能技术搭建了一个面部识别照相亭的户外装置，用于宣传迪士尼真人重置版电影《小飞象》。该装置可通过摄影捕捉到观众的面部表情，并通过机器处理使数字海报中的人物表现出来。在互动过程中，让观众体会到真人版《小飞象》的制作水平，从而为电影进行宣传。

2. 优化线上购买流程，提高销售转化率

消费者购买过程中的体验是否顺畅、舒适，关系到转化效率。针对企业电商网站、移动App等的优化，是埃森哲互动的第二种体验优化业务：通过对UI和UX的优化，为消费者营造流畅舒适的线上购物体验，以提高销售。

在这方面，阿迪达斯的官网电商优化是一个典型案例。优化之前，在订单页面确认支付时未登录的用户需要跳转到登录注册界面，完成操作后再返回时订单则会失效。于是埃森哲互动对阿迪达斯的支付页面进行了调整，将登录操作直接嵌入支付页面无须跳转，使用户的支付流程更加通畅。新的支付体验为Adidas新增了注册用户，并最终转化为百万美元的收入。

除了线上的购买体验外，面对消费者双线购物的实际特点，埃森哲互动也提供双线的优化。例如在瑞典超市Hemkö的渠道优化中，埃森哲互动一方面对Hemkö的官网进行了视觉优化，使消费者能够方便快速地进行商品浏览、客服咨询以及查看配送或自提相关位置信息；另一方面还对线下配送货流程进行重新设计，包括同步线上线下的库存信息以及分析地理区域规划最优配送路线，以缩短用户从下单到拿到货的时间。

3. 提供对服务的整体升级

埃森哲互动还帮助企业直接升级产品和服务上的体验，结合物联网、大数据、推荐引擎等技术，综合软硬件系统，塑造新颖、贴心的体验，提高消费者忠诚度，构筑“体验”壁垒。

它为公主游轮公司设计了OCEAN®交互式平台，为成千上万的乘客提供量身定制的游轮体验，就是这方面的典型。

OCEAN®是一个集成式管理后台，目前搭载在Medallion Class™船上，具备安全的体验物联网（Experience Internet of Things xIoT™）。OCEAN®体验平台配备着可穿戴设备Ocean Medallion™以及The Medallion Class应用程序，每位游轮上的顾客均可免费获得。

在前端，通过Ocean Medallion™与终端连接以及使用The Medallion Class应用程序，乘客可以进行登船、消费、房间登记以及个性化服务等快捷操作；可以使用导航服务，并能够轻松找到朋友家人在船上的位置；通过屏幕终端进行娱乐互动等。而在后端，OCEAN®平台在为乘客提供全方位的游轮服务体验的同时，不断搜集、积累着乘客的行为数据，结合服务数据、轮船船员数据等，进行数据的分析，实现乘客的多维度画像，并在此基础上进行个性化服务推荐、优化服务内容，进行持续的体验升级，体验流程如图3-42所示。

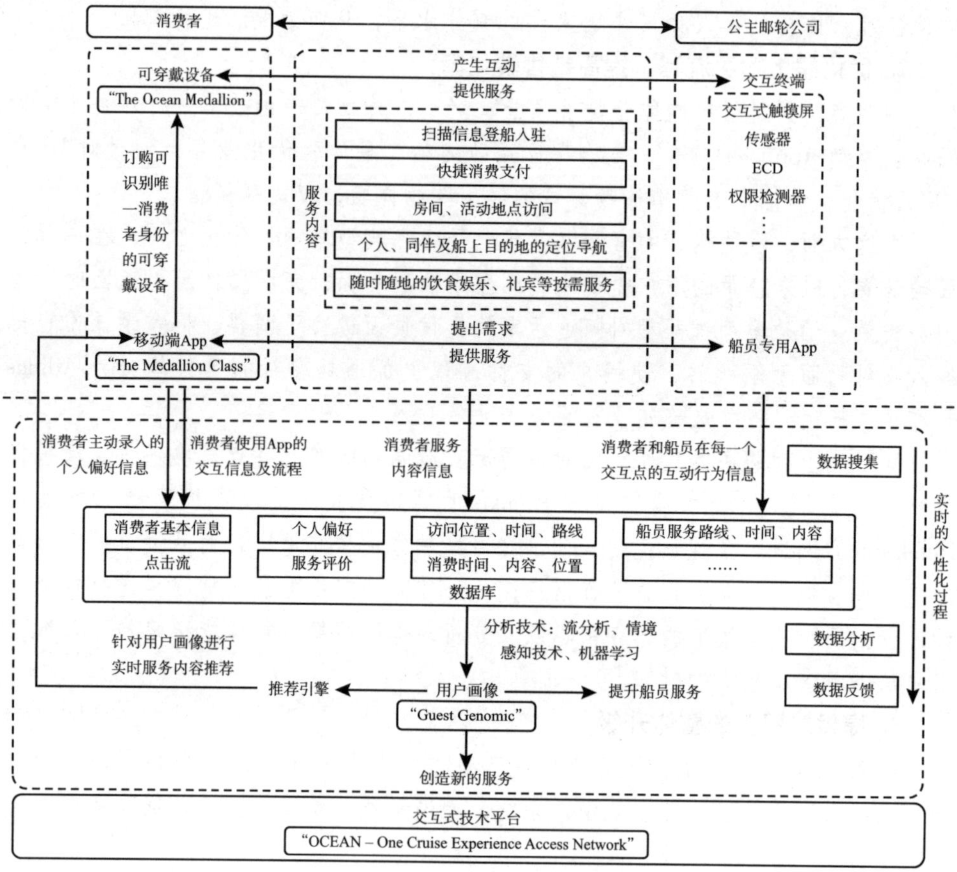

图3-42　公主游轮公司服务体验流程

四、辅佐体验业务——程序化服务

程序化服务（programmatic services）是埃森哲互动于2018年5月推出的新业务。该项业务能够帮助企业实现内部程序化购买，为企业提供相关技术、人才以及咨询服务，制定购买策略并执行购买程序化广告。企业进行内部程序化购买能够保证媒体整个供应链透明化，并且更加精细化地掌握来自媒体渠道的消费者数据。对于埃森哲互动来说，消费者体验绝大部分都涉及媒体投放，所以程序化服务可以更好地支持埃森哲互动帮助企业创造消费者体验，是核心业务的自然延伸。

程序化服务业务涵盖三项服务，分别是媒体策略的制定和实施服务、广告技术支持服务以及提供程序化购买相关人才、技术和流程化管理服务。主要环节包括搭建具有全面的程序化功能的自有平台，帮助企业系统地整合各个媒体渠道的管理和策划，同时敏捷地应对外部的市场变化；评估数字媒体市场，分析媒体投放效果，辅助企业完全掌控在媒体购买、媒体管理以及广告活动支持上的资金流向。这不仅可以提升企业的成本效益，还能实现精准投放以提高消费者互动体验产生的效果，为企业带来更多的消费者和机会。

例如，在帮助丽笙酒店进行数字化转型业务中，埃森哲互动负责了其内部程序化购买业务。丽笙酒店拥有了完全崭新的数字化平台，能够浏览和处理所有从数字市场反馈回收的数据。丽笙酒店的副总裁提到该服务能辅助企业知晓每一分钱的消耗去向，是用于媒介购买、媒介管理还是营销活动的支持上。同时，企业能掌握关于消费者更丰富的数据，从而拥有明确的方向来提升消费者参与。

从合作形式上看，埃森哲互动的程序化服务业务收入来源与普遍的媒体代理不同。埃森哲互动不再从企业的媒体支出预算中提取分成，而是采取 FTE 模式，根据派遣的人力工作量收取服务费用。这样的方式使面向企业的定价透明化，让企业对程序化服务更加放心。

第四部分
趋　势　篇

立足于新的营销环境与营销理念，本部分梳理了新营销的六个新趋势。

在顶层模式上，营销出现了直接面向消费者（direcct to consumer，DTC）回归的趋势，看重传播和渠道运营，以及重视消费者运营，强化品牌粘性。

在底层数字化角度，营销工具化日趋明显，营销者越来越需要利用不同的数字化工具来解决包括营销传播、销售转化、客户服务等，实现营销目标。

在具体的策略层面，则能够看到人、货、场、内容交融，包括：裂变的人、宣传的人以及销售的人，分别从传播广度、扩散深度、销售效度三方面强化营销对消费者的渗透，形成“人立方”矩阵，在营销中发挥着重要作用；与消费者持续沟通、深度互动的机制要求下，营销内容的运营走向精细化，能快速创作、有效分发，并根据消费者的沟通反馈对内容进行实时的优化和调整，从而实现深度互动；营销中的渠道不再局限于具体的地点或平台之上，而是伴随着消费者聚集与流动中的互动，进入更多样化的场景中，渠道社交化成为新营销必须要面对的现实情况，也为新营销实操提供了创新的机会；同时智能终端中蕴藏着丰富的营销机会和资源，营销已经开始重视将其作为消费者连接入口的价值，并不断地尝试探索出许多新玩法。

第四章

新趋势之一：直接面向消费者模式

第一节　直接面向消费者模式的回归

直接面向消费者（DTC）可以追溯到15世纪的欧洲，当时主要是指商人通过产品目录向顾客推销自己的商品。进入19～20世纪，直销也可视为一种广义的DTC：通过规模化的推销员直接上门实现销售，与借助大众媒体广告实现传播和销售转化的模式形成了对比。

随着新营销的发展，DTC也获得了新的内涵，市场上催生出了一众新兴的DTC品牌，例如海外的美妆独角兽品牌Glossier、宠物电商品牌BarkBox、眼镜品牌Warby Parker、家具品牌Burrow、香水品牌A. N. Other、牙刷品牌Bristle，这些新兴品牌依托于DTC这种直接面向消费者的模式而成长起来，因此被称为原生的DTC品牌。与此同时，我们也可以看到传统品牌积极靠拢DTC营销的趋势。如大型快消公司联合利华、宝洁、欧莱雅等则以收购DTC品牌或成立孵化器的形式进入DTC领域。国内的品牌如完美日记、HFP、AKOKO、阿芙精油等，也非常重视社交媒体传播和会员私域运营，从中也可以看到DTC的探索。

通过梳理和复盘品牌案例，我们发现以“直接运营消费者”为核心的DTC，具有鲜明的新营销实操的特色（见图4－1）。

1. 传播上先期不做或较少做品牌形象广告，而是更多地借助社交媒体打造社交声量；

2. 重视自建渠道，强调对渠道的掌控，既布局官网电商，也看重轻资产的快闪店；

3. 通过聚集社群与营造体验，实现对消费者的直接运营，强化消费者品牌粘性。

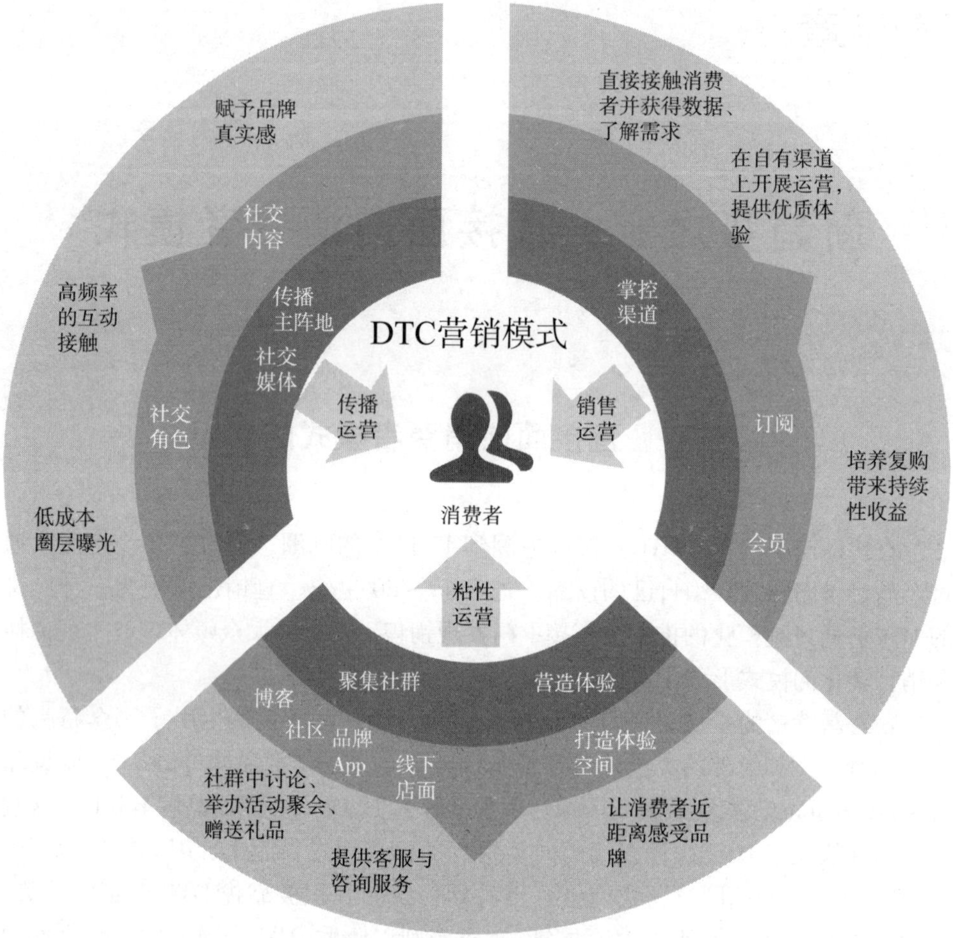

图 4－1　DTC 模式的实操要点

第二节　直接面向消费者的传播运营

国内外的 DTC 品牌在进行传播时，使用的具体平台虽然有所不同，但总体而言，都是将社交媒体作为主阵地，重视打造社交声量（见图 4－2）。为实现这一目标，DTC 品牌的主要玩法是挖掘、组合多种社交角色，以及激发用户共创内容。

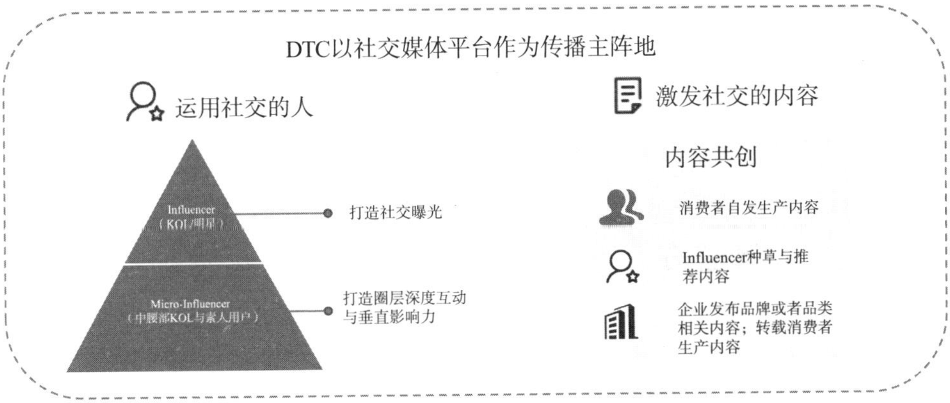

图4－2　DTC的传播运营

一、社交的角色：运用活跃的影响者

社交平台中的影响者是DTC品牌增长重要的催化剂，大多数DTC品牌借助不同类型的影响者，实现信息在社交平台中的渗透和传播。

在选择影响者时，DTC品牌多基于数据进行判断，并对影响者营销的效果进行考核。如手袋品牌Meli Melo与营销平台RewardStyle合作寻找影响者，并以CPS形式进行结算。

除头部的影响者外，粉丝量在数万到十万级别左右，真实、多元的中小型代言人（micro-influencer）越来越多地进入这些企业的视野中，他们的绝对影响力虽然不高，但具有很强的圈层影响力。

二、社交的内容：激发内容的社交性，发动共创

DTC品牌在社交平台上的另一核心玩法是激发内容的社交性，发动消费者积极共创，形成口碑。这种内容共创既形成了社交声量，转化效果也颇为可观。Glossier的创始人艾米丽·魏斯（Emily Weiss）即表示，其公司70%的线上销量来自口碑传播。

在具体的策略上，DTC品牌大多是挖掘产品、品牌相关的话题点，甚至在产品设计中就考虑到了产品的话题性，从而激发内容共创。比如Casper的床垫“可以装在盒子里”，这种独特、有趣的运输和安装方式吸引了消费者的主动分享，迅速扩大了社交声量。而宠物电商品牌BarkBox与此类似，根据热点设计主题式的宠物用品盒子，很多消费者在收到产品后会在社交媒体中晒出BarkBox的

盒子与自家爱宠的合照。

同时，为了保持内容共创的生命力，DTC 运用多种激励来维持消费者持续的积极性，包括对积极分享品牌的消费者给予物质奖励，以及通过品牌官方社交账号转载，从而为消费者提供更高的曝光机会等。

第三节 直接面向消费者的销售运营

DTC 品牌的销售较少依托于第三方电商平台或零售商，渠道多为自建、自营为主，让消费者在自己的渠道中直接转化；同时，也多会运用订阅、会员的方式来加强消费者的依赖，推进持续复购，获得长远收益（见图 4 –3）。

图 4 –3 DTC 的销售运营

一、注重对销售渠道的掌控

DTC 品牌主要依靠自建官网电商、自有 App 或者自有社交媒体账号承接线上的直接销售。线下渠道则侧重于较为灵活的轻资产快闪店（pop-up store）与限时店，创造与消费者真实接触的机会，如美妆品牌 Glossier 的主要线上渠道就是其官网电商以及官方 Instagram 账号，而线下则是建设网红店。

无论何种渠道，DTC 品牌都积极使用技术等手段优化购买，让转化的过程更为顺畅。例如 DTC 内衣品牌 ThirdLove 的实体店使用 Fit Finder 技术帮助消费者准确的选择适合自己尺码的内衣，消除传统内衣销售过程中销售人员用卷尺测量身材带来的尴尬。

掌控渠道能够让 DTC 品牌直接接触到消费者，获得他们的数据，了解消费者需求，从而对自身的营销策略有效性进行验证并加以改进。比如 Casper 曾在自己的官网设置过一个特别的板块“和创始人聊天”。消费者可以直接通过网站，向 Casper 创始人反馈产品问题，提出自己的意见。

二、用订阅与会员推进持续复购

订阅和会员是 DTC 品牌得以获得持续增长的重要原因，通过这两种方式，DTC 品牌“拴住”了消费者，有效保持稳定营收。

这两种方式既有相似，但又有不同之处。不同之处在于：订阅是付费后按期寄送，低价高频、具有规律性消费周期的品类的 DTC 品牌多采用订阅模式，让消费者保持较高回购频率，如宠物用品品牌 BarkBox、剃须刀品牌 Dollar Shave Club 等均采取这类模式；而会员则是许诺优惠和赋予特权，例如包邮、折扣等，相对而言适合不太具有高频消费特征的 DTC 品牌。

例如，剃须用品公司 Dollar Shave Club，它通过优惠低价吸引消费者订阅，即“一美元剃须俱乐部”。DSC 推出三种订阅档次，在 10 美元低价销售包括刀架的“欢迎装”之后，刀片按月订阅：双层刀片的“The Humble Twin”（每个月 3 美元，包括 5 个刀片），四层刀片的“The 4X”（四个刀片，6 美元 1 个月）和六层刀片的“The Executive”（四个刀片，9 美元 1 个月）。

DSC 官网还提供定制化的订阅服务，用户在订阅 DSC 时以问卷的形式了解用户需求，根据剃须的部位、剃须频率、剃须问题、皮肤特质等来给出定制的剃须套装。

第四节　直接面向消费者的社群和体验运营

DTC 品牌通常基于品牌相关的领域、场景和精神内核，构建社群及营造体验，让消费者之间、消费者与品牌之间形成良性的互动和沟通，培养并深化情感连接，增强消费者粘性（见图 4 -4）。

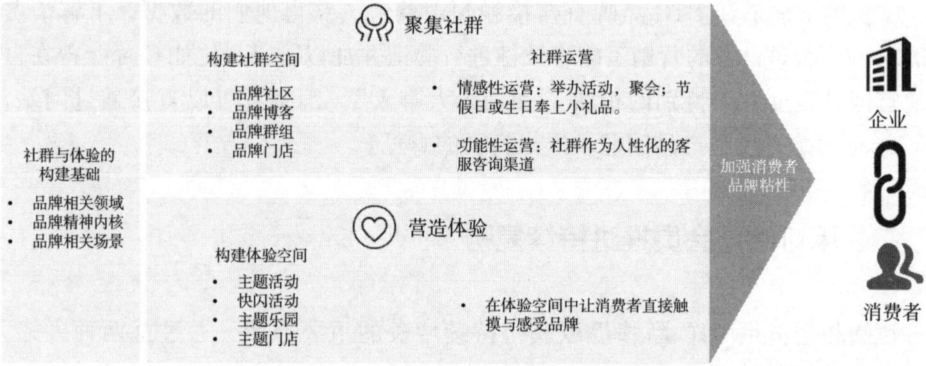

图 4－4　DTC 的消费者粘性运营

一、运营社群

DTC 品牌所建立的社群多基于兴趣与情感，更具粘性，社群的忠诚度、活跃度也比较高。当社群逐渐建立起来后，就成为 DTC 品牌进行后续消费者运营的重要场域。

在建构过程中，DTC 品牌更多的是提供空间，适当引导，并注重社群自主的健康成长。伴随着社群的发展，由于消费者的深度参与，DTC 品牌与消费者建立了深入的情感连接，消费者的品牌忠诚度也会随之提高。例如，Lululemon 是一个从不做广告，也从未请过明星代言的运动品牌，在纳斯达克上市，市值达 327 亿美金。其成功的秘诀在于广泛借助社区瑜伽体验馆，进行免费的课程体验来聚集运动爱好者，使潜在消费者在社群和互动中感受品牌文化。

同时，社群还成为提供人性化服务的重要通道，DTC 品牌可倾听消费者的反馈、做出各方面的改进。

二、营造体验

通过举办主题活动等形式，营造体验空间，也是 DTC 品牌运营消费者的重要手段。让消费者置身于体验空间中，不以销售商品为目的，而是挖掘品牌、产品背后的体验需求，给消费者提供一个直接触摸、感受品牌的机会，加强消费者对品牌的印象和认同感。

例如 BarkBox 为宠物爱好者们搭建了 BarkPark 宠物乐园，在乐园中为宠物和他们的主人们打造一个休闲娱乐的空间，并且还提供宠物训练、宠物照看的服务。BarkPark 会选择一些时间节点举办假日排队、生日派对，BarkPark 月费会员可以免费参加这些派对。非会员可以花费 15 美元购买一日通行证。

而 Glossier 主打少女梦幻特色的网红店，也是直击目标消费者的内心，提供“粉红”体验，引起消费者共鸣，不断强化连接。Glossier 通过构建网红店来为少女们营造一个梦幻美妆空间，吸引粉丝到店拍照打卡。Glossier 纽约旗舰店位于 SOHO 区的 Lafayette 街，共有三层，融合总部办公室以及精品店。

室内整体空间充满了淡粉色和红色，粉色的石膏墙、粉色陈列柜、红色台阶、红色真皮沙发等。从品牌本身及粉色泡泡包装中汲取灵感，采用简约现代的设计风格，营造“女性专属”的氛围，充斥着浓浓的“纽约气息”。

再如，床垫品牌 Casper 举办了在船上的派对、“移动睡眠房车”及快闪酒店等一系列活动来宣传健康睡眠的品牌理念。在美国劳动节当天，Casper 举办了一场船上派对。受邀参加派对的顾客可以喝着香槟，在宽阔的纽约海港上方观赏风景，和自由女神像合影留念。Casper 为了让消费者近距离感受品牌体验，还曾把一辆大型卡车改造成了“移动睡眠车厢”，进行了一段为期 120 天的全美公路之旅。用户可以不限条件报名参与，躺在移动卡车的睡眠隔间里，体验一次全新的睡眠体验，感受 Casper 的产品和服务。

【案例 7】BarkBox——基于 D2C 的宠物用户订阅电商品牌①

BarkBox 是国外著名的订阅电商品牌，主打宠物用品订阅，每月向用户提供定制的宠物玩具。其母公司为 Bark&Co，是一家成立于 2012 年的宠物初创公司，该公司在 BarkBox 订阅服务的基础之上，一路不断拓宽宠物产业链的布局。

在 BarkBox 之外，公司逐渐建立了商品零售的重要渠道，自建了电商网站 BarkShop，也与亚马逊、TARGET 等第三方零售商合作销售商品；公司还成立了宠物内容网站 BarkPost，上线了专门针对宠物狗的拍照和照片分享的软件 BarkCam，建立了专门的线下活动服务商 BarkLive，还建造了 BarkPark 为主人及其宠物狗提供专属的线下乐园。

此外，Bark 在狗狗领养、医疗护理等方面也作出了努力，例如，Bark 与美国和加拿大的领养机构合作，专门为领养狗设计了一个名为 BarkBuddy 的 App，与美国和加拿大的领养机构合作，能够根据所在地、喜好等信息推荐附近可领养的狗；BarkCare 则提供狗的医疗救治服务，可以帮助用户联系兽医，提供宠物健

---

① 崔阳阳. BarkBox——基于 D2C 的宠物用户订阅电商品牌［J］. 国际品牌观察：媒介，2020（11）.

康提示，还可以保存宠物的健康信息；Bark Bright 则是公司新成立的专为宠物狗做口腔护理的品牌。

但宠物用品订阅品牌盒 BarkBox 在 Bark&Co 中始终占据着重要地位，作为 Bark 公司的一大品牌特色，其传播、销售、体验，体现出了非常鲜明的 D2C 的特色。

一、社交传播扩大品牌声量，积累良好口碑

社交传播是 D2C 品牌营销中的重要一环，BarkBox 在社交平台上也有着不俗表现：BarkBox 以各大社交平台为传播主阵地，利用专业团队稳定输出品牌的自制内容，广泛发动消费者参与内容共创，积极与消费者互动，扩大了品牌影响力，为品牌积累了良好的口碑，也培养了潜在的用户群体（见图 4－5）。

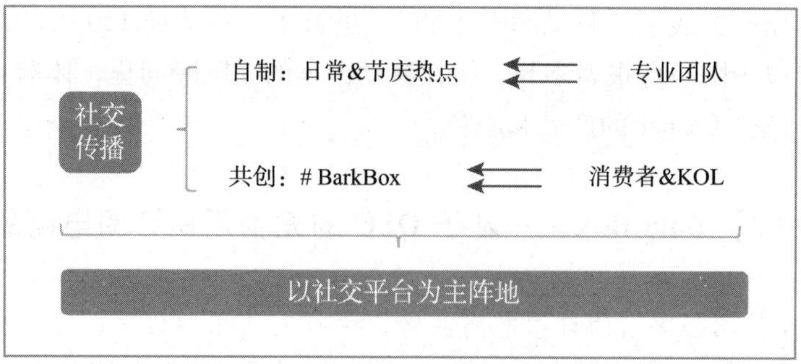

图 4－5 Barkbox 社交传播方式

（一）以社交平台为主阵地

社交平台是 Barkbox 的传播主阵地，为其积累了大量粉丝。目前，BarkBox 在 Facebook、Instagram、Pinterest 和 YouTube 上的用户数量较多。在这些平台上，BarkBox 不断运营与狗相关的各类相关内容——图片、趣味表情包、专题故事等，通过这些内容积极与消费者互动，扩大品牌的影响力。

（二）专业团队稳定输出品牌自制内容

在社交平台上，BarkBox 保持品牌自制内容的稳定输出。这些内容大多来自 BarkBox 专业的内容制作团队。除了基本的团队成员之外，BarkBox 还专门聘请了一批喜剧艺人、演员和搞笑内容的创作人才，致力于幽默、有趣的内容的

产出。

在创作的内容层面，BarkBox 很少在社交平台上直接提到自己的产品，而是注重利用幽默搞笑的内容和用户产生互动。这些内容基本上都与宠物直接相关，诙谐搞笑，戳中萌点。在创作团队的支持下，BarkBox 已经形成了自己的系列 IP 内容，例如，Instagram stories 让用户可以直接点击了解狗的故事，增强互动性；原创系列短视频、公益系列微视频等同样备受欢迎（见图 4－6）。

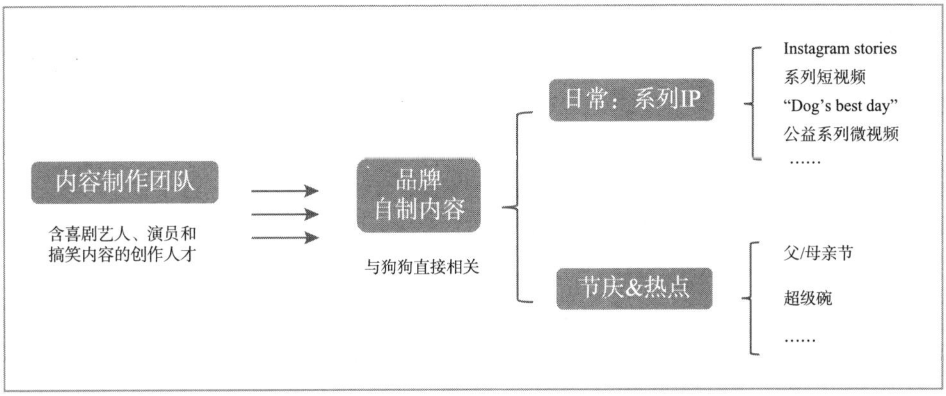

图 4－6　BarkBox 专业团队稳定输出品牌自制内容

除以上日常内容的创作之外，团队也会巧妙地抓住节庆和热点事件进行内容的相关创作，产出爆款。例如在父亲节、母亲节上产出的节日特别视频，用两条音乐 MV，歌颂「尽职尽责」的“狗爸和狗妈”们。在超级碗期间，他们将比赛中球员的比赛照片和狗的照片做对比，最后的播放量接近 200 万。

（三）激励消费者共创，积累良好口碑

在 BarkBox 的社交传播中，普通消费者和 KOL 都扮演了重要角色。BarkBox 以具有话题性的产品设计及利益激励政策，发动普通消费者参与内容共创，同时也会适当邀请部分 KOL 发布相关内容，在社交平台上实现扩散传播。

对于普通消费者，BarkBox 抓住“开箱体验”这一推广点，设计了推荐和优惠券的机制，鼓励消费者把他们的开箱视频拍摄下来上传到社交平台。如果消费者在上传的内容中添加了特定的标签，就可以在下一个订单中获得折扣；如果在其视频中添加了促销代码，还可以在其中获得分成。在惊喜体验和利益激励的双重作用下，大量消费者将自己的开箱过程拍摄下来并在社交平台上传播，#BarkBox 中现已沉淀了约 350 万条的开箱视频内容，#BarkBoxDay 也拥有 15 万条的内

容。这样的方式促进了BarkBox的产品传播，帮助BarkBox快速积累了口碑、实现了销量增长。

此外，BarkBox还在Twitter上发起话题互动，讨论和宠物相关的话题，鼓励用户积极参与，分享狗和主人的经历。话题式的互动能够在社交平台上引发快速分享和裂变，凝聚用户群体，增强社交平台的互动性和归属感，同时也能够培养潜在的用户群。

在广泛发动普通消费者之外，BarkBox同样会搭档部分KOL。他们会邀请名人、宠物博主等发布相关内容，利用他们的社交影响力，在社交平台上实现扩散式传播，迅速提高品牌关注度。一些宠物博主还会主动向BarkBox投稿，为其提供优质内容。

二、订阅模式为主的产品设计与销售

BarkBox的宠物用品订阅盒仍然是其产品销售的主要方式。在产品上，BarkBox围绕订阅盒，延伸出了玩具、零食、磨牙棒等各类宠物用品的零售；在渠道上，官网电商与第三方渠道并行，将品牌和产品传递给更广泛的人群。

（一）产品：以订阅盒为中心延伸出各类宠物用品

BarkBox以宠物用品订阅盒为中心向外延伸至各类宠物用品，独具设计的订阅盒是BarkBox产品的一大核心。

BarkBox的宠物用品订阅盒采用按月订购的模式，注册之后，填写一些宠物狗的基本资料，便可以申请一个月或者几个月的BarkBox。每个盒子内包括两袋狗粮、两个玩具、一个磨牙棒。BarkBox会根据宠物狗的种类、大小、过敏情况等信息进行盒内产品的搭配，并提供个性化的售后服务，支持修改宠物信息、联系更换盒子内的具体产品等。此外，公司还为特别爱嚼的宠物狗们推出了SuperChewer，每个盒子里面附带两个硬玩具（无绒毛）、两袋零食和两个肉质的磨牙棒，相比BarkBox更具针对性。

BarkBox每月的宠物用品订阅盒都有相应的主题，由Bark的设计团队自己设计生产，他们聚焦于用户及其宠物狗的需求，提供盒子内各类有创意的趣味玩具和零食。BarkBox逐渐走向成熟之后，Bark的产品设计团队每年设计至少26个主题，包括12个订阅盒的主题以及为零售合作伙伴设计的14个主题。他们也会紧跟时下的热点进行设计，比如，为了迎接即将来临的万圣节，BarkBox就推出了万圣节主题的系列玩具和宠物食品。特朗普参与竞选时，BarkBox也趁势推出相关的主题盒，其中含有特朗普的人形玩偶 Dognald，大受欢迎。

除此之外，BarkBox 也在宠物用品订阅盒的基础上进行延伸，设计生产多种以 Bark 为品牌的狗玩具、零食等产品。每年设计的新玩具、零食等产品有 400 多种，这些一部分产品被放入订阅盒中，另一部分则会直接进入零售渠道。此外，Bark 还会专门为零售合作伙伴设计产品，例如，专为 Target 设计的狗玩具、零食等，与亚马逊合作，专门售卖为狗设计的床、便袋等生活用品。

（二）渠道：官网电商与第三方渠道并行

在渠道层面，BarkBox 将官网电商 BarkShop 作为零售的主要渠道，同时与第三方渠道合作，拓宽销售渠道。BarkShop 为官方的电商网站，售卖 Bark 品牌宠物狗玩具、零食、磨牙棒等产品。

除了自有网站，Bark 同样也与第三方零售商展开了合作，Bark Retail 是与零售商 Target 合作的网站，售卖专为 Target 设计的狗玩具、零食等。Bark 还与亚马逊合作，除了售卖普通产品之外，还成立了 Bark Essential 网站以专门售卖为狗设计的床、便袋等生活用品。

三、直接运营提供更完善的消费体验

能够通过直接运营为消费者提供更完善的体验是 D2C 品牌的重要特征，在这一方面，BarkBox 背后的母公司 Bark&Co 是其重要助力。Bark 曾表示希望打造一个狗狗届的迪士尼王国，为消费者带去快乐。Bark&Co 也正在积极布局，在 BarkBox 的订阅之外，满足宠物狗以及主人们更多日常生活的需求，加强与狗主人们的情感，为其提供更多消费体验。

（一）线上搭建资讯平台 BarkPost

Bark&Co 在线上围绕狗搭建资讯平台 BarkPost，吸引用户。BarkPost 是一个博客社区，拥有 Answers、Life、Discover、Humor、Travel 等多个板块，文章均由 BarkPost 的博客作者撰写，提供关于宠物狗的各类资讯文章，涉及各类萌犬趣事、养狗建议、宠物健康等各类与狗相关的话题，以供用户浏览，还可分享至 Facebook、Instagram 等其他社交平台。BarkBox 的专题页面还有官方发布的系列产品解析、产品推荐的文章，为消费者搭建了一个线上获取资讯的平台（见表 4－1）。

表 4-1 BarkPost 内容概览

栏目	主要内容
Answers	介绍各犬型的个性特点
Life	宠物狗日常生活资讯，例如养狗技巧、适合宠物狗的礼物（含产品介绍推广）
Discover	关于狗的一些科普、冷知识
Humor	关于狗的一些幽默有趣的资讯，例如搞怪宠物狗
Travel	带宠物狗旅行的注意事项、适合宠物狗旅行的去处
Good	与狗相关的公益故事，例如救治流浪狗
Cute	可爱的宠物狗的生活日常

（二）线下建设体验空间提升消费体验

在线下，Bark&Co 也做出了许多努力，以期为宠物狗及其主人提供更完善的消费体验。一方面，组建了专门的服务商，组织各类线下活动；另一方面，建造了专属乐园。

线下的各种活动由线下活动服务商 BarkLive 组织完成，比如 BarkFest（爱犬嘉年华，线上也有对应网站），还在各地举办现场音乐表演，喜剧表演和各种小型活动，在活动中也常常会邀请一些明星网红参与，提高活动的知名度和用户参与度。

为了增强用户粘性，2018 年，Bark&Co 还建造了宠物狗的一个专属线下乐园 BarkPark，位于美国田纳西州，乐园里提供有咖啡、WiFi、休息室，每月还设有音乐表演、啤酒零食野餐会等特别活动。购买 Bark 会员可以参与乐园的所有活动，非会员也可以通过购买单日通行证参与活动。BarkPark 为宠物和他们的主人们打造了一个休闲娱乐的第三空间，形成了更好的消费体验，同时触及了更多的爱狗人士，无形中扩大了在宠物市场的布局。

【案例 8】完美日记：DTC 的中国样板[①]

完美日记成立于2016 年，为广州逸仙电子商务有限公司旗下品牌。完美日记以“美不设限”（unlimited beauty）为自身品牌理念，为“95 后和 00 后的新生代人群”“18 ~28 岁的年轻女性”提供时尚彩妆产品。

目前，完美日记的产品覆盖女性化妆全流程，包括底妆、唇妆、眼妆和清洁

---

① 崔阳阳. 完美日记：DTC 的中国样板［J］. 国际品牌观察：媒介，2020（11）.

卸妆等领域，同时产品线也延伸到了护肤品和香水等领域。完美日记在线上的销量表现优异，2019年“双11”，开场13分钟，完美日记宣告破亿，连续两年成为天猫首个成交额破亿的彩妆品牌。

作为一个互联网原生品牌，完美日记在内容运营和消费者运营上表现出色，内容运营将品牌推向市场，吸引大批顾客，消费者运营则以客服IP“小完子”为核心进一步实现消费者沉淀，促进顾客的留存和复购。目前除了线上，线下也成为完美日记的发展重点，完美日记以门店为载体为消费者提供更多服务，来弥补互联网品牌产品体验不足的缺点。

一、内容运营：打造全域影响力吸引目标消费者

内容运营在完美日记的营销中扮演了重要角色，正是依靠较强的内容运营能力，完美日记在互联网上为品牌赢得了立足之地。总体而言，完美日记以社交平台为主阵地，采取三段式的传播方法，结合内容共创策略打造全域影响力，同时，完美日记也会充分考虑各渠道特点，构建与之相应的内容运营策略，吸引目标消费者。

（一）以社交平台为沟通主阵地，在不同媒体平台构建相应的内容策略

作为一个互联网原生品牌，线上的社交平台是完美日记触达消费者最便捷的渠道。完美日记在小红书上起家，依靠在小红书上的社交种草打开了线上销售的大门，为品牌在激烈的竞争之中赢得了一席之地。

除了小红书，完美日记同样重视微信、微博等社交平台的运营。完美日记通过这些渠道稳定输出与品牌相关的内容，包括产品质量测评、效果测评以及各类美妆教程等，来实现吸引消费者的目标。

完美日记不仅在线上广铺渠道，还能根据不同平台的特点构建相应的内容策略。总体来看，完美日记以小红书为主，同时兼顾各个平台的内容分发，通过“全覆盖、多元化”的策略吸引目标消费者。完美日记在各个平台的影响力从官方账号粉丝数量可见一斑，但除了官方账号之外，完美日记在社交平台上投放的各KOL同样是增强品牌影响力不可或缺的组成部分，且粉丝活跃度与平台特点息息相关，因此，平台内的官方账号粉丝量也不足以全面概括完美日记在整个平台上的影响力。

具体而言，在突出视觉效果的小红书上，以口红、眼影等彩妆试色为主的产

品效果测评的种草内容尤为突出。

在“Z 世代”的人群聚集地的哔哩哔哩（简称“B 站”）完美日记投放了超过 1000 多个视频，时长从半分钟到 15 分钟不等，依靠美妆 UP 主所打造的“平价、适合学生党、白菜价”的产品形象吸引大量消费者。

微博则是完美日记熟练利用明星效应的重要平台，无论是唇妆代言还是安瓶能量大使，都为品牌带来了巨大的曝光量。以唇妆代言为例，相关话题在微博上讨论数为 275.2 万次，阅读量达到了 7 亿次。

在抖音、快手等平台，基于美妆产品的特性，完美日记同样是借助短视频的视觉冲击力来直接呈现产品优势，在快手上，完美日记还发布了一些剧情视频，以此吸引更多快手用户的兴趣。

淘宝站内主要借助微淘与店铺直播的内容运营也值得关注，微淘聚焦于通过产品测评、宣传等进行品牌互动，直播则以一定的专业水准来实现直接卖货的目的。店铺日常直播的观看人数可达到 15 万人左右，在双十一的大促节点则有 80 万观看人次（见图 4 –7）。

投放渠道	内容形式			内容类型				内容特点	官方账号粉丝数量
	图文	视频	直播	质量测评	效果测评	妆容教程	剧情片段		
小红书	√	√		√	√	√		图文结合呈现直观效果	171.6 万
哔哩哔哩		√		√	√	√		面向Z世代青年 时长不等，弹幕特色	4.3 万
微信公众号	√		√	√	√	√		以拼盘形式和其他产品同时出现	885 万
微博	√	√		√	√	√		美妆博主种草 明星效应带来更多曝光量	36 万
抖音		√		√	√	√		直观呈现上妆视觉效果	131 万
快手		√	√	√	√	√	√	直观呈现上妆视觉效果 以剧情吸引消费者	106.8 万
淘宝	√	√	√	√	√	√		互动性强 直播时间长，专业性高	1094.1 万

图 4 –7　完美日记的社交媒体运营

资料来源：崔阳阳．完美日记：DTC 的中国样板［J］. 国际品牌观察：媒介，2020（11）.

（二）通过三段式传播打造全域影响力

完美日记在社交平台上一般通过三段式传播来实现产品的全域影响，首先通过少量的明星和头部达人的“种草”为品牌造势，引起消费者的关注和讨论，然后借由大量中小 KOL 的“种草”实现真正的推广，引导消费者购买，在跟风效应之下，普通消费者购买之后会回到平台自发生产内容，形成二次传播。

在这样的传播链路中，明星和头部达人在内容运营上的弹性空间一般，完美日记更注重塑造中小 KOL 以及普通消费者的内容影响。根据增长黑盒对于完美日记在小红书投放的 KOL 的研究，发现完美日记投放各类 KOL 的比重呈金字塔状分布，明星及头部达人等在投放中只占很小一部分，真正提供声量的是中腰部 KOL。据统计，明星、知名 KOL、头部达人、腰部达人、初级达人、素人自上而下的投放比例为 1：1：3：46：100：150（见图 4－8）。

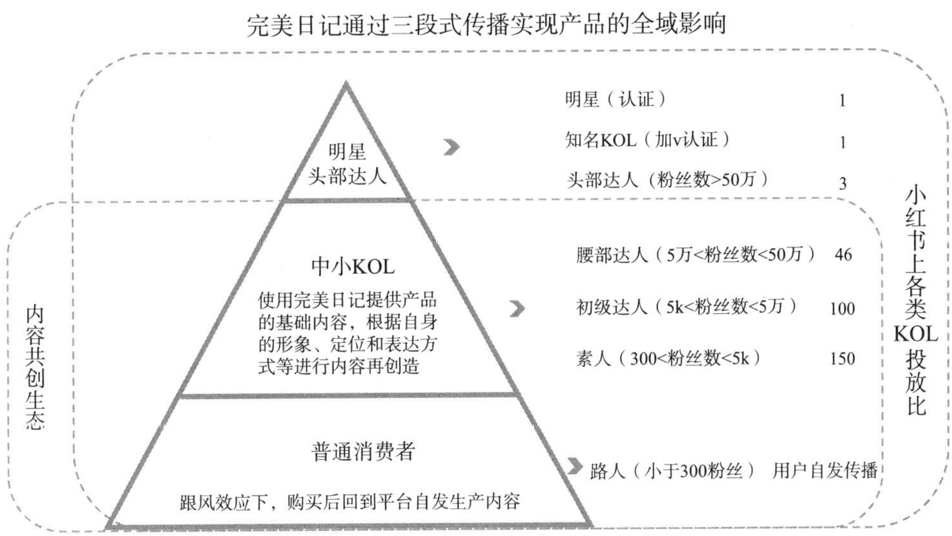

（数据来源：增长黑盒）

图 4－8　完美日记的内容共创生态

中腰部 KOL 和普通消费者同样是完美日记内容共创策略的主要合作对象。完美日记将产品的基础内容，包括产品核心卖点、品牌主张等提供给 KOL，由他们根据自己的形象、定位和表达方式等自己进行内容的再创造，以使用者的角度生产内容并广泛传播。这种方式能够调动用户的情感认同，增强用户对于品牌的信任度，同时也丰富了投放内容。而这些 KOL 的内容也能够为完美日记所用，成为完美日记官方账号内容的重要来源。且完美日记的官方账号在使用 KOL 所生产的优质内容时会标注 KOL 名称，因此在一定程度上也能为合作的 KOL 增粉，降低合作成本的同时还拥有了自己孵化网红的条件。

在大量KOL的影响下，普通消费者也会加入完美日记的内容共创生态之中，他们跟风回到社交平台自发生产内容，形成内容新的发散点。

二、打造客服IP“小完子”，直接运营消费者

内容运营为品牌和产品吸引了大量目标消费者，消费者运营则围绕“小完子”这一客服IP，为消费者提供更具人格化的服务。完美日记将小完子塑造为“朋友型美妆顾问”这样一个IP形象，采用立体化的内容输出策略，以内容为连接，在微信、微博和淘宝等平台上以多样化形式完成与消费者的互动，一方面直接进行转化，刺激消费者复购；另一方面建立与消费者的情感联系，逐步培养起消费者对品牌的好感度与忠诚度（见图4-9）。

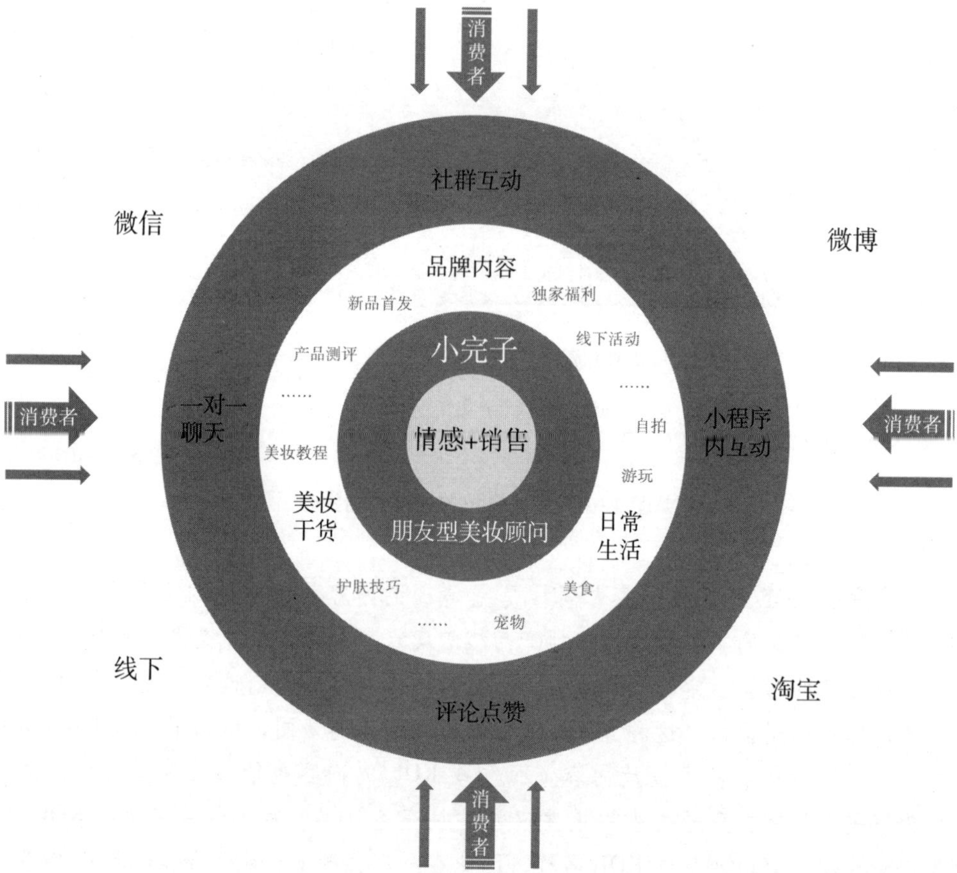

图4-9 美妆顾问“小完子”

（一）塑造“朋友型美妆顾问”的真人 IP 形象

完美日记打造了一个品牌的真人 IP 形象——小完子，通过“小完子”输出一系列高质量美妆内容和促销信息，为消费者提供人格化服务。

小完子的人物设定是喜欢化妆、喜欢分享美好事物的精致少女，她会在各个渠道以真人形象出镜，同时也拥有自己独有的漫画形象。此外小完子还有自己的“好友”，他们同样是真人出镜，拥有一定人设，与小完子共同运营 IP。

完美日记的受众是 18 ~28 岁的年轻女性，“小完子”正是品牌与目标受众的连接点。二十多岁的小完子是从化妆小白成长起来的美妆达人，能够通过个人经历、专业经验给消费者提供指导和帮助；同时，小完子又与完美日记的目标受众有着同样的价值观、消费观和生活理念，热爱分享美好事物的小完子可以自然而然地化身为消费者身边的一位普通朋友，获取消费者的信任。

（二）采用立体化的内容策略

小完子的内容输出围绕“朋友型美妆顾问”这个核心，主要包括三个方面：一是品牌内容，即与产品直接相关的新品首发、产品测评、促销活动、抽奖福利等信息，此外，小完子和她的朋友们还会参加完美日记的各种线下活动，与代言明星近距离接触，以及参与公司的研习活动等，展现品牌形象。

二是美妆干货，小完子经常会发布一些美妆教程、护肤技巧等，这些干货内容是帮助小完子树立美妆少女形象、赢得消费者信任最重要的部分。

三则是与日常生活相关的内容，小完子会通过朋友圈、微博账号等渠道更新自己的生活日常，发自拍、晒美食照片、分享自己的宠物、与朋友互送圣诞礼物、追星追剧日常等，在这些内容的包装之下，小完子与消费者之间的距离感得以逐渐减弱，其 IP 形象进一步树立。

（三）活跃在各个平台承接并转化消费者

小完子活跃在各个平台，完成承接消费者并实现转化的目的。在微信上，完美日记建立了多个微信个人账号，统一用“小完子”来命名，所有的“小完子”都拥有同样的标签、人设，通过购买产品后附赠的红包卡便可以获得一个小完子的微信号，添加好友之后小完子会将消费者拉入自己的社群内（一般命名为“小完子玩美研究所”）。群聊、私聊与朋友圈互动是小完子在微信上活跃的最主要的途径。此外，在微信的小程序“完子心选”上，除设有基本的销售功能外，还开通了专门的栏目“完子说”，作为完子和她的朋友们统一与消费者交流互动的重要平台。

在微博上，小完子也开通了个人账号“－小完子－”，以IP的身份发布稳定输出内容，在微博的社群内也积极与消费者聊天互动；在淘宝上，小完子则以超级管理员的身份活跃在淘宝的商家群中，承担产品推荐、选色参考、售后服务等角色。

在线下同样能寻找到小完子的踪迹，线下门店内的易拉宝等位置放有美妆顾问“小完子”的二维码，消费者扫码添加小完子为好友，经工作人员验证之后可以免费领取美妆蛋等小礼品，通过这种方式小完子可以最大限度地承接入店顾客，为后续与消费者联系打下基础。

三、体验：提供线下门店新体验

为了弥补互联网品牌和产品体验不足的缺点，完美日记于2019年正式启动了品牌线下门店运营计划，2019年初在广州正佳广场开出第一家品牌旗舰店。2019年9月7日，完美日记又在成都春熙路开出了目前全国最大的线下概念店。截至2019年10月19日，完美日记在全国开有20家门店，根据规划，2019年品牌将在全国铺设40多家门店，到2022年共开出600家门店。①

为了实现这一定位，完美日记采取多个举措，针对线下门店的消费全流程，为顾客提供了更优质的体验。

（一）沉浸式环境与BA服务优化消费者试妆体验

作为一个彩妆品牌，试妆是完美日记线下门店所提供的最主要功能。完美日记在店内为消费者营造了便捷的试妆环境，例如正佳广场店正中央有两张长桌做产品陈列，正面墙上还有超大屏幕和镜面天花板、三色灯光等，为消费者提供沉浸式体验环境，方便自由试妆。

除了提供自由试妆环境，完美日记也为线下门店配置了多名“有温度”和“有魅力”的美容顾问及化妆师。“有温度”强调美妆顾问提供咨询和试妆服务时不会让消费者尤其是没有化妆经验的小白有压力，“有魅力”指完美日记会通过直播的方式，将线下体验店的一些美妆顾问、化妆师打造成线上的KOL。

---

① 完美日记新零售提速200店目标提前达成［N］. 信息时报，2020年10月29日．http：//epaper. xxsb. com/html/content/2020－09/29/content_837164. html.

（二）线上线下一体化的售后体验带来更多便利

线上线下一体化的售后体验同样也为消费者带来了更多便利。用户下单后可以成为完美日记公众号的粉丝，通过公众号可以获得的后续服务包括退换货和素人改妆等定制服务预约，粉丝还可以在公众号获取在线商城（小程序商城）、订单查询、美妆教程等服务。

（三）延伸服务满足消费者美妆外的多样化需求

线下门店在提供与美妆相关的主要功能之外，也注重挖掘消费者在美妆之外的延伸需求。例如，2019 年 9 月完美日记在成都开出的线下概念店整座楼高 6 层，营业面积超过 1000 平方米。这 6 层楼并不全是化妆品。一至三楼是产品陈列和美妆体验，还可以承载部分 KOL 的拍摄场景需求，四、五楼提供咖啡、美甲等服务。这样的设计满足了消费者在美妆之外的多样化需求，也让消费者能够更好地体验美妆服务。

第五章

新趋势之二：营销工具化

第一节　营销工具化的趋势

一、工具提升各环节营销效率，动态响应环境变化

在市场竞争加剧，技术升级赋能的背景下，营销运作的各个环节也在不断进行数字化管理和工具化运营，从粗放向精细化营销转型。

营销工具是指在营销全流程中，基于底层技术的升级，对营销中货、消费者、营销内容、媒介传播、销售服务的各个营销业务流程中所累积的数据，进行标签化处理，开发出来的可以让营销人员用来提升营销效率的各种工具。

原先的营销是一个向外的经营行为，重在提升对外营销传播的效果。生产流程、财务、人力资源的数字化管理与工具化支持，都先行于营销的工具化。而受到媒体、经销商、创意代理等机构的影响，在整个市场数字化的驱使下，营销中各个环节累积的数据，以及营销操作的自主性、动态性等的强化，都使得应用营销工具提升内部运营效率成为一种需求也成为可能。

我们一直强调的“传播销售一体化”，核心要点为新营销重在运营好商品与消费者的关系。

商品和消费者从认知了解、购买和复购、分享和体验等关系构建的过程中，需要一系列的营销操作的推动。营销工具化的初衷就是让散落的数据可用和易用，成为工具赋能到营销操作的内容创作、媒介传播、渠道运营、销售支持、服务升级等各个环节。

工具化支持下的营销，在商品端帮助产品到商品过程实现的“惊险一跃”，不仅让商品信息的传播更迅速、精准、适配，还让商品的在渠道中的流通高效和

顺畅。在消费者端，工具支持对消费者进行洞察画像、编排其多触点的消费旅程，通过安排策略性的营销活动，围绕着消费者的认知理解、拉新复购、体验互动等消费行为的促进发挥了作用（见图5－1）。

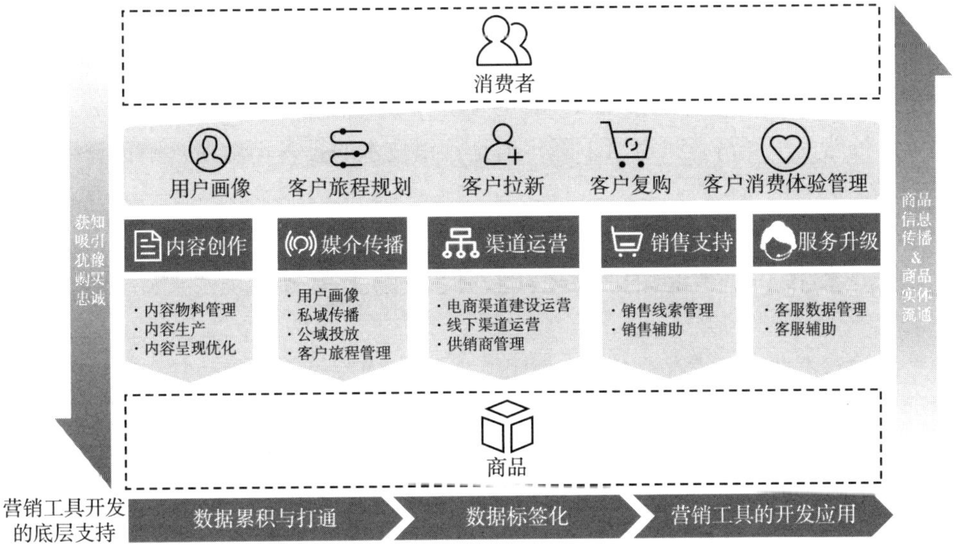

图5－1　营销工具提升各环节营销效率，建立商品与消费者关系

对营销工具的开发与应用的基础前提是底层数据与技术升级，将营销各个环节的内外部数据打通，进行标签化处理，基于此来开发工具进行应用，是一个系统性的建设过程。

二、营销工具化正在成为趋势

我们也关注到了工具在企业营销中应用的趋势。面对营销工具化的趋势，企业的态度各有不同，一些谨慎的企业担心无法看到短期收益可能还在观望中，而一些亟待创新升级的企业则不断尝试采纳营销工具。

不同体量的企业对营销工具化的诉求也各有不同。大型企业的营销流程较为复杂且营销预算投入较多，采纳营销工具的意愿较强，倾向于采用和集成多种功能的营销工具来优化营销多个环节。而对于中小企业，它们有营销工具化的诉求，但不需要系统地开发和推广使用多种营销工具，而是做特定的工具化应用。

面对营销工具化的趋势，企业的应对方式也各有不同，有技术和数据基础的企业自建营销工具，有的企业则采用引进第三方合作的方式来根据自身需求开发工具，培训内部营销人员应用工具，优化营销流程中的重要环节。

例如，在2019年2月，Forrester调查了100家中国大中型企业的数据管理平台决策人（33位IT负责人和60位营销负责人），覆盖快消、汽车制造、银行金融、零售电商等行业，超过1/3的受访人表示在未来12个月将增加营销技术（工具）方面的预算。Gartner的《2019～2020年CMO支出调查》访问了北美和英国年收入在5亿至50亿美元或以上公司的342名营销主管，报告指出，最近三年来，首席营销官分配给Martech的预算平均比例从22%跃升至29%又降到26%。虽然由于经济背景有所下降，但是营销技术的投入仍然在营销预算中占比将近1/3。

三、科技企业和营销服务公司入局营销工具领域

这种对消费者、商品、传播、销售、服务、内容等要素的运营和管理的工具化诉求，催生了巨量市场，一些科技企业和营销服务公司纷纷布局营销工具领域的业务，开发多种营销工具满足企业应用需求。

国外提供营销工具的公司是随着技术革新而兴起的一批技术公司，如Oracle、Adobe、SAP、Salesforce等，它们起步较早，提供的营销工具也更为多元和全面，公司体量也较大。

国内提供营销工具的公司有做C端业务起家的互联网公司，也有提供数据服务与技术解决方案的技术公司。例如百度的CRM产品爱番番开放平台、国双的数字营销解决方案、Convertlab的DM Hub数字营销中心。

还有一些营销服务公司从营销的传统业务中转型而来，包括咨询公司和媒介代理公司。它们自身技术能力不强，但接近业务实体且具有丰富的营销经验，熟悉营销行业痛点，与技术公司合作为企业提供营销工具的咨询与部署服务（见表5－1）。

表5－1　部分科技公司、营销服务公司的营销工具业务布局现状

公司类型	代表公司	营销工具产品与布局动作
国外科技公司	甲骨文（Oracle）	营销云（Marketing Cloud）、参与云（Engagement Cloud）、商业云（Commerce Cloud）
	奥多比（Adobe）	体验云（Adobe Experience Cloud），包括分析云（Analytics）、营销云（Marketing Cloud）、广告云（Advertising Cloud）三大版块，商务云（Magento Commerce Cloud）

续表

公司类型	代表公司	营销工具产品与布局动作
国外科技公司	Salesforce	销售云（Sales Cloud）、2B 销售云（Pardot）、社区云（Community Cloud）、服务云（Service Cloud）、营销云（Marketing Cloud）、商务云（Commerce Cloud）
	国际商业机器公司（IBM）	营销分析（Marketing analytics）、智能营销活动（Smarter campaigns）、客户体验（Customer experience）
	思爱普（SAP）	客户数据云（Customer data cloud）、营销云（Marketing Cloud）、商务云（Commerce Cloud）、销售云（Sales Cloud）、服务云（Service Cloud）
	美库尔（Merkle）	用户体验和个性化营销解决方案、营销自动化与精准营销解决方案、CRM 与客户忠诚度计划、电商营销解决方案、营销大数据平台
国内科技公司	百度	CRM（开发爱番番开放平台）
	腾讯	投资 EC 六度人和（CRM）、销售易（CRM）、明略科技（搭建企业业务流程服务工具）
	阿里	合作：与 Salesforce 合作进军国内市场
	国双	提供 CDP 搭建服务与数字营销解决方案
	营销实验室（Convertlab）	DM Hub（数字营销中心），包括 CDP（客户数据平台）、MAP（营销自动化平台）、CEM（客户交互平台）、DAC（数据分析中心）
	赛诺贝斯	微信营销解决方案、营销自动化解决方案（代理 Oracle Eloqua）、SCRM 解决方案、全渠道营销解决方案
营销服务公司	埃森哲互动	收购：一系列 AdTech 公司与 CRM 公司 合作：与 SAP 合作为企业提供营销工具咨询方案和部署服务
	德勤	合作：与 SAP 合作 SAP® C/4HANA 平台开发

第二节　营销工具化的五大版块

从营销操作的流程出发，我们将各种营销工具梳理为营销内容工具、媒介传播工具、渠道工具、销售工具、客服工具五大版块（见图 5－2）。

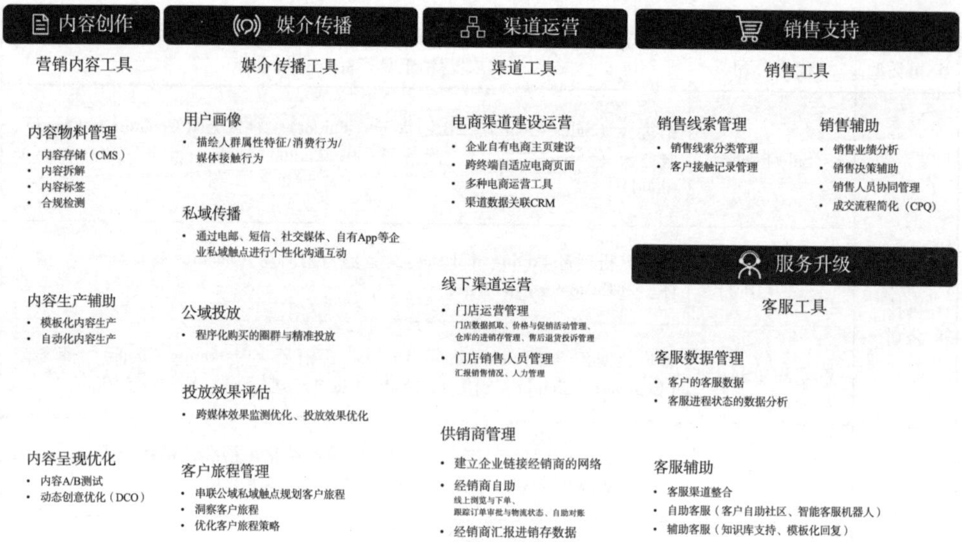

图 5－2　营销工具分类概览

一、营销内容工具

信息内容在营销过程中是商品与消费者沟通的桥梁，在新营销环境下，营销内容有数字化管理和工具化应用的趋势：一方面，面对多样化的营销目标、媒体平台、目标人群，营销内容的需求剧增。另一方面，面对瞬息万变的市场环境，营销内容需要动态化的响应与调整，这些变化对营销内容的生产与分发效率、生产成本提出了极高的要求，单单依靠人力和机构创作已经无法满足，因此，需要运用内容领域的物料管理、创作、分发工具才能实现高效率低成本的内容运营（见表 5－2）。

表 5－2　营销内容工具

功能分类	功能简介	代表公司与工具
内容物料管理	• 内容存储：将以往积累的和新生产的内容进行存储管理，形成内容资产 • 内容拆解：内容素材拆解形成可用的内容元素、片段，存储在物料库中 • 内容标签：自动内容打标签，使内容结构化易于取用 • 内容合规监测：内容合规自动检测，避免法律风险	• IBM 沃森内容中心（Watson Content Hub）内容管理系统 沃森实时个性化（Watson Real－Time Personalization）内容呈现 • Oracle Maxymiser 网页内容模板生成、A/B 测试优化内容

续表

<table>
<tr><th>功能分类</th><th>功能简介</th><th>代表公司与工具</th></tr>
<tr><td>内容生产</td><td>• 模板化内容生产：邮件、展示广告、问卷投票、网站的内容均可以模板化生成，模板也是在一定程度上可编辑的，模板中的组件可以根据内容创作者的需要来更改
• 自动化内容生产：借助 AI 实现文案、图片、音频、视频的自动化生产</td><td rowspan="2">• Adobe
AEM 体验管理（Experience Manager）
集成 CMS 内容管理系统和 DAM 数字资产管理对内容存储与管理，与 ACC 对接同步
ACC 创意云（Creative Cloud）内容制作软件下载，云存储内容素材
广告云（Advertising Cloud）动态创意优化
Target 内容 AB 测试优化
• Salesforce
闪电螺栓（Lightning – Bolt）模板化网页设计
移动工作室（Mobile Studio）短信、App 推送内容模板化生产
社交工作室（Social Studio）：社交媒体账号内容生产、排期、自动发布
电邮工作室（Email Studio）：电子邮件模板化生产</td></tr>
<tr><td>内容呈现优化</td><td>• 人工创意优化：A/B 测试和多变量测试
• 自动化动态创意优化：在多版本内容创意组中，程序化的实现根据受众反馈实时优化内容创意的元素组合、投放分配</td></tr>
</table>

我们把内容营销管理工具分为内容物料管理、内容生产和内容呈现优化三个类别：

（一）内容物料管理工具

内容物料管理工具是指把营销内容物料化，把过去单次使用的内容拆解成各种营销内容物料的元素和片段，再通过建立内容管理系统（content management system，CMS），标签化、结构化储存，以方便调用这些内容物料，一方面为内容合规检测规避风险做基础；另一方面也为内容的自动化、模板化生产做准备。比如 IBM 的沃森内容中心（Watson Content Hub）就是一个把营销内容进行物料化结构数据化管理的系统。Adobe 旗下的 ACC 创意云（Adobe Creative Cloud）也提供对内容素材的云存储和调用的服务。

（二）内容生产工具

内容生产工具是在营销内容物料库与内容模板的支持下，借助多种生产工具，调取内容元素，自动组合、自由创作、自适应延展，高效规模化地生产出适应不同媒体类型、不同终端、不同营销目标、不同用户偏好的营销内容。

这些辅助内容生产的工具，一方面可以实现营销内容的模板化生产，借助工具中已有的内容模板，营销人员可以快速生产邮件广告、展示广告、问卷或投票等营销内容，这些自助模板可以自由编辑，内容创作者根据需要更改调整模板中的组件。另一方面，可以借助工具实现内容的自动化生产，不仅包括简单的尺寸规格延展、图片视频剪裁，还能在数据与算法的支持下，匹配目标人群的内容喜好，从内容物料库中抓取相应的元素自动生成个性化的图片、视频等内容素材。

营销内容的工具化降低了内容创作与生产的门槛，释放了创意人员的精力，提高了内容生产和呈现的效率。

例如 Adobe 体验管理器（Adobe Experience Manager，AEM），给内容创作者提供一个易用的界面，左侧是模块化的素材，拖拽即可将素材置入模板当中（见图 5-3）。AEM 的模板非常灵活，为企业提供模板创作者（template author）功能，模板的制作除了 Adobe 开发人员外，还开放给企业自行设计。

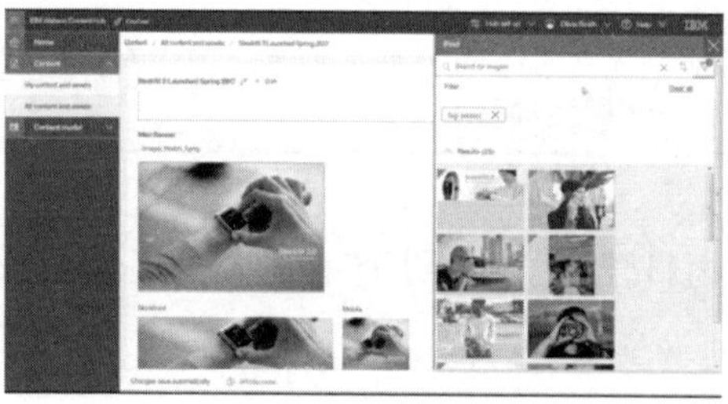

内容物料管理
IBM的Watson Content Hub（沃森内容中心）
内容物料化存储调用

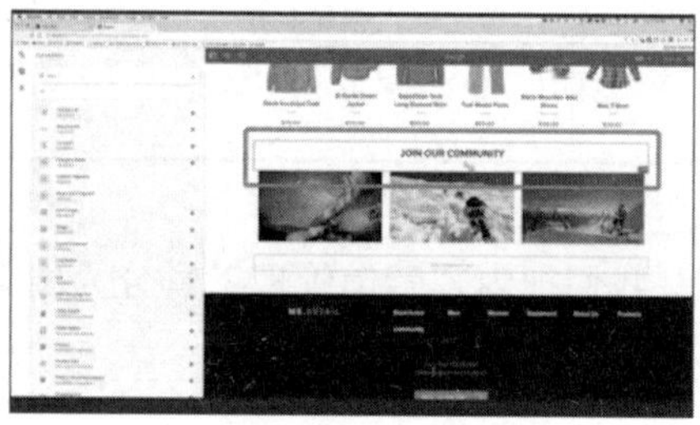

内容生产工具
Adobe Experience Manager
网页内容模板化生产

图 5-3　部分营销内容工具操作界面

资料来源：Adobe 官网，https://www.adobe.com/hk_zh/marketing/experience-manager/new.html.

再比如 Salesforce 旗下的闪电螺栓（Lightning-Bolt）可以实现模板化的网页设计；移动工作室（Mobile Studio）可以根据模板自助编辑创作短信、App 等内容；社交工作室（Social Studio）可以实现社交媒体账号的内容生产、排期、自动发布等功能；电邮工作室（Email Studio），能迅速实现电子邮件的模板化生产。

（三）内容呈现优化工具

以往的营销内容呈现具有一定的风险，呈现效果不好就会导致预算的浪费，而动态创意优化与小规模 AB 测试能够效降低内容呈现的试错风险，提高内容呈现效果。借助工具，通过 AB 测试甚至多变量测试，根据用户对创意内容的反应，来优化内容创意的元素组合，让营销内容根据市场的反应不断地优化调整，达到内容呈现、投放分配的优化效果。比如广告云（Adobe Advertising Cloud），可以实现营销内容的动态优化，Adobe Target 可以进行营销内容的 AB 测试优化。

二、媒介传播工具

新营销中的媒介传播依然是要在合适的时间、地点、通过策略性的媒体组合去触达和影响特定的人群，这个基本流程没变，但在操作上不断技术化升级和工具化运营。在过去，做媒介计划一般执行 4～8 周后，才做监测与调整，而如今营销面临复杂碎片化的传播环境以及执行过程中充满的各种不确定性，需要借助媒介传播工具实现高效的动态化媒介传播。

广告云（Adobe Advertising Cloud）的程序化购买、蓝凯（Oracle Bluekai）的人群细分与程序化购买，广告工作室（Salesforce Advertising Studio）的程序化购买和跨媒体程序化投放等工具都是媒介传播领域的代表性工具（见表 5－3）。

表 5－3　　媒介传播工具

<table>
<tr><th>工具分类</th><th>功能简介</th><th>代表公司与工具名称</th></tr>
<tr><td>用户画像</td><td>• 人群属性特征：描绘顾客的性别、年龄、职业等人口统计学属性数据，将顾客数据可视化（用户画像词云图）
• 媒体接触行为：跟踪客户的触媒行为，进而优化广告投放
• 消费行为：判断客户处于哪个消费阶段，以此来细分客户</td><td rowspan="3">• Oracle
蓝凯（Bluekai）：受众细分与程序化购买
无限（Infinity）：跟踪分析客户旅程，优化后续营销自动化策略
• Adobe
受众管理（Audience Manager）：程序化购买 DMP 平台
广告云（Advertising Cloud）：程序化购买 DSP 平台
AA 分析（Analytics）：客户旅程分析
• Salesforce
受众工作室（Audience Studio）：程序化购买的 DMP 平台
广告工作室（Advertising Studio）：程序化购买的 DSP 平台，跨媒体程序化投放
移动工作室（Mobile Studio）：短信、App 推送营销自动化
社交工作室（Social Studio）：社交媒体账号内容同步，建立社群、一对一回复
电邮工作室（Email Studio）：邮件大规模自动发送</td></tr>
<tr><td>私域传播</td><td>• 社交媒介传播：在一个平台上统一管理社交媒体账号，同步所有账号内容、建立社群、一对一回复
• 邮件与短信沟通：管理与客户的邮件和短信互动，自动化推送与回复
• App 推送：管理自有 App 推送信息，比如与 LBS 技术结合，按照客户地理位置推送营销信息</td></tr>
<tr><td>公域投放</td><td>• 圈群：对接 DSP、DMP 平台，根据投放需求选择相应标签，圈定目标曝光人群（如过去两周看过广告的人），根据受众画像、时间、位置天气、付费竞价排名、SEM 自然排名优化等条件精准投放</td></tr>
</table>

续表

工具分类	功能简介	代表公司与工具名称
公域投放	• 投放策略：在投放前圈定群体时可以实时预测投放成本与投放效果，提供提高转化率的媒体建议 • 跨媒体监测：可以分析搜索、社交、播客、网页等不同渠道的广告投放效果，效果归因分析 • 投放效果优化：实时监测投放效果（如转化率、打开率、取关率），优化下一步投放策略（如一个顾客在网站申请了服务，那就要将其排除出精准投放的人群，从而去重、降成本），利用 AB 测试优化投放效果	• IBM 顾客体验分析（Watson Customer Experience Analytics）洞察客户旅程（触点行为）、消费决策阶段 沃森营销活动自动化（Watson Campaign Automation）跨媒体营销自动化与效果评估 • SAP 动态客户画像（Dynamic Customer Profiling）洞察客户旅程、客户人群画像 受众、营销活动和旅程（Audiences，Campaigns，and Journeys）跨媒体营销自动化
客户旅程管理	• 洞察客户旅程：洞察每一个客户与企业在多种接触点的交互行为（如邮件点击情况、移动端浏览数据、登记注册等），分析客户互动表现，为客户评级，生成客户旅程流程图对客户旅程进行可视化呈现 • 串联客户旅程触点：通过图形化操作界面来串联编排客户在公域私域多个触点的旅程（电子邮件、App、短信、展示广告、搜索、视频和移动端等渠道），实现无缝链接触点，跨触点提供给客户一个持续的个性化体验 • 客户旅程优化：分析不同客户旅程编排策略的转化效果，以选取更合适的客户旅程编排策略	• Salesforce 旅程建立（Journey builder）多触点客户旅程管理 • IBM 旅程设计（Journey Designer）多触点客户旅程管理 • Oracle Responsys 多触点客户旅程管理

媒介传播工具通常与内容物料管理工具相互配合，内容物料管理工具负责管理、生产、优化内容，媒介传播工具则侧重于进行媒体的投放。自媒体的发展使得营销中的媒介传播除了选择公域媒体外，也出现借助多种类型的私域媒体进行传播的趋势。媒介传播工具提供了对这两种类型媒体的工具化服务，让营销在公域和私域媒体上都能够拥有跟消费者持续沟通的能力。

依据功能区别，我们把媒介传播工具拆解为用户画像、公域投放、私域传播、客户旅程管理四种类型。

（一）用户画像工具

媒介传播流程中的起点就是用户画像，该工具可以帮助打通不同领域的用户数据，从而描绘出用户的人口统计、消费行为、媒介行为等特征，帮助营销根据需求圈定特定的人群进行精准投放，Oracle 旗下的蓝凯（Bluekai）就是一个典型的用户画像工具。

（二）公域投放工具

媒介传播在公域上的工具，主要聚焦于圈群，媒体投放，监测与评估投放效果，不断优化投放等。例如 Oracle Bluekai 能够在投放前根据选择的用户群提供投放效果预测，第一象限的群体转化率高，营销人员可以据此在线优化投放群体。

（三）私域传播工具

私域传播工具是指在媒介传播中，借助社交媒体、邮件、短信、App 等企业私域的媒体，与消费者进行个性化的一对一互动，判断消费者的状态，并为其提供个性化的信息告知、促销、服务等，一步一步引导消费者最终实现购买。

比如 Salesforce 旗下的移动工作室（Mobile Studio），可以自动对消费者进行短信、App 推送营销，社交工作室（Social Studio）支持一站式管理自己的社交媒体账号内容，建立社群、一对一回复；电邮工作室（Email Studio）支持邮件大规模的自动发送。

（四）客户旅程管理工具

客户旅程管理是指对不同客户群体、不同时间节点，按照时间轴编排营销事件。借助旅程管理工具，营销操作中能够串联起囊括公域和私域的用户全域触点及其洞察分析，在不同触点与客户进行差异化、持续性的接触。它为营销人员提供了简单易用的图形化操作面板，只需要拖拽代表不同传播触点与行动的图标来规划整个客户旅程，就能实现在合适的场景以合适的内容触达客户（见图 5－4）。

人群画像工具
Oracle Bluekai
受众画像功能

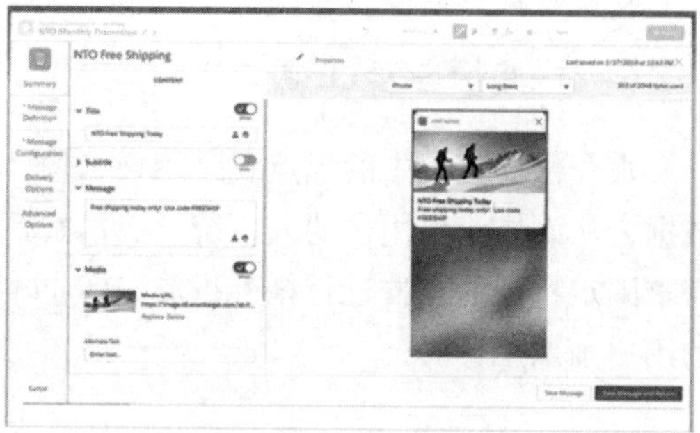

私域传播工具
Salesforce Mobile Studio
编辑企业自有App的推送

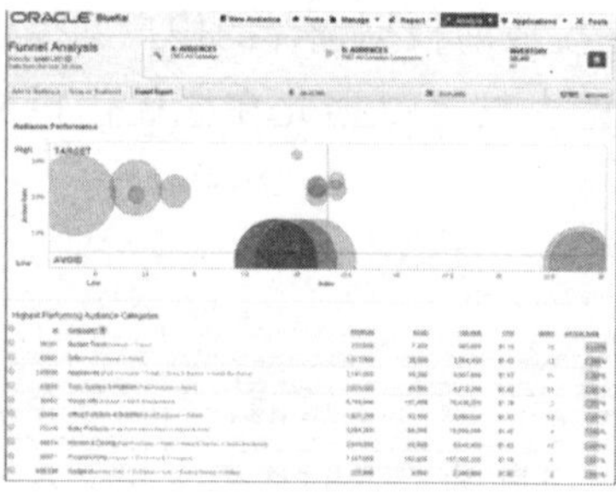

公域投放与评估
Oracle Bluekai
投放前的圈群策略优化

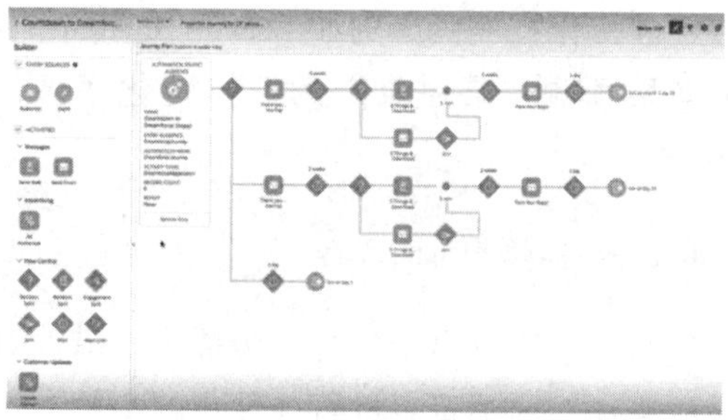

客户旅程管理工具
Salesforce Journey Builder
客户旅程管理的图形化操作面板

图 5－4　部分媒介传播工具操作界面

资料来源：Oracle 营销云官网，https：//www. oracle. com/cx/marketing/；Salesforce 官网，https：//www. Salesforce. com/.

三、渠道工具

在营销中渠道（place）是商品的流通路线，更是商品与消费者见面和发生交易关系的场景。渠道既包括线上渠道和线下渠道，也包括商品流通环节的多种合作伙伴经销商，如代理商、批发商与零售商等。

新营销趋势下，利益分发、社交裂变等加速着商品在渠道中的流转，提升渠道运营的效率就需要借助各种工具化产品，对商品管理、促销活动、消费者信息等多种数据进行管理，对渠道中的各种角色经销商、物流商、促销人员等进行数据化的管理和赋能。

我们把渠道工具梳理为电商渠道建设运营工具、供销商管理工具、线下渠道运营工具三种类型（见表5-4）。

表5-4 渠道管理工具

工具分类	功能简介	代表企业与工具名称
电商渠道建设运营	• 为企业提供电商主页建站服务，优化客户的电子商务购物体验 • 提供多种电商优化工具，如管理促销活动、优惠券、库存、内容物料，进行AB测试，商品智能推荐 • 对不同国家地区、不同终端、不同平台的电商主页自适应呈现，包括语言文字、尺寸规格、页面布局等 • 电商云数据与CRM销售云的数据对接	• SAP 电商网页建站（Commerce Cloud） • Oracle 电商主页建站（Commerce Cloud） • Adobe 商务云（ACC）（Magento Commerce Cloud） • Salesforce 商务云（Commerce Cloud Digital）
供销商管理	• 供销商管理：建立经销商、代理商网络，为供销商提供操作门户，进行数字化管理 • 供销商自助服务：线上浏览与下单，跟踪订单审批与物流状态，自助对账，汇报进销存数据	社区云（Community Cloud） 企业与经销商协作平台 • 金蝶 EAS渠道营销服务平台 以企业为中心管理下游经销商
线下渠道运营	• 门店运营管理： -门店数据（销售订单、库存）自动抓取录入ERP系统 -价格与促销活动管理（价格管控，申请审批促销活动） -仓库的进货、销售、库存管理 -售后管理（退货管理流程、客户投诉管理） • 促销人员管理： -销售情况汇报（销售业绩、库存、陈列） -人力管理（打卡考勤、销售政策激励）	• 销路通 Enterprise Marketing Management Portal 企业营销管理门户 Dealer Portal 经销商门户 Terminal Store Portal 终端门店门户 企业对经销商、门店、促销人员的数据化管理 • SAP Dealer Management System（DMS）经销商管理系统 经销商管理、门店价格与促销管理、仓库进销存管理

（一）电商渠道建设运营工具

这类工具支持低门槛、低成本地建立电商网站，并且通过促销活动、优惠券、内容物料、库存管理、AB测试、智能商品推荐等工具优化电商运营。同时还支持对不同国家和地区、不同终端、不同平台的电商主页自适应呈现，包括语言文字、尺寸规格、页面布局等，以及实现电商云数据与 CRM 销售云的数据对接。

（二）供销商管理工具

供销商管理工具可以帮助企业监测管理各个供销商的订单需求，快速准确地了解供销商的进货、库存、分销数据。同时开放给供销商操作门户，使企业与经销商的合作得以数字化管理。

例如 SAP 与泛微为苏泊尔开发的供销商协同平台，苏泊尔使用工具加强了供销商与公司的沟通协作，供销商使用这个工具向企业在线下单，查看物流，汇报库存与分销数据。

（三）线下渠道运营工具

在线下门店渠道，运营工具一方面可以实现对门店的各种销售、仓储、人员数据等的收集上传，从而优化生产与流通决策；另一方面，可以自动设置销售门店的促销活动，进行促销活动指令的下达与落实，例如“销路通”渠道管理工具，可以设置网点的活动产品、活动时间、促销价格等信息，从而清晰全面地掌控促销活动情况。

四、销售工具

销售是营销中的重要环节，从上门销售、电话销售，再到以 CRM 为代表的数据库管理销售，营销中的销售环节早已开启了工具驱动的变革，在我们不断强调的“传播销售一体化”的新营销趋势下，各种赋能于销售人员和服务于销售管理的工具开发与优化，也成为营销工具化的重点。

从销售管理出发的工具，一方面使销售人员能够对销售线索进行精细化区隔，对不同质量的线索进行不同策略的追踪和管理，更好地进行线索转化，实现销售达成；另一方面也提供报价、成交、业绩分析等快捷服务工具，同时促进销售人员的协同合作，从而辅助和优化销售流程，比如 Oracle 销售云（Oracle Sales Cloud）、Salesforce 销售云（Salesforce Sales Cloud）以及 SAP 销售云（SAP Sales Cloud）（见表 5－5）。

表 5－5　　销售工具

<table>
<tr><th>工具分类</th><th>功能简介</th><th>代表公司与工具名称</th></tr>
<tr><td>销售线索管理</td><td>• 销售线索分类管理：按照销售漏斗对客户分层次管理，区隔出 3 个阶段的客户：contacts 联系人名单，总体占有的客户数据；leads 销售线索，有可能转化的潜在客户；opportunities 销售机会，销售人员正在跟进的有转化机会的客户
• 销售人员与客户接触记录的管理</td><td rowspan="2">• Oracle
销售云（Sales Cloud）
配置、价格和报价（CPQ Cloud）
• Salesforce
销售云（Sales Cloud）
帕多特（Pardot）B2B 企业的销售人员工具
• SAP
销售云（Sales Cloud）
• 销售易
销售云
• 八百客
销售云</td></tr>
<tr><td>销售辅助</td><td>• 销售决策辅助：下一步销售建议；以往联络记录汇总（呼叫、约见、合同谈判等）；客户相关行业的新闻推荐
• 成交流程简化：通过 CPQ（配置、价格、报价）工具创建报价与订单，对接 ERP 更新库存数据，提高交易效率，简化报价流程，将销售过程数字化
• 销售业绩分析：可视化呈现对销售人员的销售成果数据分析
• 销售人员协同管理：销售人员的跟进状态同步；销售人员日程同步；销售政策激励（职业规划，销售政策对销售表现进行激励）</td></tr>
</table>

（一）销售线索管理工具

销售工具的一个重要职能就是让销售人员能够根据销售线索质量跟进和转化客户，提升销售线索的价值。

销售线索一般分为联系人（contacts）、线索（leads）、机会（opportunities）三个不同阶段，联系人是各种潜在与显在的初级线索；线索是在媒体投放、社交互动、活动运营中获得的对商品和服务有意向的客户；机会则更进一步，是销售人员正在跟进的有转化机会的客户。

借助销售线索管理的工具，不仅可以洞察客户，根据客户行为判定其所属的消费行为阶段与价值，帮助销售人员更好地识别客户；还可以根据客户的差异给出个性化的销售建议，优化下一步的销售跟进。

（二）销售辅助工具

为了帮助销售人员提高效率，销售辅助层面的工具强调服务性和协调性。比如简化成交流程的订单与报价工具、实时分析销售团队业绩的仪表盘工具，还有销售人员之间协调时间、跟进阶段等的工具（见图 5－5）。

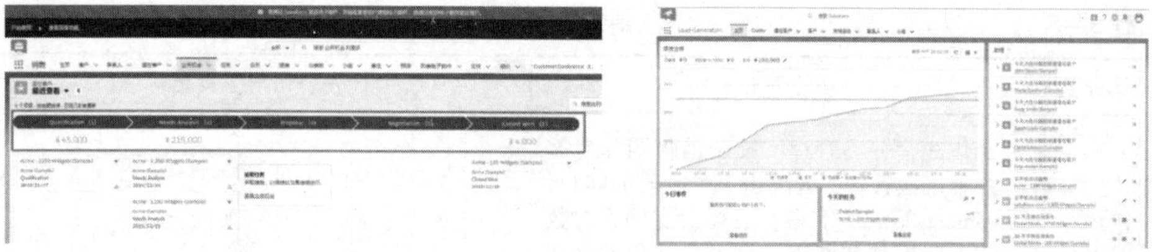

销售线索管理
Salesforce销售云
对潜在客户的所处消费决策阶段进行划分

销售辅助
Salesforce销售云
仪表盘分析销售团队业绩

图 5－5 Salesforce 销售云操作界面

资料来源：Salesforce 官网，https：//www. Salesforce. com/.

五、客服工具

客服环节不仅解决售后的问题，还能发现潜在的销售机会，与销售一样重要，因此营销领域的客服工具不断升级，将数量众多且散落在多渠道的消费者问题进行汇总、分类、分发、回复和评估，提升对消费者的服务质量，同时提高客服人员的服务效率（见表 5－6）。

表 5－6　　客服工具

工具分类	功能简介	代表公司与工具名称
客服数据管理	• 客户的客服数据汇总：服务控制台将客户的所有相关详细信息（如客户基本信息、消费产品、出现问题、客服请求渠道来源、服务优先级、客户与 AI 的对话历史）呈现给客服人员，从而提供更个性化的售后支持 • 客服进程状态数据分析：对不同客户的售后服务的进程状态、服务状态的评估	• Oracle 服务云（Service Cloud） • Salesforce 服务云（Service Cloud） • SAP 服务云（Service Cloud） • 八百客 客服云
客服辅助	• 客服渠道整合：将来自呼叫中心、邮件、社交媒体等渠道的客服请求整合至一个平台供客服座席集中处理 • 辅助客服：知识库、模板化回复辅助人工处理客服请求 • 自助客服：客户自助服务社区帮助客户自助寻找答案和解决方法，AI 客服机器人自动回复	

在营销中提供给客服人员使用的客服工具，一方面提供消费者的相关信息以供客服人员参考；另一方面为客服人员服务消费者提供工具层面的辅助支持。比如，Salesforce Service Cloud，页面左侧是客户信息，包括客户的个人信息、交易信息和客服优先级的标识，页面中间是对客户进行服务的相关工单、聊天、邮件往来、社交媒体评论等多个渠道的客服请求整合呈现，在客服人员回复时还会提供可搜索的知识库功能，支持专业性、模板化的快捷回复。页面右侧是客户自助客服的浏览记录，以及标注潜在客户并同步至销售云的功能（见图 5－6）。在客服工具的支持下，客服人员可以快速、准确、全面地掌握消费者情况，并快速给出解决方案，高效处理消费者的相应诉求。

图 5－6　Salesforce 服务云界面

资料来源：根据 Salesforce 官网的客服云界面整理，来源于 https：//www. Salesforce. com/.

第三节　营销工具化的实现途径

一、实现营销工具化需要考虑的因素

（一）因素一：2B 或 2C 的商业模式

不同类型的商业模式，对营销工具化需求不同。

B2B类型的企业，其客户客单价高、交易决策周期长、决策流程复杂，采购决定往往会涉及公司内不同职能、部门、层级人员，因此需要依靠营销工具对客户进行长期培育和精细化管理，按照销售漏斗推进与客户接触，并对有多个联系人的客户账号进行协同管理，实现“在合适的时间对合适的人说合适的话”。

B2C企业，根据商品特点与客户消费特点又可以细分为两类企业。一类是汽车、教育、房地产等行业，其客户客单价高、交易决策周期长、消费频率低，一方面从广告触及真正交易，需要通过较多营销动作推动客户旅程的进程；另一方面需要围绕客户全生命周期来挖掘客户价值。另一类是零售、快消行业，它们面对的是低客单价、高频购买的大规模客户，需要使用营销工具精准且高频率接触客户，铺设多样化触点来完成流量转化与复购（见表5-7）。

表5-7　不同类型的企业营销工具化策略

不同商业模式的企业	代表行业	企业营销特点	营销工具策略
B2B	钢铁、塑料	客单价高，交易决策周期长，决策流程复杂（往往同一个客户Account涉及一系列相关的联系人）	• 培育客户，促进消费行为进阶直至达成交易
B2C	汽车、房地产	客单价高，交易决策周期长，低频购买	• 一对一的培育客户，促进消费行为进阶直至达成交易 • 挖掘客户全生命周期价值
	快消、零售	客单价低，消费决策周期短，高频购买	• 一对多高频率曝光 • 一对多大规模精准触达 • 短路径销售转化，长期复购

（二）因素二：数字化基础

营销工具化的基础是拥有大量的“可用”数据，因此对企业内部的数据积累和外部数据的交易获取提出了较高的要求。一些大型企业或高科技企业，有一定的营销数据积累且数字化基础好，其营销工具化转型也会较为顺畅。而一些传统行业囿于思维模式和数字化基础的限制，接受、推进营销数字化转型需要一定的时间。外部数据环境的开放性也影响着企业的营销工具化进程，国外的数据交易、数据安全更为开放、规范与先进，而国内数据行业基础设施还不完善，数据使用与交易规范尚在形成中，营销工具化还有很长的路要走。

二、营销工具化的方式：自建和购买交叉

营销工具的建设通常分为两种方式：自建为主与购买为主。购买为主指企业购买标准化的营销工具产品来满足企业大多数的营销需求，再根据特殊情况适当定制。采用这种方式，企业主导权较弱，数据常常需要公有云存储，优点是工具以软件即服务（Software as a Service，SaaS）模式轻量部署，工具供应方会按期更新和维护，工具采纳的成本较低。

自建为主指企业内部成立技术团队或借助外部机构为企业定制营销工具，主导权在企业手中，数据在私有云部署。自建的营销工具能够很好地适应企业营销的需求与流程特点，但往往成本也较为高昂（见表5－8）。

表5－8 营销工具采纳的代表案例

<table>
<tr><th>营销工具化途径</th><th>企业</th><th>具体方式</th><th>营销工具化目标</th></tr>
<tr><td rowspan="4">自建为主</td><td>上汽</td><td>自建DMP</td><td>• 打通数据做用户洞察
• 优化媒体投放效率</td></tr>
<tr><td>麦当劳</td><td>自建内部技术部门 McD Tech Labs</td><td>• 优化门店渠道体验：个性动态菜单、语音点餐</td></tr>
<tr><td>亨特·道格拉斯</td><td>与Oracle Marketing Cloud合作，将营销自动化系统与Trustpilot（第三方评价网站）集成</td><td>• 通过自动化邮件鼓励对亨特·道格拉斯有正面印象的消费者评价
• 营销自动化系统和谷歌广告系统集成，将正面评价用于搜索结果优化
• 将正面评价链接到其评价的对应经销商网站</td></tr>
<tr><td>肯德基</td><td>自建内容物料工具与渠道运营工具</td><td>• 建立内容物料库"资料图书馆"，进而模板化与自动化内容生产
• 在App与小程序中建立分销机制与会员电商</td></tr>
<tr><td rowspan="2">购买为主</td><td>浦发银行</td><td>与Convertlab合作产品AMA（AI＋Marketing）</td><td>• 基于AI自动客群筛选
• 营销页面的模板化制作发布
• 实时营销效果分析</td></tr>
<tr><td>亚洲航空</td><td>购买订阅Salesforce的Sales Cloud、Service Cloud、Community Cloud</td><td>• 采用Salesforce Service Cloud让客户能在任何地点和任意渠道获得客服帮助
• 采用Salesforce Community Cloud搭建网站、搭建员工社区、监测网站表现
• 采用Salesforce Sales Cloud把销售流程标准化</td></tr>
</table>

续表

营销工具化途径	企业	具体方式	营销工具化目标
购买为主	北汽福田	与 Convertlab 合作	• 打通车联网数据和客户数据并且标签化建立客户数据库 • 按照客户生命周期制定营销策略，利用营销自动化工具与客户私域沟通

如肯德基的母公司百胜就自建营销数字化技术底层，赋能内容、渠道与消费者运营。肯德基线上线下每天发生大量的客流，在内容与渠道上都有精细化运营的需求。百胜积极推进数字化转型，由首席技术官负责，内部建立数据库，其中包括会员数据（肯德基、必胜客所有的会员数据，打通从前期广告投放到落地页的行为到最终发生购买等所有数据）、供应链及菜单数据（分公司可以根据实时库存组套餐）、内容物料数据（“资料图书馆”，包括所有食品的元素、明星的元素等）。以上数据的打通配合工具化的应用，使得肯德基在营销内容物料管理、渠道运营、消费者运营等方面都做出了创新的举措（见图 5 –7）。

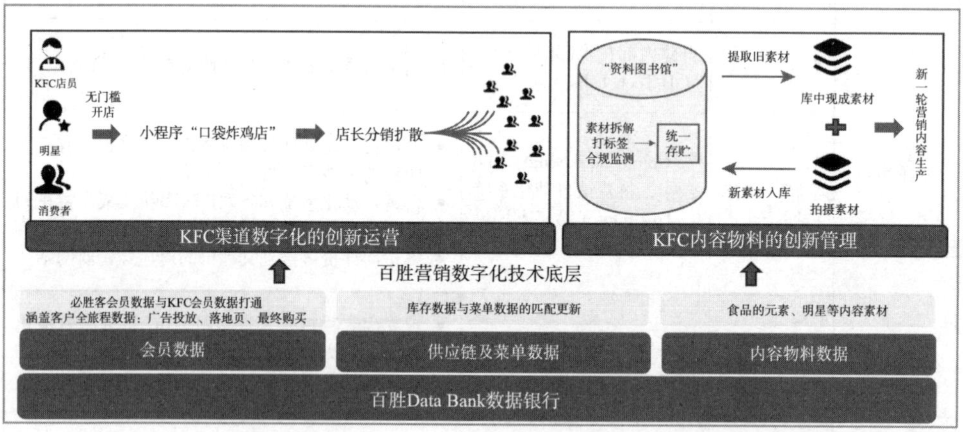

图 5 –7　百胜自建营销数字化技术底层，赋能内容、渠道与消费者运营

而亚洲航空（以下简称“亚航”）则是通过购买 Salesforce 工具的形式来优化客服、社区和渠道。亚航的客服面临来自电话、邮箱、社交媒体多个渠道反映的大量客服请求，客服压力巨大，同时，旗下 6 家航空公司内部庞大的通信网络不打通，销售人员缺乏协作，为解决以上痛点，亚航购买 Salesforce 的服务云、社区云、销售云工具，通过 Salesforce 服务云整合多渠道客服请求，使用社区云低成本搭建亚航官网与员工社区，将销售云提供的销售流程及数据分析工具部署到了亚航的 12 个市场的 120 位销售代理（见图 5－8）。

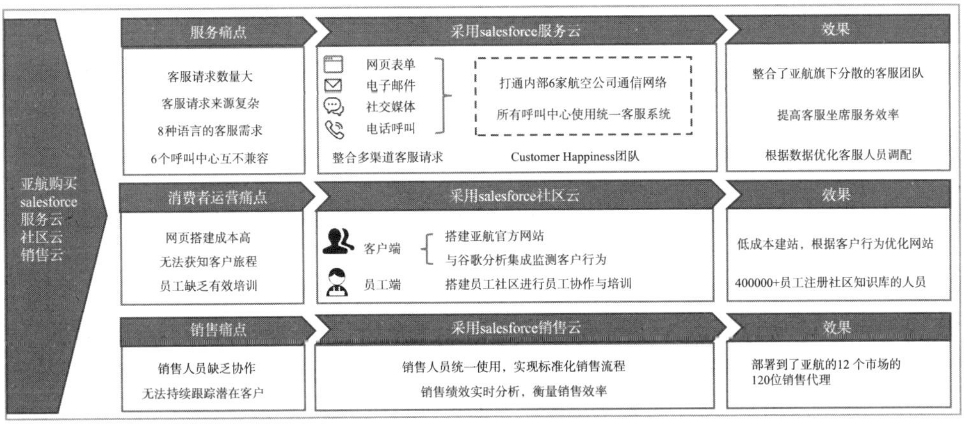

图 5－8 亚洲航空购买 Salesforce 工具优化客服、社区、渠道

亨特·道格拉斯（Hunter Douglas）借助 Oracle Marketing Cloud 跟踪客户旅程，优化口碑。亨特·道格拉斯是总部位于荷兰的百叶窗制造商，联合 Oracle Marketing Cloud 和营销自动化代理机构 Marketing Cube 开发系统解决方案，这个系统集成了 Trustpilot（第三方在线评论社区），通过 Oracle Marketing Cloud 对刚消费过的客户自动触发电子邮件并提示他们在 Trustpilot 上进行评价，并将评价应用在谷歌广告投放及经销商网站上（见图 5－9）。

图 5－9 亨特·道格拉斯借助 Oracle Marketing Cloud 跟踪客户旅程，优化口碑

北汽福田集团则是借助 Convertlab 搭建会员精准营销平台。2018 年底，北汽福田联合 Convertlab 搭建会员精准营销平台，通过 ID 打通了来自业务系统、会员系统、互联网以及车联网的各平台会员基础信息及业务数据，统一汇入客户数据中心，通过客户数据中心将客户、联系人、会员、车辆、维保、服务反馈、线上互联网行为等整合至统一平台，精准营销平台对其进行标签化管理和价值圈群，然后根据设计的营销策略进行互动内容编辑和管理，最后实现自动化精准人群的触达，整个流程的数据分析和营销数据回流，会最终反哺优化和完善客户数据中心。通过精准营销平台，福田成功实施了沉睡车主客户荐购唤醒、保养关怀等项目，转化率提升了 5 ~7 倍。

【案例 9】Oracle Marketing Cloud：弹性、灵活的营销云生态①

甲骨文（Oracle）成立于 1977 年，其成立之初即推出了关系数据库，并迅速占领市场，可以说是全球最早进入数据库领域的企业，目前依然是全球排名前列的企业级软件公司。

成立至今 40 余年，Oracle 始终围绕着企业的数字化、信息化领域开展业务，进入“云”时代，云计算驱动着商业模式和运营思维产生一系列深刻变革。在这个大变革时代的关键期，Oracle 制定了成为“云计算首选公司”的目标。

作为目前全球增速较快的云公司，Oracle 能提供全面、集成，且基于行业标准的全部三层云服务的厂商——SaaS、PaaS、IaaS。Oracle 将三者进行了全方位整合，为客户提供以数据为核心的云服务。以 Oracle ADW 业务数据平台、Oracle ERP 云，Oracle 营销云等为代表的重点产品已经获得中国市场的高度认可。

此次我们研究的重点，即为 Oracle Marketing Cloud 这一面向企业营销的产品。

一、结合既有优势，快速布局营销云生态

2012 年 12 月 20 日，Oracle 宣布收购 Eloqua 这一云营销自动化软件供应商，在一定意义上，可以视为 Oracle 进入营销的开端。2014 年 5 月，Oracle 正式宣布推出 Oracle Marketing Cloud，该平台结合了该公司收购的多项技术，除

① 赵轩，潘子卿，龙思薇．Oracle Marketing Cloud：全面、弹性、灵活的营销云生态［J］．国际品牌观察：媒介，2020（11）．

Eloqua 外，还包括企业级的 B2C 营销云服务商 Responsys 和基于云的大数据平台 BlueKai 等。

基于雄厚的技术、资本等实力，Oracle 快速搭建起自己的营销云生态体系，积累了企业营销领域的数据资源、服务能力、客户经验等（见表 5 - 9）。

表 5 - 9　与 Marketing Cloud 相关的收购简介

收购时间	公司名称	具体内容	收购金额（百万美元）
2012 年 12 月	Eloqua	Eloqua 是营销自动化平台（MAP）提供商，为 Oracle 提供了营销自动化和收入绩效管理软件	810
2013 年 12 月	Resonsys	Responsys 是基于云的 B2C 营销软件提供商，借助 Responsys，营销人员可以通过可视化画布进行客户旅程管理	N/A
2014 年 2 月	BlueKai	BlueKai 是基于云的大数据平台，BlueKai 的数据管理平台（DMP）在云中集中组织公司的客户和受众数据，以帮助实施跨所有渠道的个性化营销活动	400
2015 年 8 月	Maxymiser	Maxymiser 是基于云的营销测试软件提供商，将 Maxymiser 添加到 Oracle Marketing Cloud 中能够使 Oracle 用户可以访问多种数据科学技术，包括多变量测试、受众细分发现和预测性个性化	N/A

资料来源：基于公开资料部分整理。

如 BlueKai 的收购即为 Oracle 带来了数据资源，便于其打通数据、构建完整的用户画像。BlueKai 运营着世界上最大的第三方数据市场，可以通过数亿个体的数据资源，扩展客户的第一方数据。

时任高管史蒂夫·米兰达（Steve Miranda）曾评论，将 BlucKai 添加到 Oracle 的营销和社交软件中将使公司结合来自第一方和第三方的信息，包括媒体、广告、社交和移动信息，建立最丰富的用户资料。

通过收购，Oracle 也获得了营销领域的客户资源。如 Responsy 被收购前就拥有大量客户，包括伯顿（Burton）、Intuit，乐高（Lego）、大都会人寿（MetLife）、国家地理杂志、汤森路透（Thomson Reuters）和全食超市（Whole Foods）等；而 Maxymiser 与 Allianz、汇丰银行、汉莎航空、汤米·希尔费格（Tommy Hilfiger）和温德姆（Wyndham）等品牌均有合作。这些客户资源亦奠定了 Oracle 营销云领域布局的基础。

二、覆盖全程、弹性、灵活的营销云体系

Oracle 的营销云产品体系 Oracle Marketing Cloud 覆盖营销全流程中的各个环节。同时针对企业营销需求的不同、行业特征、本地市场特点等，均有部署，整个营销云体系呈现出弹性、灵活的特征。

（一）全面布局，模块化组合，灵活适配营销需求

Oracle 营销云产品及功能如表 5－10 所示。

表 5－10　Oracle Marketing Cloud 产品及功能

<table>
<tr><td rowspan="8">Marketing Cloud</td><td>Eloqua</td></tr>
<tr><td>B2B 营销管理平台
目标受众筛选和细分：统合不同渠道来源的线上和线下行为数据，对受众实现构建、筛选和细分；
跨渠道营销活动协作执行：利用可视化画布，通过拖放等功能，创建跨动态、渠道营销活动；
线索管理与评分：识别出高质量的线索，建立多个线索评分模型来评估并跟进；
营销与销售协同：通过统一的买家和企业智能跨互动周期识别、排序、追踪高价值机会，将营销和销售更紧密地结合在一起，运用实时企业洞察使 ABM 成为现实；
营销分析：创建报表，将跨渠道参与度与实际收入相关联，跟踪营销效果</td></tr>
<tr><td>Responsys</td></tr>
<tr><td>B2C 营销管理平台
客户旅程管理：通过画布进行跨渠道客户旅程编排；
跨渠道营销管理：通过电子邮件、移动端 App、SMS、MMS 与电商平台进行营销；
营销活动测试：根据营销中的各个要素（例如邮件的标题、内容等）测试、优化方案；
营销活动分析和洞察：分析营销数据、生成报告</td></tr>
<tr><td>BlueKai</td></tr>
<tr><td>基于云的大数据平台，使用有关目标人群的多源数据实现个性化的洞察、营销，可基于 Oracle ID graph 进行数据整合；
跨设备构建关联生态：营销人员可以跨设备构建受众，以及可视化设备间的关联关系；借助改进的受众细分和投放工具，定义想要分析和瞄准的人群；
构建媒体和数据生态：数据可以跨自有、伙伴和授权供应商间自由切换；通过被合作伙伴网络广泛支持的发布接口和自定义实施，Oracle 已经与数百家合作伙伴实现了预集成</td></tr>
<tr><td>Maxymiser</td></tr>
<tr><td>营销测试、个性化投放方案
营销活动测试：在网站、App 等多个营销场景中上启动、管理 A/B 测试、多变量测试；营销人员可以对目标人群的在线行为（如点击、滚动、悬停等）进行可视化跟踪，以随时调整营销策略</td></tr>
</table>

从产品布局中可以看出，Oracle 营销云布局全面，围绕着营销中包括洞察、内容创意、广告活动编排、效果评估等核心板块，均有相应的工具体系，并且产品组合呈现出模块化特征，即不同产品间既可以相互独立，也可弹性、灵活组合。在营销需求复杂多变的现实情况下，这种“模块 + 组合”的形式，无疑是有效率的。

首先，模块之间可以实现灵活组合、对接。例如 Marketing Cloud 可以与 Commerce Cloud 进行集成，也可以形成线索，对接到企业 CRM，促成转化落地。

其次，针对需求的不同，模块内部也提供了弹性的适配和调整空间。例如在 Marketing Cloud 中，为 B2B 和 B2C 企业分别提供了不同的营销工具——Eloqua 和 Responsys，以分别满足两种不同类型企业的营销需求（见图 5 - 10 和图 5 - 11）。

最后，每个模块、产品都按照用量进行计费，采取弹性、阶梯定价方式。企业在成长发展过程中，消费者的数量、渠道的层级、需要分析的数据等都在随时变化，如果预留太多的空间，购买过多营销资源，可能造成预算的浪费；但没有预留，又可能无法应对瞬息万变的市场，而 Oracle Marketing Cloud “云”的特性，非常好地满足了企业弹性的需求，模块按量付费，阶梯定价。

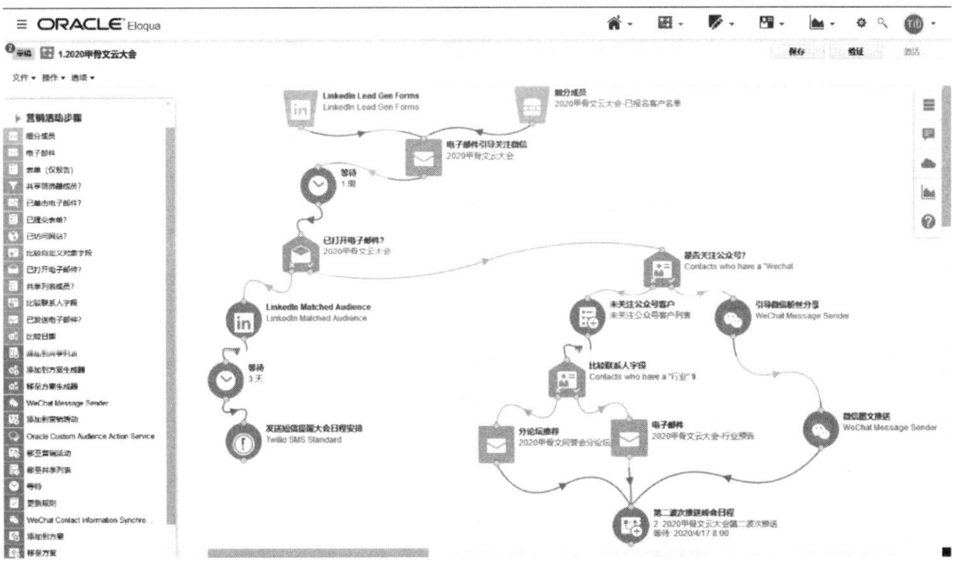

图 5 - 10　Eloqua 界面

资料来源：Oracle Eloqua 官方网站，https：//www. oracle. com/cn/cx/marketing/automation/.

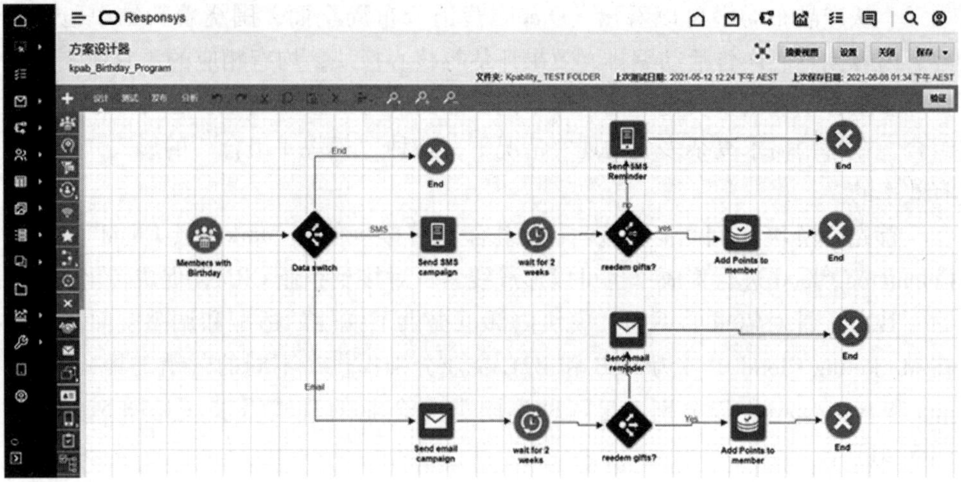

图 5-11 Responsys 界面

资料来源：Oracle Responsys 官方网站，https：//www.oracle.com/cx/marketing/campaign-management/.

（二）重视营销的“行业性”，针对不同行业搭建解决方案

对不同的行业而言，营销需求虽然都可归结为洞察、创意、传播、效果评估等几个维度，但其消费者的类型、产品的形态、营销上下游的结构等又存在着较大差别，因此，Oracle Marketing Cloud 基于自身的丰富产品线，针对不同行业推出了不同的组合解决方案。

对于高科技行业而言，营销人员需要通过自适应营销活动，在适当的时间为客户提供适当信息，还需要在适当的渠道中完成高度相关的营销会话、提高线索转化率、改善线索流。为此，营销人员需要整合多个数据渠道、通过主动监视来持续完善营销活动、改善客户旅程以提高每一阶段的转化率，以此深度改善其客户挖掘能力。Oracle 营销云高科技行业解决方案可以帮助营销人员发送和管理按照目标兴趣细分、高度个性化的渠道内容；线索评分、优先级分配允许营销人员更加专注于确定潜在购买者的需求，同时持续完善和改进营销活动。营销人员可以快速将受众兴趣整合到内容和营销执行中并分析购买信号，从而更加深入地洞悉消费者、采购委员会和整个市场。

例如华为通过 Oracle 营销云 Eloqua，在互动过程中通过综合判断为客户自动打分，判断采购意向，帮助华为有选择地对客户进行外呼，促成销售。在使用 Eloqua 后，华为跟进客户的过程中几乎无骚扰投诉，提高了销售成功率。

戴尔（中国）有限公司创建了客户挖掘营销活动，对所有历史订单重新部署了程序化营销互动解决方案，并将官网关联到 Oracle 数据管理平台（DMP），通

过分析工具实时进行优化。基于收集的数据及建模档案，快速识别了正在考虑购买计算机产品的潜在新客户，实现了每一位受众都有一个独特的标签。在两周时间内，营销团队将广告支出的浏览收入转化率提升了1000%，点击转化率提升了15%。

（三）重视本地化服务，挖掘、满足本地需求

虽然Oracle Marketing Cloud是全球产品，但营销具有较强的区域特征，不同区域市场的企业、消费者、媒介、渠道、数据环境等方方面面均存在差异，因此，Oracle Marketing也很重视本地化的服务研发。

Oracle作为较早进入中国市场的跨国企业（20世纪80年代进入中国），在中国组建了涵盖市场、销售、技术支持等在内的团队，以及全面的合作伙伴体系，以与中国市场的企业保持密切沟通，并提供多个维度的支持。同时，Oracle也会根据中国市场对于数据的规制、企业对数据的理解程度等，对产品、服务做一定的协调布局。2017年Oracle营销云与微信平台进行集成，基于微信所提供的开放接口，进一步打通了Eloqua营销管理与微信的数据、交互与统计分析的集成，也让Eloqua更符合中国企业数字化营销的特点。支持企业通过Eloqua进行微信营销，让营销人员在中国和世界其他国家利用Oracle Eloqua的活动策划、互动、数据分析等功能，更好地在微信平台上与目标消费者进行互动，包括向一个或多个微信公众平台（包括订阅号和服务号）发送消息、洞察微信平台中的互动效果等。

时任Oracle营销云产品管理集团副总裁斯蒂夫·克劳斯（Steve Krause）对此表示，对于为中国市场提供服务的全球性和地区性企业而言，微信是关键的数字化渠道。此次整合能够让Oracle Eloqua的用户充分利用微信的功能来打造品牌知名度，增强客户关系。

（四）独特的出海服务优势

除了本地化布局之外，Oracle的技术和数据能力还为其构建起了针对出海企业提供营销服务的独特竞争优势。

企业要进入海外的新市场，渠道、媒介、消费者等各方面都与原来面临的本土市场不同，面对着客户画像不足、难以定位合适的传播渠道、营销效率低下等问题，需要构建新的营销策略。Oracle专门打造了一套为跨境电商和全球化拓展企业量身定制的全渠道解决平台，通过Oracle Eloqua/Resonsys + BlueKai + Maxymiser + 人工智能 + 第三方大数据的方式，帮助跨境企业解决营

销难题。

如对于中国出海企业而言，了解海外市场，对海外目标消费人群进行洞察和传播，都需要在海外的数据生态中完成数据的整合、分析等任务，其难度、成本都较高。Oracle 可以为出海的中国企业提供丰富的帮助。其对接了两百多个数据提供商，主要集成在 BlueKai 中，包括邓白氏、bombora、Comscore、Visa 等。此外，Oracle 还收购了一些数据商，比如提供美国线下 pos 数据的营销分析公司 Datalogix，以及可以提供品牌方自己客户数据的 Add This。通过这些平台、数据资源并搭配 Oracle Marketing Cloud 的相关组件，Oracle 能够快速帮助企业获得洞察、制定策略、衡量效果。

例如飞书出海过程中，利用 Eloqua 与其所选用的 CRM 的预集成应用，打通了线索到商机的流程；利用与海外直播平台 On24 的集成 App，打通了直播到线索的流程；在营销自动化平台的统一管理下，将收集的线索按质量分拣，流入各自的培育流程，提高了线索转化的效率。

而浙江执御旗下的购物 App 平台 Jollychic，是目前中东地区排名前列的移动电商。在海外拓展的过程中，执御遇到过客户沟通渠道单一、无法满足个性化，以及由于中东文化多样，客户口碑和喜好难以及时了解等挑战。基于 Oracle Marketing Cloud 的 Responsys 云平台，执御全面打通了网页、App、邮件、短信等营销渠道，并针对不同客户用户画像和点击行为以及预设置的高颗粒度数据分析模型，有逻辑地进行下一波营销内容的推广，最终实现了跨渠道沟通和精准的自动化营销目标。

【案例 10】Salesforce：构建营销全流程的云工具生态①

Salesforce 是一家成立于 1999 年的客户关系管理（CRM）软件服务提供商，主要为企业提供服务于销售人员的前端获客、销售人员的品牌与客户管理以及售后服务人员的客户服务环节的辅助性软件。如今 Salesforce 在全球 CRM 市场具有绝对领先地位，有超过 150000 家公司使用 Salesforce CRM 通过加强客户关系来发展业务。Gartner 2019 年公布的数据显示，2018 年全年 Salesforce 的 CRM 板块收入为 94.2 亿美元，市场份额为 19.5%，超过了第 2～4 名 SAP、Oracle 和 Adobe 的总和。

① 赵轩，张泽群，吴殿义．Salesforce：云计算提出者构建的“智能云平台”［J］．国际品牌观察：媒介，2020（11）．

Salesforce 凭借做中小企业 SaaS CRM 起家，此后对 CRM 这一主题进行深化努力，形成了 CRM 的 SaaS 套件。Salesforce 的发展极具探索性，其首创了 SaaS 和 PaaS 理念，经过多方面的尝试，目前的 Salesforce 已不仅仅是一家 SaaS CRM 公司，而且是一家集 SaaS 生态、PaaS 能力，AI 技术和大数据分析为一体的销售、营销、客服全流程平台（见图 5 - 12）。

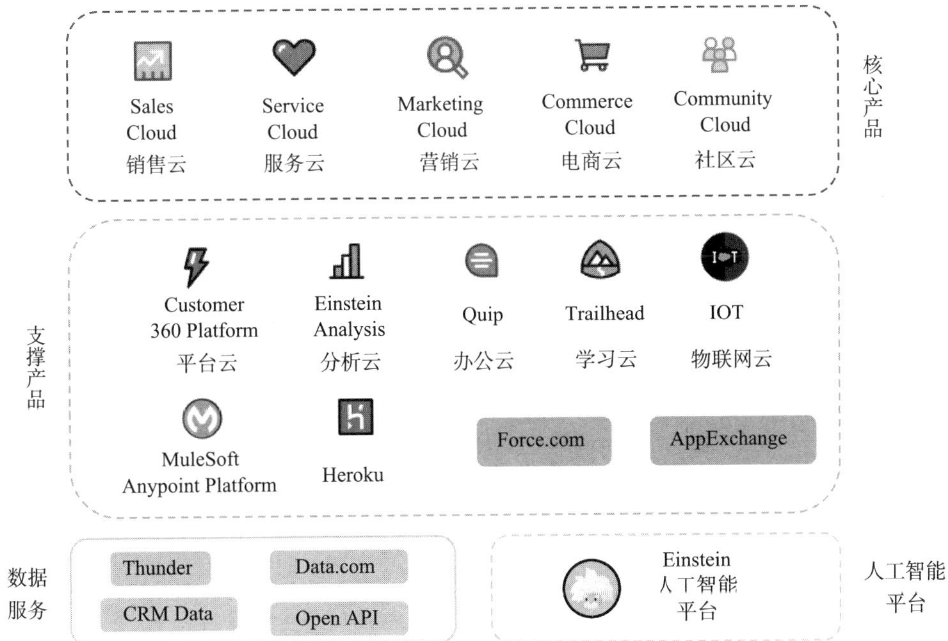

图 5 - 12 Salesforce 产品矩阵

如今的 Salesforce 产品体系趋于完善，从顶层 SaaS 应用到中层 PaaS 开发再到底层数据支撑，以及新兴技术 AI 的赋能，使得 Salesforce 在软件服务行业依旧保持着前瞻者与领先者的地位。

一、产品：构建营销全流程的工具生态体系

在企业营销中，从传播、销售到客服等各个环节、部门均需要便捷可操作的工具，以实现与消费者的链接；同时，考虑到企业需求的多样性，除前端可直接使用的工具外，还需为企业的自主研发和适配提供对应的工具。因此，Salesforce 的产品由 SaaS 和 PaaS 两部分所组成。

（一）SaaS 工具覆盖营销全程

Salesforce 核心 SaaS 产品及功能如表 5－11 所示。

表 5－11　　Salesforce 核心 SaaS 产品及功能一览表

工具名称	功能
Sales Cloud 销售云	AI 驱动下的客户信息管理平台，使销售团队与主管能够主动管理销售渠道，提高销售人员的工作效率 客户和联系人管理：访问关键客户数据（关键联系人、通信历史记录等）、从流行社交媒体网站提取社交数据； 业务机会管理：与团队交易相关的详细信息，交易阶段、产品、竞争、报价等信息； 销售线索管理：通过活动时间轴查看和访问最新联系信息，设置自动化潜在客户评分与路由，跨渠道管理和跟踪广告系列； 销售数据管理：自定义部署分析，利用 AI 进行增强分析
Service Cloud 服务云	针对售后服务人员的智能客户服务平台，从社交、网络、文本、电子邮件、电话、产品、自助服务门户和社区提供全渠道体验 全渠道数字化互动：包含了在线聊天（Live Agent）、移动消息（Live Message）和在线视频聊天（Live Video）这几个实时互动工具，方便客服通过更多数字化渠道为客户提供实时便捷的服务； 现场服务闪电（Field Service Lightning）：该产品可以在电脑端和移动端为客户提供更加个性化和智能的现场服务，适用于服务调度员、现场服务人员和服务经理，可以使派工更加智能，货车库存的使用效率更高，并可提供现场服务所需的知识库
Community Cloud 社区云	创建品牌在线社区，与客户、外部合作伙伴和员工建立联系 客户社区：自助服务门户，建立品牌与品牌忠诚度，客户可访问知识库中的文章来进行自助服务，并可创建支持案例来寻求解决方案，找到客户支持渠道、代理商支持，以及与其他客户讨论问题；可通过设置用户等级、徽章、评分系统与公共排行榜来激励参与，通过集成电商平台，利用社交环境创造新的购买机会； 合作伙伴社区：信息枢纽，可让销售团队和转售商进行协作并访问重要的公司数据，从而促成更紧密的交易；与合作伙伴共享联系人、潜在客户与记录，跟踪和排名合作伙伴绩效，共享可定制仪表板和报告； 内部员工社区：公司员工在内部使用这些文件来共享文档、文件、询问和一起管理工作/项目

续表

工具名称	功能
Markcting Cloud 营销云	用于客户旅程管理、电子邮件、移动电话，数字广告、内容创建、内容管理与数据分析的集成解决方案平台 Journey Builder：B2C 客户旅程管理，通过电子邮件、移动端、社交端、广告及网页等不同渠道创建客户旅程 Email Studio：电子邮件营销管理：创建细分（可联系到 DMP）、自定义模板内容、自动化发送流程 Audience Studio：数据管理平台 DMP：捕获数据、受众细分、接触点管理、发现新目标受众 Mobile Studio：SMS（短信）营销管理：自定义模板、自动化触发、个性化内容、利用地理位置线上引流线下 Social Studio：社交营销管理：监测社交媒体舆情、回应社交帖子、官方内容发布 Advertising Studio：数字广告营销管理：打通数据、跨渠道投放，潜在客户生成与客户获取 Pardot：B2B 自动化营销：客户前景深入跟踪、适用于细分市场和客户群的销售线索培养、销售线索分级与计分、计算投资回报率、与 Salesforce 平台高度集成 Datorama：营销情报平台：连接与统计数据方面，与最大的 API 库集成，使用 AI 灵活连接数据源，跨渠道统一数据；分析报告方面，AI 层面呈现可视化见解、自动显示动态调整与自定义分析；行动层面，通过实时调整广告系列投放以及团队协作以提高回报率 Customer 360 Audience（试验阶段）：客户数据平台 CDP，跨多个团队、设备和系统统一用户数据，创建一个一致的用户 ID，建立有效客户细分，提供安全合规体验，个性化互动，提供跨渠道见解从而实时优化广告系列（使用用户级数据的营销数据库，与 DMP 不同的是，CDP 用来预测下一步最佳行动，而 DMP 则主要是用来扩展相似受众）
Commerce Cloud 电商云	B2C：帮助商家建立电子商务网站，为商家提供跨平台发展业务的平台（移动网络、社交，甚至商店） 统一的全渠道客户体验：零售商可在移动设备、门户网站、商店、社交媒体等渠道为客户提供技术和策略上的服务，客户可以在线购买产品并在商店中退货，在社交媒体上向联系中心的服务代表反馈文件服务问题 B2B：专门为在线购物的企业设计的电子商务平台。B2B 解决方案内置于 Salesforce CRM 平台上，分销商及其买家可以无缝将商业和 CRM 数据结合 简化 B2B 电子商务：可跨设备使用，通过设计快速重新订购、账户层次结构、合同定价、自定义目录等功能简化在线购买，使销售团队实时访问客户数据

https：//garysmithpartnership. com/get – started – Salesforce – sales – cloud/.

细观 Salesforce 的产品布局可以发现，Salesforce 的核心产品涉及营销的各个环节，这有利于 Salesforce 打通全局数据，形成更加紧密广泛的 CRM 服务网络。其中，Marketing Cloud、Sales Cloud 和 Service Cloud 分别对应营销流程中的获客、客户管理和客户服务环节。以营销云（Marketing Cloud）为例，营销云使得企业可以为客户定制个性化的旅程，通过电子邮件、移动电话，数字广告等渠道来进行广告投放，并进行营销内容创建与管理以及数据分析工作。

Marketing Cloud 的成功案例之一是法国化妆品品牌丝芙兰（Sephora）。丝芙兰现在正在使用 Marketing Cloud 来提高客户参与度和提升活动效率。例如，借助 Email Studio 和 Journey Builder 功能，丝芙兰能够更好地利用其庞大的内容库，根据消费者的行为和角色建立个性化的旅程。借助 Marketing Cloud 的 Transactional Message API 功能，能够发送消费者可操作的个性化电子邮件。丝芙兰还通过 Advertising Studio 整合 Facebook 和 Google 等渠道，实现对广告投放的优化。

社区云（Community Cloud）和电商云（Commerce Cloud）则主要帮助企业进行品牌管理，提升运营私域的能力。以 Community Cloud 为例，Community Cloud 帮助企业自定义创建品牌在线社区，从而与客户、外部合作伙伴和员工建立联系，使得企业能够更好地管理私域流量，获得更多的合作机会以及提升企业内部员工的工作效率（见图 5－13）。

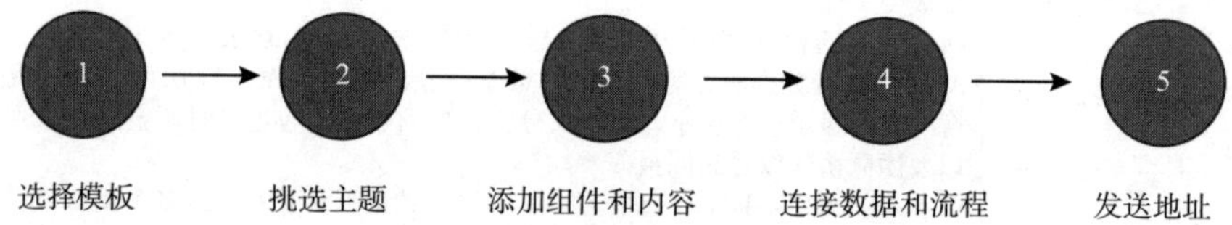

图 5－13 自定义建立网站的步骤

Community Cloud 的案例之一是印度领先的轮胎制造商 CEAT。CEAT 通过部署 Salesforce 社区云，为其庞大的经销商网络构建门户。CEAT 创建了一个自助服务平台，从而在一个门户上实现所有与经销商相关流程的数字化。由于通过门户可以更有效地管理订单，CEAT 的销售额增长了 1.2%。门户所提供的丰富的功能，例如电子索赔、电子目录和保修登记，可帮助他们提供透明一致的消费者体验。

（二）PaaS 开放平台，助力企业自定义营销体系

对企业营销而言，一方面可以使用 Salesforce 已有的 SaaS 工具；另一方面考虑到营销需求的多样化和环境的复杂度所带来的企业个性化的需求，Salesforce 的 PaaS 产品为企业提供了更多的选择空间。

Salesforce 搭建了开放平台，通过一系列的开发工具（如 Force.com、Lightning Platform 等）降低门槛，赋能更多的开发者，进入 Salesforce 的生态中，开发各种企业营销中可能用到的 SaaS 工具，并发布在 Salesforce 的 AppExchange 中。企业可以在这一市场中进行选择，实现即插即用，开发者也可获得相应的分成和

回报。截止到 2020 年 1 月，AppExchange 已包含了 3579 个应用，按热门功能分为金融、人力资源、企业资源规划、销售、客户服务等，价格则有免费、付费以及非盈利组织优惠三种模式。AppExchange 采用的是互惠模式，其一方面吸引独立开发商（ISV）提供大量 SaaS 应用，为开发人员提供了一个支持性的社区平台，还为他们匹配了受众；另一方面也使得其 SaaS 的生态更加多样化，从而能够更好地解决客户的个性化需求问题。

同时，Salesforce 还为企业自主开发提供各种 PaaS 产品。例如 Force. com 是 Salesforce 推出的开发者专用平台，允许第三方开发者在 Salesforce 架构上部署程序。Lightning Platform 的系列产品均为开发人员工具，包括 Lightning 组件、Lighting App Builder、Community Builder 等。Lightning Platform 可以帮助企业以无代码或者低代码方式来自定义产品，比如定制品牌社区、打造个性化电商网站等。

Lightning Platform 的成功案例之一是西南航空（Southwest），西南航空通过自定义应用程序，从而使其管理团队可以实现营销活动的本地化及管理。

二、整合数据，提升智能服务能力

一方面，Salesforce 通过广泛合作，集成了不同来源的数据，服务于企业的营销需求；另一方面，数据与 AI 技术结合，嵌入到了 Salesforce 的各个产品线中，为营销赋能，成为 Salesforce 提供智能服务的重要基础。

（一）数据：面向营销传播、销售转化等不同场景的“准 CDP”

在企业营销中，前端工具有助于帮助提升操作的效率，但工具的准确性、可用性，有赖于对营销环境的全面准确刻画以及对未来可能性的预测，继而对背后的数据整合、打通和计算提出要求。

在数据打通层面，Salesforce 提供了相应的机制，帮助企业建立起统一的消费者的 SFID（也即 Salesforce ID），在此 ID 基础之上实现内外部的数据连接。这又可以进一步划分为两部分，一部分是企业自有数据与外部数据的互通有无，另一部分是企业内部不同部门之间数据的相互补充和参考。Salesforce 实际上正在尝试为企业提供建立 CDP 的各种可能，但考虑到目前接入数据的覆盖面尚不够广泛，且工具也有待丰富和强化，可以称之为“准 CDP”（见图 5 - 14）。

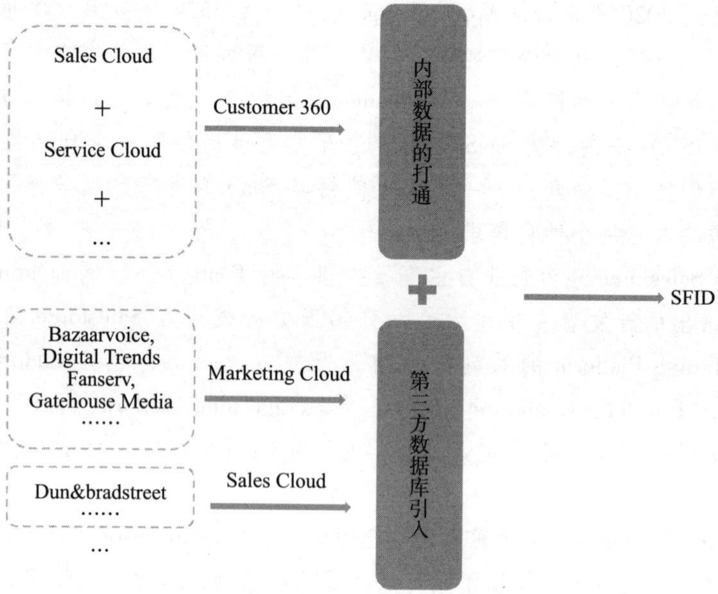

图 5-14 SFID 生成

在内、外部数据的连接方面，Salesforce 通过多种渠道与各类数据资源拥有者建立合作，搭建平台，将其引入数据资源库中。企业可以自主选择合适的数据资源进行购买和应用，按照数据使用量进行付费。目前 Salesforce 在营销云中合作的数据资源提供方主要为各类媒体，媒体方提供脱敏后的用户行为数据。

而在营销云方面，合作的数据资源方主要是邓白氏（旗下拥有穆迪、尼尔森等大型数据公司），双方在2002 年就已建立了合作。邓白氏覆盖超过 2 亿商业信息的海量数据库，收集来自全球多达 200 余个国家和地区、90 余种语种或方言、181 种货币单位的商业信息，对数据更新高达每日 150 余万次。通过与邓白氏的数据合作，Salesforce 的客户可以实现对自身数据的随时更新和扩充。

而在企业内部数据打通方面，customer 360 支持企业将营销云、服务云等的数据基于一定的计算模型，相互调用。

（二）Salesforce Einstein：将人工智能嵌入不同工具板块

Salesforce Einstein 是 Salesforce 采用的人工智能技术，Salesforce 将其命名为 Einstein，并打造了基于 Einstein 真人的 Q 版卡通形象。Einstein 在 Salesforce 产品体系中得到了广泛使用，主要体现在 Sales Cloud、Service Cloud、Commerce Cloud、Customer 360 Platform 和 Einstein Analytics 中，在不同的产品中，Einstein 能根据

场景、需求，实现不同的功能（见图5－15）。

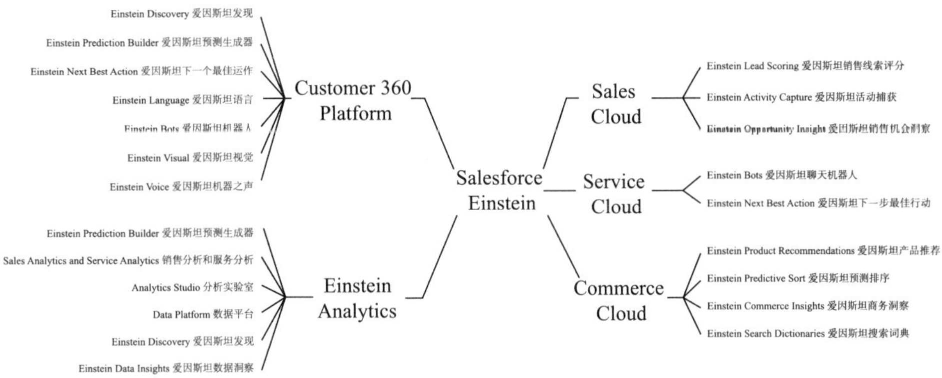

图5－15　Salesforce Einstein 功能一览

在 Sales Cloud 中，Einstein 的主要功能是爱因斯坦销售线索评分（Einstein Lead Scoring）、爱因斯坦活动捕获（Einstein Activity Capture）、爱因斯坦销售机会洞察（Einstein Opportunity Insight）。

在 Service Cloud 中，Einstein 的主要功能是爱因斯坦聊天机器人（Einstein Bots）、爱因斯坦下一步最佳行动（Einstein Next Best Action）。

在 Commerce Cloud 中，Einstein 的功能主要用于 B2C 电子商务平台的搭建上，利用 Einstein 驱动打造个性化的电子商务平台购物体验。Einstein 可以整合与分析来自众多渠道和接触点的数据，通过产品推荐为用户提供高度个性化的产品建议；通过购物篮分析仪表盘来优化客户的产品捆绑、设置与交易，通过搜索词典来确保相关可靠的搜索结果；通过预测排序提高转化率，通过搜索推荐提供个性化提前建议等。

Customer 360 Platform 承载了 Einstein 的基础功能，便于平台搭建使用，包括爱因斯坦发现（Einstein Discovery）、爱因斯坦语言（Einstein Language）、爱因斯坦机器人（Einstein Bots）等。

Einstein Analytics 是人工智能数据分析平台，又称分析云，主要体现了 Einstein 的数据集成与分析能力，具体包括爱因斯坦预测生成器（Einstein Prediction Builder）、销售分析和服务分析（Sales Analytics and Service Analytics）、分析实验室（Analytics Studio）、数据平台（Data Platform）、爱因斯坦发现（Einstein Discovery）、爱因斯坦数据洞察（Einstein Data Insights）。

【案例11】Khoros：社交营销管理工具①

一、社交营销管理的先行者

在客户至上的时代，没有什么是比满足客户期望更重要的任务。这可以适用于企业经营的任何方面，并且在直接与消费者接触的D2C活动（例如营销，客户服务）中尤其关键。不幸的是，在社交营销方面并非所有品牌都吸取了这一教训，客户的体验仍然很差。

有两大原因造成了这样的结果：其一是渠道规模的扩展，企业在越来越多的渠道上发布内容与消费者进行互动，这些渠道既包括自有的官网、客服或电话中心，也包括外部的社交媒体平台。然而企业却无法对其进行有效的整合管理；其二是时间维度的延长，社交营销不再局限于在某个社交媒体上发起一次活动，而是要求企业与消费者进行持续性的、体系化的沟通和互动，建立完整的“传递内容——建立交流——反馈与回应”的用互动机制，但在实际操作中，由于缺少高效的全流程解决方案，企业往往在一些环节处于缺位的状态。

而Khoros的工作就是提供聚合多渠道多平台的社交管理工具，并且帮助企业对各个消费者社交触点进行有效的管理。这家由Lithium Technologies和Spredfast合并而成的公司提供社交媒体营销、在线客户服务和在线社区体验，旨在将孤立的知识转化为企业价值，并将客户转化为贡献者。通过将来自各个部门的消费者洞察联系起来，Khoros使企业能够与它们客户一起开展业务，预测客户的需求并促进销售转化，提升消费者忠诚度和加速企业创新。

Khoros拥有2000多家客户，其中包括52家Interbrand 100（国际品牌咨询机构每年发布的世界百强企业名单）品牌，并在全球设有10个办事处，每天为大约5亿次数字互动提供支持。从帮助企业管理社交媒体到构建在线社区，再到消息传递以及实现数字化的客户服务，Khoros帮助企业在整个旅程中与客户建立起真正的联系。

Khoros首席执行官Pete Hess在一份新闻声明中说：“人们渴望建立联系，而与客户建立真实联系的公司将会蓬勃发展，但这比以往任何时候都要困难。”“这一挑战不仅需要新技术，还需要新的思维方式。自将Spredfast和Lithium合并在

① 胡睿忱，吴殿义. Khoros：社交营销管理工具［J］. 国际品牌观察：媒介，2020（11）.

一起以来，我们一直在努力实现我们的承诺，以使真实全面的参与（engagement）成为可能。”

二、帮助企业整合社交媒体账号，实现高效管理

纵观 Khoros 的所有业务线，虽然有些业务存在交叉，但大体可以分为 Khoros Marketing 和 Khoros Communities 两大业务群。其中 Khoros Marketing 的重心在于整合社交媒体账号，在 Khoros Care 和 Khoros Intelligence 两个工具的支撑下完成对营销活动，数据表现及用户反馈的统一管理（见图 5－16）。

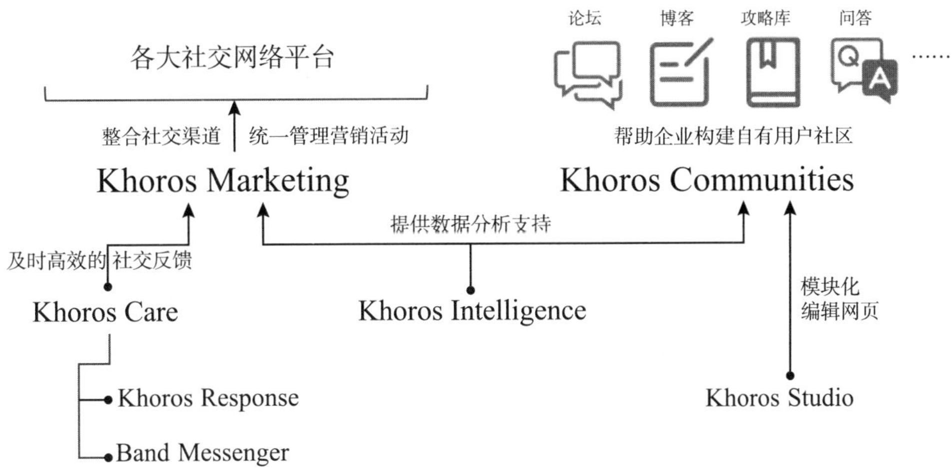

图 5－16 Khoros 的业务体系

（一）整合社交平台，协调团队合作

执行社交营销策略，维系品牌价值，提升运营团队的效率是每个企业在做社交营销时的目标。但当企业需要在不同账号、用户和地区间保持平衡时，这些事情就成为了挑战。根据 Khoros 和 Forrester 联合发布的报告显示，30% 的接受调查的企业表示自己的运作团队有不同的策略和目标并且团队之间从不分享数据或是分享不完整的数据，另外 25% 的企业表示他们就是不知道如何成功地实现团队间的协作和数据上的打通，而这造成了企业的社交营销效果大打折扣。

Khoros Marketing 平台的作用在于它可以将所有社交账号和社交营销活动集合起来统一管理，帮助企业在社交媒体上保持统一的品牌形象。通过该应用，跨品牌、跨地域的各个执行营销团队可以设定统一的营销目标，在应用内实现多社

交平台发布营销内容，并且通过实时的数据反馈以及可视化的报告来获悉不同平台、不同账号、不同内容的效果。

全球最大的演出推广公司 Live Nation 在与 Khoros 合作之前就非常受制于其繁多的社交渠道。该公司拥有325个社交媒体账户，需要为32000多名艺术家的演出活动进行线上推广。另外 live Nation 的社交营销团队采用的是中心枢纽式的工作方法：Live Nation 核心团队创建内容来支持其在美国各地的本地营销人员。但这样的模式造成了很多问题，例如 live Nation 需要每天通过邮件将社交媒体上发布的内容共享，本地营销人员需要自行下载，复制和排版，这导致了工作流程冗长费时。另外，Live Nation 无法得到准确的关于内容和广告效果的数据，这在一定程度上影响了他们后续的营销计划。更严重的一个问题是，分散式的分发使得中央团队和地方团队无法传递一种统一的品牌声音。

现在，Live Nation 中央团队使用 Khoros Marketing 与当地的营销人员合作，在统一的平台上为所有社交账户创建营销计划和分发内容。借助 Khoros Marketing 的分发功能，Live Nation 中央团队可以将内容直接推送到本地营销人员的日历中。然后，本地营销人员可以原样发布，也可以对其进行二次编辑，以适合本地的日程安排或市场需求。Khoros Marketing 极大地简化了他们的协作，提高了效率，并为他们提供了对内容表现的可视化分析，同时使得 Live Nation 能够跨渠道构建一致的品牌形象。

（二）实时数据分析，指导优化营销活动

营销人员总是希望能够利用社交媒体上的相关数据来帮助他们调整营销计划，但市面上的数据分析工具往往非常复杂，需要花费大量时间掌握并且费用十分高昂。同时，社交媒体上互动行为的转瞬即逝缩短了数据的“保质期”，并且要求营销人员更加迅速地完成响应。

在这样的背景下，Khoros Intelligence 应运而生。Khoros Intelligence 是 Khoros 为营销者开发的社交媒体研究工具，它提供了更多丰富的社交媒体分析维度，用以补充 Khoros Marketing 中数据分析模块的不足。通过提供实时且可回溯的数据服务，Khoros Intelligence 从不同方面助力社交媒体分析。首先是营销活动优化层面，Khoros Intelligence 可以生成关于内容表现和市场的相关洞察，帮助企业在正确的时间在正确的社交渠道上做出正确的决策。其次是竞品分析层面，该工具可以跟踪竞品公司的社交活动来避免雷同，保证构建差异化的品牌形象。最后是对受众群体的分析，通过人群画像的分析让企业更加了解自己的受众，有计划地扩展受众群体。

（三）整合社交反馈，快速回复及时响应

与消费者建立有效的沟通是企业想要在如今的市场环境下收到回报所必须做到的事情。当消费者评估一个品牌的时候，他们非常注重及时且有效的沟通体验。在品牌偏好上同样遵循着这样的逻辑，消费者最喜欢的品牌往往是那种在个性化，便捷性方面表现突出以及在多渠道能够给予消费者快速反馈的品牌。因此，企业也知道他们需要在与消费者沟通和了解消费者需求的方面做得更好，进而能够促进销售并且让顾客更加开心和满意。

然而在实际操作中，存在着许多难以克服的困难。例如由于消费者需求所带有的复杂性，不仅产品本身的问题会引发对话和互动行为，并且任何一场营销活动同样会引发消费者的疑问，然而企业很难保证自己能够及时有效地处理这些意料之外的问题。另外，如何对众多社交平台和渠道进行统一的管理也是一个难题，客服团队很难同时兼顾多平台的请求。

针对这些问题，Khoros 推出了 Khoros Care 业务线，而围绕着这条业务线又有 Khoros Response 和 Brand Messenger 两个细分的工具。其中 Khoros Response 的主要作用是能够帮助企业管理各种可能与消费者发生会话的触点，让客服工作人员在一个平台内同时管理来自社交软件、自有 App 和用户社区的各种信息，包括咨询、投诉等。它可以将顾客的资讯反馈到对应负责的客服人员面前，并且通过对顾客进行优先级划分，确保最重要的会话先被处理。另外 Khoros Response 还兼具舆情监测的功能，它能够实时监测社交媒体上的内容，主导情感和反复提及的关键词，以确保客服团队能够及时发现隐藏的危机并采取及时有效的措施来保持顾客良好的体验。而 Brand Messenger 则是一个企业专属的聊天通信软件，它可以嵌入企业网站或者移动应用程序中，为消费者带来全新的互动体验，消费者可以在一天中的任何时间通过任何设备轻松地与企业进行联系。另外通过单击唯一的 URL，可以对消费者进行身份验证并将其转移到品牌专属消息通道中来解决他们的问题，使得整个互动过程更加私密且安全。

MoneyGram 是一家总部位于美国的国际汇款公司，良好的客户服务一直是该品牌的核心卖点。但是随着近年来社交媒体的流行，该品牌已有的客户和潜在客户更多地会在社交网络上提出问题、投诉和反馈，但 MoneyGram 的客服并不能覆盖线上这一领域。另外作为汇款公司，MoneyGram 往往需要帮助他们的客户解决潜在的欺诈和隐私问题，这也要求其客服团队必须要能够与消费者快速建立联系，时刻解决他们的疑虑。因此，提升及时性和有效性是其数字客户服务团队的首要任务。他们还希望通过让客服团队直接在客户喜欢的社交媒体上互动来减少

响应时间并简化零散的客户服务流程。

由于这些痛点的存在，MoneyGram 决定运用 Khoros Care 来补足他们的短板。如今通过 Khoros Care，MoneyGram 的客服团队不仅能够直接快速地响应社交媒体上的用户咨询，将每一次与消费者的直接接触转化为品牌宣传，还能够与营销团队实现目标战略和数据层面的信息共享。MoneyGram 客户服务部不再将自己视为“呼叫中心”，而是将部门重新定位为“联络中心”，通过各种不同的渠道与客户进行交流。

三、助力企业运营自有社交渠道，打造有粘性的用户社区

毋庸置疑，为用户提供良好的互动体验将是企业间角力的下一个战场。除了各种社交平台上传递品牌的声音，企业同样需要加强对自有社交渠道的运营，因为与获得新客和品牌宣传相比，从长远来看，满足已有用户的需求、维系品牌忠诚可能是更重要的工作。然而在现实中，许多企业的用户社区却是“名存实亡”，它们缺少高质量的 UGC 内容和互动分享的氛围，企业也缺少数据工具对社区内的互动行为进行量化分析，无法对品牌打造和提升用户体验起到正向效果。在 khoros 与 Forrester 出品的报告中也印证了这一点，90% 的受访企业表示自己有一个或多个能够让消费者进行提问、互动和寻找信息的社区，然而只有 11% 的受访消费者表示自己真正获得了这些体验。

为此，Khoros 开发了 Khoros Communities 产品。Khoros Communities 将企业和品牌的网站转变为一个能够发起对话的社交场所。通过互动与消费者建立深厚的关系并中获得收益，从而增加销售额并降低客服成本。目前 Khoros Communities 已服务了全球 400 多个最具标志性的品牌，其功能及服务特点如表 5-12 所示。

表 5-12　　Khoros Communities 的功能及其服务特点

功能 & 特点	具体介绍
Forums 论坛	创造一个可供企业、热心消费者互动的平台
Blogs 企业博客	通过发布的内容和评论来为社区引流
Tribal Knowledge Base 攻略库	将来自雇员和消费者的产品使用经验组合成容易理解的攻略性文章
Q&A 问答	招募企业的超级粉丝来增加销售转化率并通过相互回答问题的方式减少客服成本

续表

功能 & 特点	具体介绍
Profile Plus 千人千面	按照每个用户的兴趣点来创造个性化的浏览体验
Contests 竞争机制	在线上社区建设时引入竞争机制，鼓励消费者分享具有启发性的使用体验
Ideas 共享智慧	让用户能够提出自己关于产品的想法，进行投票选择或者评论，以推动品牌创新
Gamification 游戏机制	通过声望点、勋章和特权等游戏化的机制深化互动
Media 宣传功能	捕捉那些吸引眼球的照片或者视频来吸引更多站外流量，创造一个在视觉上更吸引人的社区

Khoros Communities 能够帮助企业在网站上建立多种内容的互动形式，包括用户论坛（供用户之间讨论）、品牌博客、产品攻略库和 Q&A 板块等。同时会将游戏和竞争机制引入社区中，用户可以通过等级等其他信息了解到自己的活跃程度，进而有兴趣不断投入互动当中。此外，Khoros Communities 还有 Khoros intelligence 作为数据分析支撑，Social Intelligence 的强大功能使企业能够评估所有交互方式的表现，参与度和内容。它还可以帮助确定所有交互方式中头部用户（top user），影响者（influencer）和贡献者（contributor）。而另外一个小工具 Khoros Studio 可以帮助企业模块化地编辑社区，省去了网站编程的繁复工作。

索尼欧洲公司与 Khoros Communities 的合作就是一个很好的例子。索尼欧洲公司是消费电子巨头索尼公司在英国的销售部门，其线上论坛已经经营了 12 年之久，这个名为“欧洲索尼电子公司”的论坛的主要功能是帮助客户解决技术问题。但是，索尼欧洲公司有一个更大的愿景：他们希望建立一个充满活力的用户社区，通过更多用户生成的内容来促进彼此间的相互交流。索尼欧洲公司还希望在该用户社区中为其公司博客、官方教程和 workshop 信息创建一个单独的展示位置，以帮助他们从产品和服务中获得更多收益。他们还希望上线一个线上照片集，使摄影爱好者可以分享自己的成果并参加摄影比赛。

抱着这些期待，索尼欧洲选择 Khoros 为其操刀社区建设。通过 Khoros Communities，索尼欧洲可以使用不同的内容类型、开发者工具和分析指标来调整和衡量其战略目标。借助由 Khoros Communities 提供的灵活多变的内容互动形式，他们能够创建引人注目的照片集，并且在网站设计上遵循索尼一直以来的简约风格，使访客不会产生违和感。

在 Khoros Communities 的帮助下索尼欧洲的品牌社区取得了显著的进步，他们的搜索量超过 700 万次，帖子近 7000 条，每月生成 1400 个新主题。用户群体增长到近 1000 万，销售额达到 3300 万欧元。在与 Khoros 合作之前，用户生成的内容占 80%，现在达到了 99%，成功达到了他们计划中的重要一步。

第六章

新趋势之三：营销内容的精细化运营

作为与消费者沟通品牌信息的主要载体，营销内容在行业的不断探索下逐渐表现出更多潜能。通过硬广、植入、冠名等方式，品牌可以借助广覆盖的媒介与内容资源打造强曝光；而与不同圈层的特性结合，以自制剧、KOL软文等内容形态进行营销，品牌则可实现与圈层消费者的深度沟通；同时，内容与电商结合，通过嵌入、铺设转化路径的形式，企业还可通过优质、有价值的内容吸引转化。强曝光、深触达与快转化，内容在营销中的价值与责任愈加凸显。

在企业综合诉求的推动下，营销的内容运营已经不能只是盲目追逐热点带来的一时热度。缺乏连贯的、成体系的、统一内核的内容沟通，既无法实现传播效应的累积，也无法完成与消费者的深度链接。因此，营销内容要与消费者持续沟通、深度互动才能实现品牌信息的入脑入心。

这种与消费者持续沟通、深度互动的机制要求营销内容的运营走向精细化，能快速创作、有效分发以便应对大量的沟通需求；根据消费者的沟通反馈对内容进行实时的优化和调整，从而实现深度互动（见图6－1）。

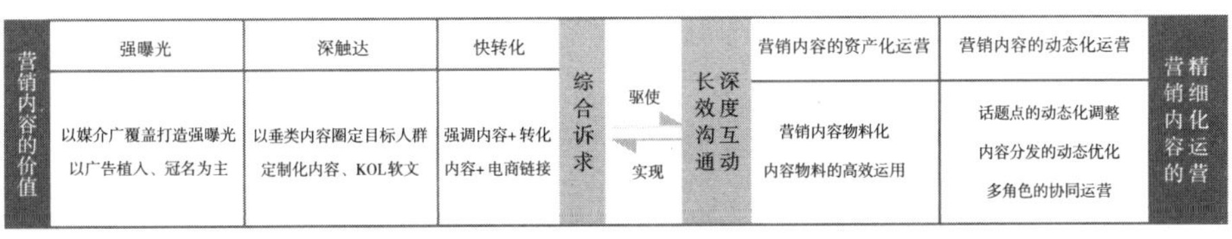

图6－1　营销内容的精细化运营

第一节　营销内容的资产化运营

一、营销内容创作和分发的高效运行需要资产化运营思维

一方面，面对复杂的营销场景、碎片化的触点和个性化的消费者，营销沟通

中所需要的内容类型、数量越来越多；另一方面，包括 KOL、经销商等越来越多的角色参与到营销活动的内容运营中来，呈现出多样化、分散的态势。原本针对单次活动、单个平台分别进行“创作—分发”的营销内容运营流程效率低下，无法应对大量的内容需求，同时也难以实现不同主体、多处并发的内容运用。

因此，营销内容的运营需要从底层改变，通过建设内容物料库，并辅以快速创作、有效分发的能力，才能快速响应多主体的创作分发需求，最大化营销内容的价值，实现资产化运营。

为此，行业中已经开发出一些具体的营销内容资产化运营的应用工具，如特赞、筷子科技就专门针对营销内容资产化运营，设计技术和产品体系（见图 6 – 2）。

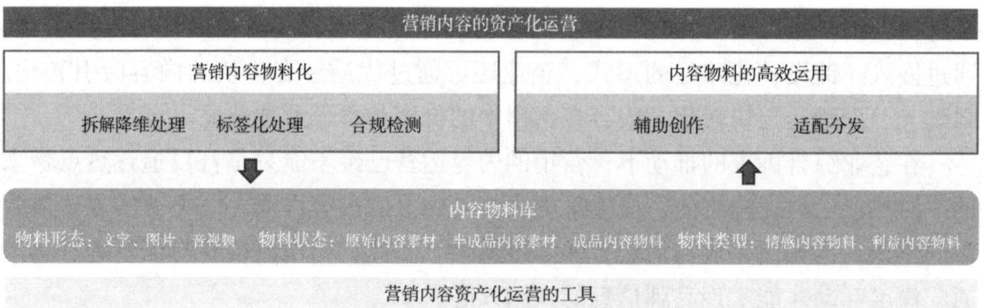

图 6 – 2　营销内容的资产化运营

二、营销内容的资产化运营 = 营销内容物料化 + 内容物料的高效运用

每一次的营销活动都会通过多样的创作主体产生大量的营销内容，如果能将其物料化，即“降解”成可用来再生产“营销内容产品”的“原材料”，再通过高效的“生产”及“物流”过程，不断创造出新的营销内容并在合适的场景下分发至合适的人群面前，不仅能提高营销内容创作与分发的效率，还能实现营销内容的多次利用，进而完成资产化运营。

（一）营销内容物料化

为了最大化各类营销内容的价值，将其变成可以灵活运用的内容物料是一步必要的处理过程。一方面，要按照不同需求将营销内容拆解降维处理，拆分、细化成颗粒度更小的元素，以便再创作时的快速组合；另一方面，还需要对营销内容进行标签化处理，通过对营销内容特性加以不同维度的描述和刻画，为入库的营销内容打上合适的标签，方便创作人员快速便捷地搜索和取用；此外，还需要建立一套科学的内容合规检测系统来避免内容物料使用和创作中的侵权和违法风险，以保障营销活动的顺利开展。

通过内容物料的持续处理及沉淀，可以形成一个综合多元的内容物料库。这一内容物料库从物料形态来看，包括营销活动中产出的文字、图片、音频、视频等各类素材；从物料状态来看，主要可以分为收集的未加工的原始内容素材，如拍摄的视频片段、在创作过程中生产的碎片化的各类半成品内容素材，如企业标识、人物形象，以及用于营销活动的成品物料；从物料类型来看，包括增强与消费者的粘性与连接的情感内容物料和直接推动销售的利益内容物料。企业营销人员及其他合作者可以根据需求灵活取用，提高内容运营效率（见表6－1）。

表6－1　　部分营销内容的资产化运营工具概览－1

营销内容资产化运营		具体功能描述	应用工具	企业类型
营销内容物料化	拆解降维处理	使得内容物料降维至元素级别：如对长视频进行拆条处理，对图片内容拆解成不同元素如 Logo、文案、明星元素、产品元素等	筷子科技—人工智能创意平台 Adobe—数字资产管理系统 Oracle—Intelligent Content Platform 特赞—T. Assets（创意资源管理） Adobe—数字资产管理系统 弋关科技—Marketin Content Hub	第三方
	标签化处理	从内容风格、内容设计框架、内容创作者等不同维度对内容物料进行智能化标注		
	合规检测	检测内容资产是否超出使用期限以及是否有违法侵权的风险		

（二）内容物料的高效运用

将营销内容物料化以后，还需要在快速创作与分发能力的加持下，对内容物料进行高效地运用，才能实现营销内容的增值。

一方面，针对营销活动中大规模、多样态内容的创作难题，营销需要能灵活地取用合适的内容物料，快速生成可以匹配不同人群、不同点位、不同媒体、不同场景的营销内容；另一方面，还需要将生产出的营销内容进行高效分发，通过对不同媒体资源、社交账号、合作机构与人员的连接与整合，实现内容的高效匹配、一键分发，简化多平台、多点位、多账号的分发流程，减少机械化的重复操作（见表6－2）。

表 6－2　　　　部分营销内容的资产化运营工具概览－2

营销内容资产化运营		应用工具	具体功能描述	企业类型
内容物料的高效运用	辅助创作	筷子科技—人工智能创意平台	元素自动重组 模板化创作 尺寸扩展	第三方
		Adobe—内容管理系统	尺寸扩展 模板化创作	第三方
		特赞—T. Dynamic（智能创意生成）	支持创意内容智能生成、优化、延展 图像动态生成、视频动态生成、落地页动态制作	第三方
		弋关科技—Marketin Content Hub	模版、批量创建内容	第三方
		腾讯广告—投放管理平台	快速智能制作图片 落地页制作 视频模板化制作	媒体方
		腾讯—珠玑（AI 智能营销写作引擎）	选题洞察、全自动生成营销长文	
		百度—百灵创意中心	图片模板化制作，图片去白边、消除印记 视频模板化创作 互动图制作 文案智能生成	
		阿里巴巴—阿里创意	图片模板化制作：文案智能生成、智能抠图 短视频模板化制作 落地页模板化制作	
		今日头条—巨量创意	视频制作：模板视频、微电影制作、视频编辑器、拍摄创作 落地页制作：落地页模板、程序化落地页 图片制作：模板制图、批量制图、一键抠图、手动制图	
		Wochit 智能视频创作平台	基于 AI 快速批量制作视频内容	第三方
		EA Sports 游戏公司——Giferator 程序化创意工具	快速生成创意 Gif	企业自建
	适配分发	筷子科技—人工智能创意平台 特赞—T. Engage（智能创意分发） 弋关科技—Marketin Content Hub	一站式对接优质分发渠道和媒体内容平台 系统自动维护，自动分发	第三方
		Khoros	社交媒体账号的一站式管理与内容分发	第三方

三、营销内容资产化运营的工具

基于营销内容快速创作、高效分发的需求，企业、媒体、第三方技术公司都做出了自己的探索，并开发出一些具体的应用工具。通过算法、算力与数据的支持，这些应用工具呈现出明显的自动化、智能化的特征，比如在营销内容物料化方面，这些工具可以实现智能打标、智能合规检测；在辅助创作方面，大多数工具都提供了元素的自由组合、尺寸的自动扩展功能，并且集成了海量的创作模板以便使用者自动化地创建所需的图文、视频、落地页内容；在适配分发方面，可以一站式对接不同分发渠道，实现智能分发，极大地提高了内容运营效率。

如百胜建立营销资料图书馆，提升营销物料应用价值。整个百胜集团一年TVC200条左右，视频物料、平面元素等只在各个窗口期拍摄完就用一次，无法让它再次发挥作用。为了提升营销物料的利用率，发挥其最大价值，百胜自建营销资料图书馆，将生产的内容物料入库管理，以便于快速支持之后的营销活动的开展，极大提高了营销效率（见图6－3）。

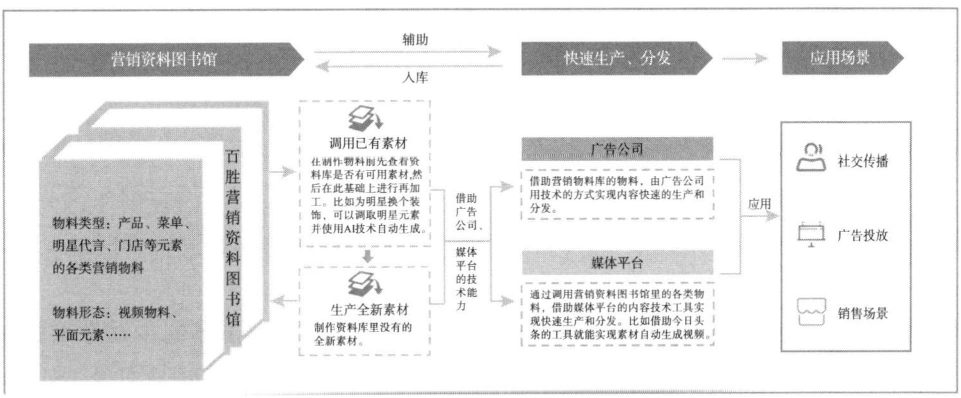

图6－3　百胜建立营销资料图书馆，提升营销物料应用价值

美赞臣则借助腾讯珠玑—AI自动化写作引擎，提升内容营销效能。借助腾讯珠玑的对品牌关键词库和行业优质内容库的深度学习、大数据洞察等能力，美赞臣能够快速完成内容选题、自动生产、智能分发等营销操作。经多平台的测试投放，部分内容在数字营销上的表现甚至是人工输出内容的两倍，大大提升了美赞臣内容的营销效率。

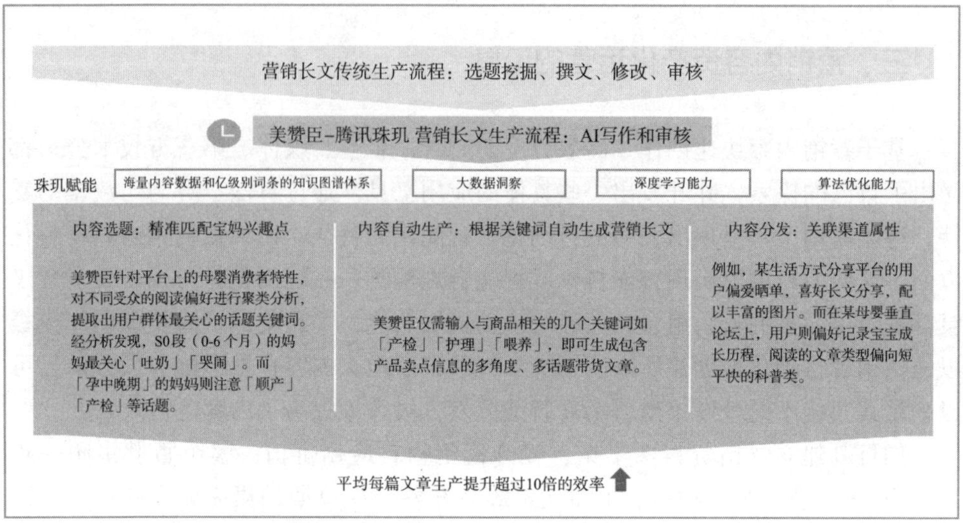

图6-4 美赞臣借助腾讯珠玑—AI自动化写作引擎，提升内容营销效能

第二节 营销内容的动态化运营

一、内容运营由线性静态转向循环动态

在传统的营销活动中，营销内容的运营往往是采取一种从内容创作、分发到效果监测的线性操作，很少在一次营销活动的进行中对内容进行即时地动态调整。

然而在新的传播环境下，消费者、KOL、经销商等各类主体的主动性增强，都能参与到营销传播活动中来，并时刻影响着品牌的话题走向与传播效果，如果不积极地寻求反馈并对营销内容进行实时动态地调整，可能会出现难以掌控的局面或错过新的沟通机会。

在这种复杂的营销环境下，线性静态的内容运营流程已经无法很好地完成营销目标，需要对营销内容进行循环动态的运营，不断地根据营销内容沟通的效果监测对内容的创作与分发进行优化，实现“创作—分发—监测—创作”过程的反复更迭，同时在营销内容的运营中，灵活地运用多角色协同内容创作与分发。我们将这一过程称为营销内容的动态化运营，包括话题点的动态调整、内容分发的动态优化以及多角色的协同运营三个维度（见图6-5）。

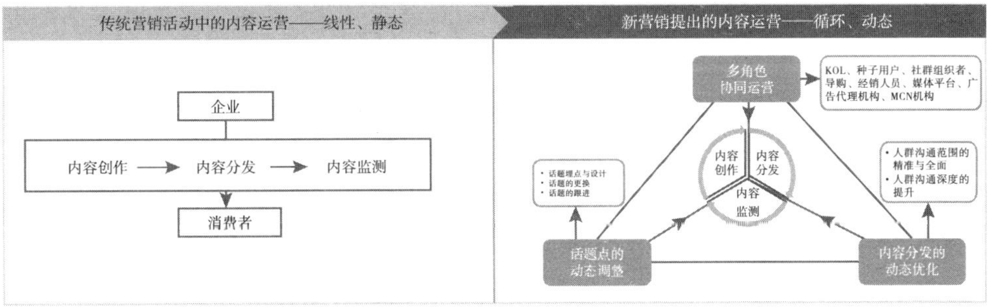

图 6－5　营销内容的动态化运营

新观点

● 过往内容的运营维护是在每波活动结束后，汇总监测数据，评估分析后，为下一次同类型的活动做优化参考。但现在面临的环境变了，需要我们在传播过程中实时动态地判断内容引发的舆论导向，并随时做调整或发酵。

——百胜中国媒介共享服务总监[①]

● 游戏和电竞给到我们特别大的启发，做内容要注重互动。不是一个内容扔出去就行，你要去想是要有故事的，把他带进来跟你一起互动起来。最后图的是观众“爽”，而不是老板“爽”。

——传立创新内容董事总经理[②]

二、营销内容动态化的策略

（一）话题点的动态调整

在营销内容的动态化运营中，对话题点进行动态调整非常必要。营销通过对话题点的动态调整，不断引入消费者参与内容共创，扩大内容传播势能。

① 陈苏城，周艳．肯德基中国：快餐巨头的创新营销驱动战略［J］．国际品牌观察．媒介，2020（5）：34－41.

② 吴倩，周艳，龙思薇．激发内容生命力——专访传立中国创新内容董事总经理王柏麟［J］．国际品牌观察．媒介，2020（5）：53－56.

一方面，在营销活动开展前，有意识地对可能引发消费者讨论的相关话题进行设计与埋点，在一定时间范围内接连引爆，从而保持品牌及产品讨论的长期热度；另一方面，根据内容的沟通效果，营销需要及时更换掉无法吸引用户互动的沟通话题；此外，营销应当密切关注内容分发之后的话题的讨论走向，挖掘消费者关注的新的兴趣点，创造新的相关内容来跟进沟通，形成与消费者“对话”的态势，通过及时和恰当的回应加深与消费者的链接（见图6－6）。

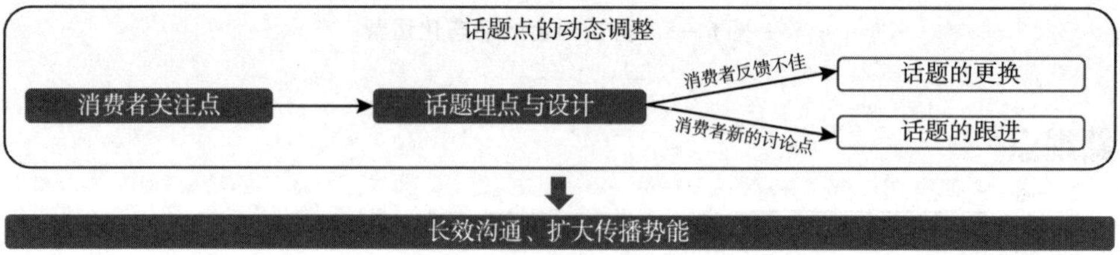

图6－6　话题点的动态调整

（二）内容分发的动态优化

在制定营销传播策略时，应当根据不同消费者与内容的互动情况，通过程序化投放、KOL组合以及会展活动等方式不断调整，从而提升营销的效率及效果。

首先，对内容分发的动态优化体现在对沟通人群范围的优化。一方面，随着沟通的进行，根据消费者与营销内容的互动反馈，通常需要在较为宽泛的群体中挖掘出最容易被该类营销内容打动、互动率最高的消费者群体，将沟通人群逐渐精准化；另一方面，可以根据筛选出的对品牌感兴趣、粘度高的优质消费者，将其人群特征进行重定向，通过lookalike的方式找到有类似特征的其他人群，扩大投放与沟通范围。

其次，内容分发的动态优化还意味着沟通深度的优化。根据消费决策行为中的不同角色需求，分别创造出合适的内容进行沟通。根据不同人群与内容的互动情况，如是否点击、是否进入企业官网/App等落地页了解详情、是否产生主动的问询互动等，综合判断其所处的沟通阶段，并推送进一步的内容与其进行更深度的沟通，以促进人群的快速转化（见图6－7）。

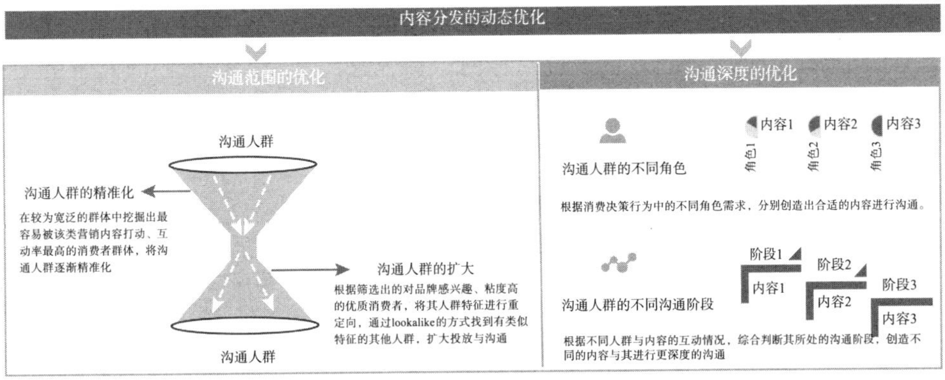

图6－7　内容分发的动态优化

如德凯威服务思科2B营销，以针对性内容沟通各决策阶段不同角色人群，促进购买旅程进阶。作为主要服务2B客户的营销服务提供商德凯威，针对2B客户决策周期长，参与角色多的购买模式，形成了自己的一套方法论。以客户思科的营销活动为例，思科的客户主要分为三类角色：技术人员（影响者），技术总监及以上（决策者），以及CMO、CFO等实际最终用户（使用者）。针对处于不同角色、不同决策阶段的客户，德凯威会进行有针对性的沟通，促进客户购买旅程的进阶（见图6－8）。

沟通人群	内容需求	沟通阶段	沟通内容
影响者：技术人员	产品如何部署；技术上如何实现；功能如何	品牌认知阶段 → 考虑评估阶段	行业性内容 → 评测内容、成功案例、信息图、产品手册、产品视频等
决策者：总监及以上	商业成功案例 如其他企业运用产品提升业绩，或行业地位	品牌认知阶段 → 决策阶段	行业性内容 → 商业成功案例
使用者：CMO、CFO	产品的功能效果 如带来工作效率的提升	使用阶段	针对使用中遇到的问题提供解决方案

图6－8　德凯威服务思科2B营销

（三）多角色的协同运营

KOL、种子用户、社群组织者、导购、经销人员、媒体平台、广告代理机构、MCN机构等各种角色出现在消费者生活的各个场域，并且以各自的能力与资源对消费者产生不同的影响。因此，新营销应当调动各方角色参与到内容的动态化运营中来，根据不同角色带来的曝光、触达、引流、转化等能量，在不同阶段、不同场景联动适合的力量进行内容创作和分发，充分发挥他们的营销潜力，实现营销效果的承接与累积。

如宝沃汽车联动多角色力量打响“双11战役”的案例中，可以分为四个步骤进行拆解，从中能够看到多方角色的协同传播。

第一步是明星代言人微博官宣+KOL扩散+粉丝自发传播，助力品牌曝光。

第二步在2019年10月16日晚，宝沃汽车联合代言人在多平台开启直播卖车活动。两个半小时，用户累计预定宝沃汽车1623台，订单金额达2.2亿元，打破2019年度整车厂商直播预定量新纪录。在这一环节，代言人为“双11”活动预热，实现转化。

第三步则是11月7日－10日期间，宝沃汽车在杭州、重庆、成都、长沙等全国百余座城市参加车展，提前为“双11”购物节造势。

第四步以拼多多平台作为“双11”主战场，11月11日零点起，宝沃汽车联合拼多多开启“双11”优惠活动，5分47秒售出500台，订单金额突破7500万元。

【案例12】传立中国：激发内容生命力[①]

作为与消费者沟通的重要媒介，内容一直是营销环节中必不可少的要素，而在媒介碎片化、消费者粉尘化的今天，如何抓住消费者的眼球，并与其实现有效沟通甚至引起转化，做好内容显得尤为重要。

传立中国深谙内容之道，一直深耕于内容营销领域。从2014年创立“content+”团队，传立在互动娱乐与年轻文化两大加速器的加持下，建立了IP泛娱乐营销体系，除了继续挖掘综艺节目的营销价值洼地，传立也建设性地开辟了游戏IP和直播营销新领域。近年来，多个世界头部游戏IP的首次大型跨界合作，均由传立操刀，并打造了不少具有行业影响力的案例，近两年内获得超过国际、国内一百余项行业头部奖项。

一、营销内容创作：精品化与个性化两线并重，坚持硬核真实

内容营销首先要考虑的一点就是创作什么样的内容与目标消费者沟通，内容

---

① 吴倩，周艳，龙思薇．激发内容生命力——专访传立中国创新内容董事总经理王柏麟［J］．国际品牌观察：媒介，2020（5）：53－56.

本身关系着是否能击中消费者的真实需求和情感，是吸引转化的第一要义。在对营销市场的把握和消费者的深度洞察之后，传立团队秉持两大内容创作原则：一是精品化与个性化内容并行，二是坚持硬核真实的内容创作调性。

（一）立足消费者兴趣点，并行精品化与个性化内容

在当下的营销环境中，内容营销有两条路径，一条是主流化、精品化的内容创作，比如综艺赞助、电影植入等由专业机构经过长期的精心策划而打造出来的内容；而另一条路径是依托于各类社交平台发展起来的PGC和UGC，企业与其合作，使其结合自身特点与品牌宣传需求而创作的个性化的内容。这两类内容各有特点，或者适用于增强曝光或者可以深化品牌的触达，有的则更加适合带货与促进转化。

对于传立而言，这两类营销内容的应用并不是非黑即白的关系，而是应当立足于消费者洞察，并驾齐驱。“做什么样的内容，需要探索消费者的新的文化、新的审美、新的生活方式，在怎样的内容里更能产生情绪能激发行动，更容易产生爽感、痒点或者击中痛点，那么通过互动和体验增加营销机会。这才是通过内容去做营销增长的生命力”王柏麟先生如是说。

毋庸置疑的是，品牌倾向于追求头部的资源，比如某些品牌会耗资上亿资金去竞标一个节目。但是当下市场环境形成的居高不下的价格链条，迫使行业开始转换思路另辟蹊径，探索新的内容形式，与达人合作、发动员工创作内容等成为新的传播阵地。例如欧莱雅的CEO、品牌总监开始直播卖货，肯德基也开始与李佳琦合作尝试直播形式，这样的新的带货模式确实在某些品类、某些营销场景下发挥着作用，但也不能将直播视作万能的形式，要不停地尝试新故事而不是新折扣，找准恰当的情感切入点。

媒介环境瞬息万变，消费者偏好的内容也不断更迭，唯有保持灵敏的营销嗅觉，找到目标消费者的兴趣点，不断地调整与其沟通的内容形式才能激发内容的生命力。

（二）拒绝“假大空”，以硬核真实对话年轻群体

伴随互联网一同成长起来的青年一代已经逐步成为消费的主力军，他们真实不做作，敢于表达自己的看法，相较于颜值外在，他们更关注背后的实力，同时，他们乐此不疲地追求属于自己的兴趣圈层并有着特定的沟通语言。面对这一类年轻群体，以往的沟通手段已经不能引起他们的共鸣，只有真正读懂他们的文化，借助“硬核真实”的内容才能走进他们的内心世界。

传立中国十分注重与年轻消费群体的沟通，尤其在其主推的游戏营销领域，他们所要面对的是尤为“硬核”的游戏玩家，所以在做内容营销时，无论合作深浅，传立的内容营销团队都拒绝“假大空”的玩法，而是坚持用年轻人的生活体系“抖真料”。除此之外，团队会更多地汲取公司新人、身边年轻人的新鲜想法，通过这种途径获知当下的流行元素，并站在年轻人的角度上考虑如何将品牌诉求转化成合适的营销语言。

“有些品牌强调热血、飞翔、必胜的调性，但是如果没有真实内容的支持，就容易流于空洞，并且伴随一次危机，人设就都会崩塌，所以还是需要真实多元，才会使人设立得长远，但做到这样需要更高的技巧”，王柏麟先生说道。

基于硬核真实的内容创作原则，传立在为肯德基的咖啡产品进行策划时，甚至在没有电竞比赛热点的休赛期开创性地“截和”世界冠军选手转会的话题，以世界冠军选手的手印牵手，将咖啡杯产品作为圈层经济里的“硬核”社交货币，激发玩家粉丝成为咖啡会员，为肯德基咖啡带来突破性销量。

二、营销内容运营：秉持互动性与动态化原则

在关注营销内容本身的创作之外，营销人员还需要考虑如何设计和运营内容才能让内容持续不断地焕发生命力，延长内容的价值链条，从而让消费者从被动接受的“audience”变为主动参与的“partner”，真正地建立起与目标消费者沟通的桥梁。对此，传立提出了两个操作原则，一是互动性，即内容设计要激发互动；二是动态化，即动态化运营内容。

（一）营销内容融入互动元素

互联网技术和终端设备的快速发展催生了一个互动化的世界，在这个世界里，个性化的消费群体不再是被动接受的靶子，他们渴望平等的沟通与及时的回应，因此，品牌在设计营销内容时也需要加入互动性的元素，以此吸引消费者的参与，使其沉浸其中，提升转化的可能性。

“游戏和电竞给到我们特别大的启发，做内容要注重互动。不是一个内容扔出去就行，你要去想是要有故事的，把他带进来跟你一起互动起来。最后图的是观众‘爽’，而不是老板‘爽’。”这是王柏麟先生在多年的内容营销实战中获得的心得体会，也是传立在为客户策划内容营销活动时始终秉承的原则。坚持从消费者的物质和情感需求出发，挖掘激发消费者积极参与的互动元素，从而拉近品牌与消费者的距离。

传立为百事打造的春节互动微电影便是一个带动消费者一同玩起来的案例。延续百事春节“把乐带回家”的IP主题，在2020年春节期间，传立为百事策划了“把乐带回家”贺岁系列短片《家有一宝》，此次的微电影不但有新的故事、新的元素，百事还特意为鼠年春节打造新年限量生肖罐，金色和蓝色的罐身上印满了不同造型的吉祥物“乐乐”。除此之外，最让人眼前一亮的就是在形式上的创新，基于从游戏营销中积累的玩法，传立移花接木般地将游戏互动元素与传统广告视频巧妙结合，将微电影升级成互动视频。观众通过不同选择与吉祥物“乐乐”互动，既可以解锁剧情也可以获取惊喜福利，极大地提升了用户参与的积极性。互动视频形式让贺岁短片具有可玩性和新鲜感，不但能吸引年轻用户的注意，还能让用户在参与中感受品牌传递的乐趣。

然而，要完成一支互动视频并不简单，除了内容策划还需要强硬的技术实力做背书。对于百事互动视频涉及的技术问题，传立主要借力于市场上优秀的技术供应商完成后端配置到前端的呈现，而公司自身则更多地是从人的角度思考，发挥其媒介的杠杆作用。

（二）营销内容动态化运营

如果营销内容加入了互动双向的机制，那么势必会面临来自多元角色的各种声音，并且这种声音会形成多米诺骨牌效应，影响更多的人群。在此营销背景下，线性静态的内容运营流程已经无法很好地完成营销目标，而是要对营销内容进行循环动态的运营。

王柏麟先生认为营销内容已经不再是简单发布就万事大吉，而是需要实时监测，得到反馈并加以持续优化和设计。“现在的媒介环境下，观众的反馈太直接了，满屏的情绪弹幕，马上就能铺天盖地反映出来，而且会产生强烈的从众效应。所以是需要你去反常识，跳出从众，重新设计内容、去引导观众心智。”

王柏麟团队将这种动态化的思维充分地运用在营销实践中。在与英雄联盟的营销合作中，肯德基创建了“KI上校”这一虚拟角色作为“英雄联盟赛事首席数据官”深度植入英雄联盟电子竞技赛事过程中，通过人工智能动态化调整内容，达到与粉丝群体深度互动的效果。具体而言，一方面，在比赛中，“KI上校”人工智能提供比赛相关的关键数据信息以及进行赛事的全程追踪和胜率预测，借助专业化内容成为粉丝群体拥护的虚拟KOL；另一方面，“KI上校”还会根据粉丝群体的话语体系创造并实时更新个性化的语言和表情包与粉丝群体进行沟通互动，拉近与粉丝的距离；再者，在比赛每个高潮节点“KI上校”向观众粉丝发放肯德基线上订餐优惠券，以利益性内容实现用户导流，增加肯德基官方电商平台的会员注册量，提高销售转化。在整个赛事过程中，营销团队都会进行实时的监测，结合玩家的反应迅速地更换内容，使得“KI 上校”从被满屏“毒奶”到成为玩家拥趸的预测大神。据 WARC 机构统计，“KI 上校”案例已成为 2019 全球获奖排名第二的案例。

在这个复杂的内容世界，多元的内容主体并存，简单地抛出营销内容已经远远不能与消费者达到有效沟通的效果，必须动态化地运营营销内容，随时调整话题点，在共创中完成分发与沟通。而要做到动态化运营，就必然要考验团队的数据收集和处理能力。传立公司内部有专门的数据管理技术团队作为动态化运营的底部支撑，此团队主要用于 App 的优化以及体验优化等，比如帮助肯德基做数据归源，识别转化的渠道来源，在此基础上加以调整，以便于更有针对性地优化运营目标。

无论媒介环境如何迭代转变，营销内容始终是链接品牌与消费者的重要元素。在消费者注意力不断分散的新营销环境下，好的营销内容具有更强大的生命力，可以超越碎片化的媒介为品牌带来新增量。营销中的内容运营不是简单的制作与投放，而是创造、应用和运营 IP 及粉丝、与营销中其他要素不断结合、优化，共同实现目标。需要营销人思考的是如何挖掘和激发这种生命力，这也是传立一直在探索的方向。

第七章

新趋势之四：人立方

在营销链条中，消费者早已不只是单向接收营销内容的被动角色，“人人能营销，万物皆可货”成为新常态，人既是营销中组建传播网络的抓手，也是品牌销售转化的代理者。新营销要构建“人立方”的创新模式。把握营销场域中丰富的“人”的资源，发挥不同角色的人在传播引导、利益扩散、话题裂变、销售转化等方面的作用，是新营销实操的重点。

第一节　“人立方”正在新营销中发挥重要作用

新营销环境下，“人”在营销中的角色升级，明星类 KOL、垂直类 KOL、种子用户、社群主、“柜姐”“店哥”等多种角色的“人”都活跃在营销的各环节中，成为宣传、裂变、转化中的核心。

这些裂变的人、宣传的人以及销售的人，分别从传播广度、扩散深度、销售效度三方面强化营销对消费者的渗透，形成“人立方”矩阵，在营销中发挥着重要作用，提升了品牌声量，推动了口碑活力，并实现最终了销售转化（见图 7 -1）。

第二节　以“宣传的人”强化传播力

一、“宣传的人”是能引发强势曝光与广泛传播的“KOL”

“宣传的人”是指具有较高知名度和关注度、较强宣传力和影响力的意见领袖，包括粉丝量级处于头部及腰部的明星类 KOL 以及垂直类 KOL。他们可以在较短的时间内塑造强曝光和品牌印象，展现强大的传播力（见图 7 -2）。

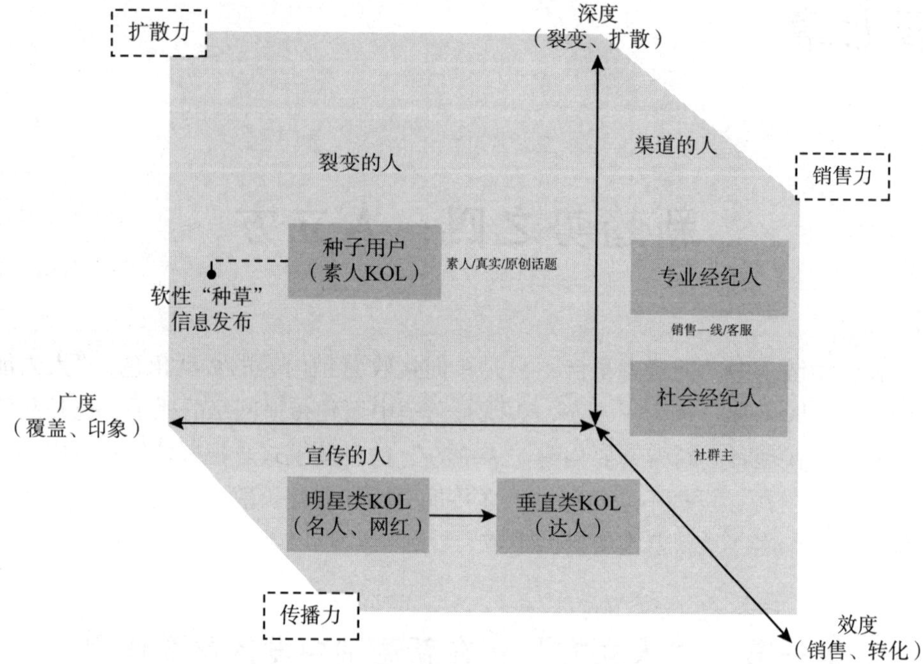

图 7－1 营销的“人立方”体系

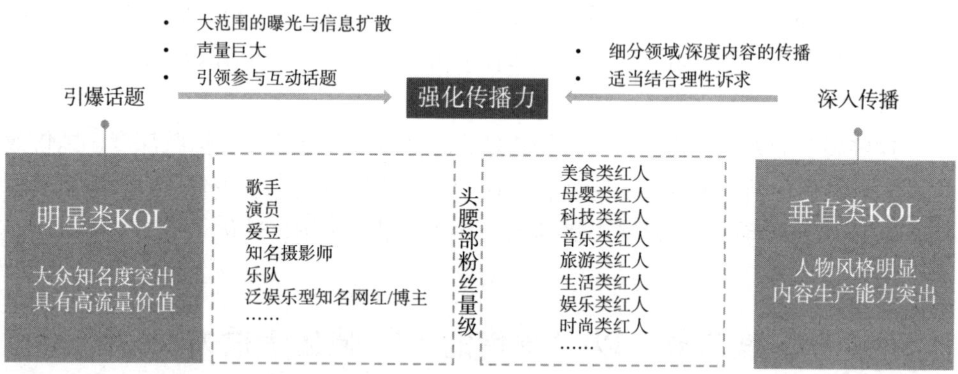

图 7－2 KOL 引发强势曝光与广泛传播

明星类 KOL 包括歌手、演员、运动员等在内的名人，以及泛娱乐领域的、知名度可与明星媲美的明星级 KOL 例如网红主播等，他们的大众知名度突出，具有高流量价值，通过利用其为品牌作微代言或营销活动，可产生名人效应，在进行营销传播、品牌背书时能在社交平台上高调吸引大流量与目光。

垂直类 KOL 通常是一些人物风格明显、内容生产能力突出的创作者，类似达人型 KOL、细分领域专家型 KOL 等，他们通常具有自己固定的内容生产类型与人设风格，通过精耕内容与人设，在平台上吸引了一群对其有较高忠诚度的粉丝。

明星类 KOL 和垂直类 KOL 作为“宣传的人”影响力各有侧重，前者展现的是大范围的声量，通常可以在营销活动中担当话题引爆的角色，将营销活动的声量推至高潮；后者则是对特定领域的深入传播，可以针对特点领域做深度内容的传播。在实际应用中，结合人设标签、流量、内容风格、专长领域等维度，搭配不同类型的 KOL 为营销活动生产及传播内容，实现覆盖及连接更多不同的细分群体，能发挥最大的传播效用。

二、工具化产品辅助筛选和评估“KOL”

不同的营销活动在选择合适的 KOL 时，需要结合其在各媒体上的数据作深入洞察，评估其综合传播价值。但 KOL 所在的平台多元、评估指标复杂，由此催生了众多第三方机构，他们为营销活动提供筛选、评估 KOL 的工具以及相关服务，尤其是针对发展情况更为复杂的垂直类 KOL 群体，通过多元的筛选与评估维度，覆盖 KOL 采买、内容生产与效果监测的一系列服务，极大地提升了营销效率（见表 7-1）。

表 7-1　　筛选评估 KOL 的工具化产品

<table>
<tr><th></th><th>第三方开发的用于 KOL 营销的产品</th><th>功能模块</th><th>KOL 筛选与评估维度</th><th>KOL 活跃的社交平台</th></tr>
<tr><td rowspan="3">涵盖 KOL 营销全流程（从筛选评估到采买与投放、效果监测）</td><td>INCA（内容和意见领袖营销解决方案）</td><td>筛选匹配 KOL、辅助 KOL 内容生产、工作流程管理、购买、效果优化</td><td>KOL 的粉丝数、观看量、粉丝参与度、受众特点、内容数与类型的维度</td><td>—</td></tr>
<tr><td>ParkLU</td><td>为品牌对接意见领袖资源，并在微博、抖音、小红书等数十个主流社交媒体平台上做有效传播，为品牌主提供有效 KOL 营销解决方案</td><td>转发及评论等市场声量数据、KOL 分布内容的类型与特点、KOL 受众特点（职业、位置等）</td><td>微博、小红书、Instagram 等多平台</td></tr>
<tr><td>One Media 智云新媒体（艾瑞智云）</td><td>为客户推荐 KOL、评估 KOL、构建目标人群、进行内容营销投放与监测</td><td>基于目标人群行为推荐 KOL 覆盖图文、短视频、影视以及电商类平台，提供设备指数、粘性指数、画像、TGI 等信息评估 KOL</td><td>—</td></tr>
</table>

续表

	第三方开发的用于 KOL 营销的产品	功能模块	KOL 筛选与评估维度	KOL 活跃的社交平台
涵盖 KOL 营销全流程（从筛选评估到采买与投放、效果监测）	微播易大数据精准投放平台	为品牌提供基于 KOL 的短视频营销一站式解决方案：包括投前的社交舆情分析、投放策略制定；投中一站式跨平台 KOL 采购、短视频原生内容营销；投后分析及优化服务	红榜：传播指数、互动指数、活跃度指数、成长指数、健康指数、商业适应度指数的六大维度 KOL 透视镜：KOL 的传播能力、互动量、内容质量、粉丝质量、粉丝画像（性别比例、地域分布、教育水平、兴趣分布、消费能力分布）、近期视频数据表现等	微信、美拍、微博、抖音、快手、B 站、秒拍多平台
	明鉴 KOL 选择评估系统（Admaster）	致力于为品牌提供合适的 KOL 组合方案，提供四个模块的服务，包括前测、监测优化、后测以及 KOL 积累与管理	KII 指数：通过量的评估（曝光数、转发数等互动的硬性指标）+质的衡量（品牌提及、正负面舆情、传播层级等）+加分项（点击数和点击转化率等）多角度综合评估 KOL	覆盖微博、微信、小红书、抖音、B 站、宝宝树、知乎等主流社交平台及众多直播平台
	Vamp	为品牌与社交网络影响者（KOL）之间建立连接，帮助完成 KOL 选择、采买与内容生产	粉丝数、浏览量、互动量、互动率、所属地区、语言类型、领域类型等	YouTube、Instagram、Facebook 等多平台
仅提供 KOL 的价值评估参考	HypeAuditor	多源数据收集，AI 算法分析粉丝真实参与情况，对 Instagram 博主进行每日排名	概况：订阅数、粉丝数、内容数量、平均浏览量、平均互动量、价格预估 受众分析：国家及地区、语言、性别 内容分析：互动率、受众反馈情感倾向	Instagram 与 YouTube
	KOL Impact Solution（KISLight 尼尔森）	帮助品牌结合一个或多个营销目标，针对不同 KOL 矩阵，动态计算 KOL 的目标助力指数，帮助品牌发现和挖掘真正服务于营销目标的高性价比 KOL 组合	从行业类别、人气价值、粉丝年龄阶段、粉丝性别比例、粉丝城市级别、粉丝兴趣标签等网红特性出发筛选 KOL 通过 3 个模块（KOL 类型、适合市场和目标驱动）以及 5 个指标（包括集成通信、媒体接触点等）的综合评估，选择最合适的 KOL	—

比如，KOL 平台助力某洗护品牌，定位原创视频 KOL 并推出创意视频营销。

该品牌利用影响者营销平台，基于高效的工具去寻找有才华的KOL，希望能展现出产品优雅的质感并且能够展现它的核心特点。可创作视频展现产品用途及其效果。除此以外，平台还可寻找高度相关的KOL参与营销活动，他们将充分试用产品后，再发表试用体验。

第三节　以“裂变的人”提升扩散力

一、“裂变的人”是贴近和影响消费者的“种子用户（KOC）”

“裂变的人”是在特定社交圈层中具有一定影响力的，可以促使品牌信息、产品服务不断扩散、裂变的共创者，他们可以为品牌创造社交内容，并推动其在一定圈层中持续扩散。

其中以种子用户或是KOC为主要代表，他们拥有强烈的分享欲望，乐于在社交平台或群组中，就某一领域分享具有真实感及生活感的内容，并且注重与粉丝之间的互动，在特定圈层中拥有强大的影响力，与圈层内其他消费者之间有更强的信任纽带，更容易影响其他消费者的消费决策。对普通消费者而言，种子用户就是他们的领域专家和购物助手（见图7－3）。

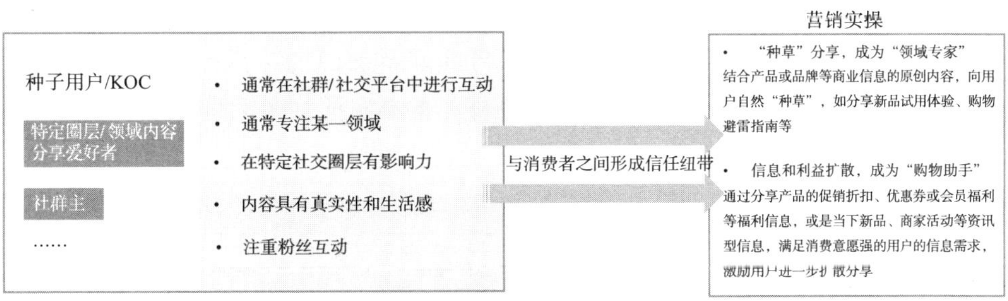

图7－3　以“裂变的人”提升扩散力

由此，在营销实操中可以从两个层面强化“裂变的人”的信息扩散能力，延伸营销内容在个人社交圈层中的渗透深度，并催化销售转化的进行。

其一是软性“种草”，通过结合产品或品牌等商业信息的原创内容，向用户自然“种草”，如分享新品试用体验、购物避雷指南等，强化“领域专家”的角色。其二是信息和利益扩散，通过分享产品的促销折扣、优惠券或会员福利等福利信息，或是当下新品、商家活动等资讯型信息，满足消费意愿强的用户的信息需求，成为其购物助手；同时如砍价、团购等福利信息也会激励用户进一步扩散分享，促进自身受益。

二、挖掘种子用户（KOC）的两种方式：自主挖掘与借力第三方

作为“裂变的人”的种子用户（KOC）只是普通消费者中的一员，数量众多，且遍布于多样化的平台上，是难以把握的群体，因而营销人员需要借助一定的方法或工具去定位与挖掘他们。

（一）依托自身数据库自主挖掘种子用户（KOC）

不少品牌商家或行业机构本身拥有第一方数据库和社交媒体账号，其中沉淀了大量的消费者、粉丝资源，营销操作的过程中可充分利用这些数据及资源来挖掘种子用户（KOC），比如依托自身的媒体账号，发起种子用户（KOC）的招募活动，如“品牌大使”招募、“尝新者招募”等，并辅之以新品试用、购物优惠或分享新人获佣金等利益作激励，吸引具有一定影响力或内容生产力的粉丝参与传播推广。另外，营销操作中还可以在目标消费者汇集的垂直社区中进行定向招募，或者在社交媒体平台上对相关的标签、话题等搜索，寻找到种子用户。

如某活性健康产品部门会使用粉丝量在1万左右的KOC帮助品牌进行带货。为了筛选出KOC，某首先将有提及活性健康产品的旗下品牌或是提到品牌产品能够解决不良皮肤状况等信息的账号筛选出来，再利用数据工具依据账号的真实性过滤掉大约80%的账号。剩下的20%账号匹配各部门的一系列指标再做筛选，留下的账号作样品宣传，最后为确保这些账号的真实性，在签约前，还会委托第三方进行背景调查（见图7-4）。

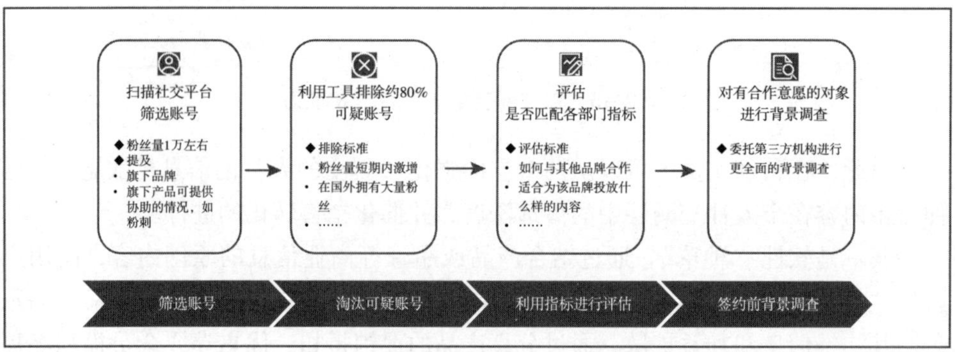

图7-4 某活性健康部门的KOC筛选流程

（二）依托第三方平台与机构进行筛选与管理

如今，业界已经出现了专门选择和评估种子用户即 KOC 的第三方平台与机构，可以帮助营销完成对 KOC 的筛选、管理以及效果监测。如 MediaCom 的 KOC 管理平台，可以筛选、管理和追踪 KOC 与品牌合作的过程，实现品牌、KOC 和消费者的三赢。

同样地，专注口碑营销的中介公司 BzzAgent 也能助力营销活动寻找 KOC，其平台聚集超过 80 万的注册用户，这些用户都是乐于分享的普通网民。BzzAgent 有着固定的口碑推广流程，首先根据营销需求从注册用户中评估筛选出合适的推广者，接着发放产品小样或者是折扣券，这些用户认领任务后需要进行产品反馈，如实记录。

三、用利益激发“裂变的人”持续扩散

由于种子用户（KOC）通常是营销寻找挖掘而来的普通消费者，在推动其发挥口碑效能进行裂变扩散时，需要提供直接有效的利益激励。最常用的方式是赠送产品免费试用，为了进一步调动消费者购买的积极性，还可发放专属优惠券激励种子用户（KOC）购买并分享。

免费赠送试用产品能够极大地激励种子用户（KOC）生产内容、传播扩散的积极性，同时基于真实使用与测评经历所生产的内容更具有说服力，也更容易在圈层以及群组中实现传播裂变并达到“种草”转化的目的。

除了赠送之外，营销实操中正在尝试更有新意的激励方式，比如用折扣价格试用商品来代替赠送的方式激励他们产出真实内容。

某日化公司在“618”对某旗下产品美白精华做推广前，便以产品折扣的方式招募了一群社交平台上的 KOC 试水发酵的传播。通过对关注某旗下产品的粉丝做数据清洗，结合用户标签、粉丝量等信息，匹配出具有一定社交影响力，并且符合产品与品牌调性的种子用户，再以低价折扣的方式将新品卖给种子用户（见图 7－5）。

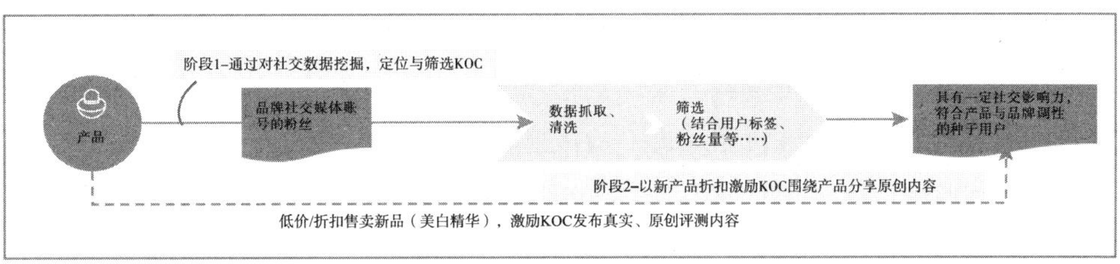

图 7－5　某日化公司从粉丝中挖掘种子用户（KOC），以产品折扣激励分享裂变

该日化公司认为这样具有一定让利的付费试用方式比起免费赠送，更能激励用户在平台上输出真实原创的评测内容。

第四节 以“渠道的人”深化销售力

一、“渠道的人”是实现直连沟通、维系长期关系的经纪人

“渠道的人”是指品牌商家在各层级分销渠道上的及每一个转化节点上的个体，他们的主动性和销售力是决定品牌销量的关键因素，主要包括企业经纪人、行业经纪人和社会经纪人（见图7－6）。

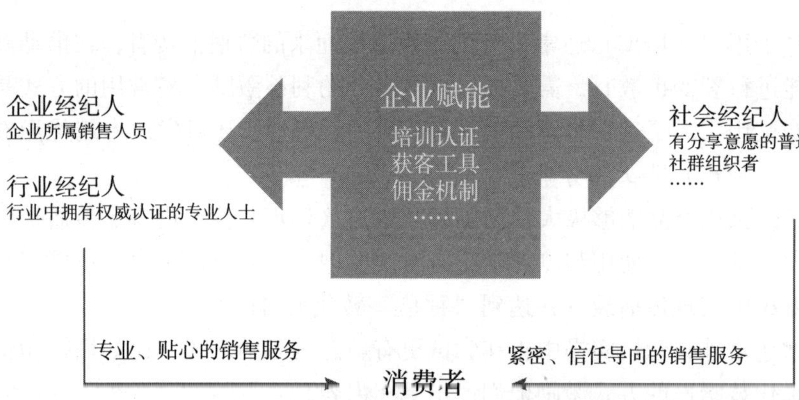

图7－6 赋能、挖掘经纪人，构建长期关系链接

由企业内部销售人员培养而来的企业经纪人，以及在行业中获得权威资格认证的行业经纪人都具有专业的特点，前者一般只为单个品牌或企业服务，后者则可能为多个企业或品牌提供与消费者有关的服务与销售。他们一般与企业拥有雇佣关系，能够作为企业商家的代表，为消费者提供专业的服务；社会经纪人则由各种社群组织者或普通消费者组成，被企业吸纳成为企业的社会性销售代表，带动海量的消费者实现销售转化及进一步传播。

服务沟通能力以及销售能力是“渠道的人”两个重要的价值点，其服务能力涵盖售前咨询、购买指导、售后服务，有助于品牌商家与用户持续沟通与连接。其渗透至多样场景的销售能力，可以提升品牌商家的销售效度。无论在线上或是

线下，“渠道的人”都能以这种沟通方式，增强企业和消费者的关系链接。

二、“渠道的人”的赋能与拓展

（一）赋能员工，打造企业经纪人

占据营销场域最前线的企业经纪人，可以即时高效地响应消费者的需求，提供专业且贴心的服务，这种一对一的深层沟通与服务有利于实现高效转化。

营销可以将员工打造为专业的企业经纪人，通过一定的培训机制，提升经销人员的专业度，完善其沟通时的话语体系与转化通路的建构，放大企业经纪人的服务力与销售力。

如银泰的案例中，为了培训“柜姐”（专柜售货员），银泰跟淘宝短视频团队联合成立了“银泰学院”，对“柜姐”进行集中短视频直播培训，让她们学会在有限的时间里，将关键信息通过丰富的语言、表情、肢体动作、现场互动表达出来。依托“淘柜姐”计划，银泰挖掘了100位“柜姐”参与带货短视频和直播，通过直播等方式，尝试将线下导购转化为线上品牌代理。[①]

而某品牌为七千多个导购促销员提供企业微信应用，消费者在添加导购微信之后，后台会向消费者推送活动信息，并且会为每个消费者标签，标注其具体的信息，比如消费者是通过哪个渠道与品牌建立了联系、买过的产品、优惠券使用情况等。导购人员会根据标签进行个性化的沟通和商品推荐，实现与消费者的紧密联系，从而加速消费者的转化，提高复购率。

（二）借助第三方平台，吸纳行业经纪人

营销还可利用第三方经纪人平台吸纳更多行业经纪人完成服务与销售。这类平台通常聚焦某一行业，为专业的经纪人设定培训机制、协作机制等，提升经纪人之间的沟通与协作效率，同时提供营销工具、业务管理平台、客户管理系统等，辅助经纪人整合与利用来自多企业的业务及客户数据，更高效地营销。平台吸纳了海量的专业经纪人进入，构建出行业经纪人生态，能为企业的销售与客户服务提供持续而可靠的外援。

如行圆汽车平台建立了“车顾问”经纪人赋能机制，通过车顾问服务体系，

---

① 张泽群，吴殿义．找到人、赋能人，让“人”进场［J］．国际品牌观察：媒介，2019（10）：36－43.

传统汽车经销商可以实现向汽车经纪人的转型，平台为车顾问提供主动营销工具、智能用户管理系统、营销物料等，并铺设全网C端场景中用户到车顾问的线上路径，构建以移动互联网为核心场景的智能营销体系。车顾问依托这些便捷化工具，可实现对消费者一对一的专业服务，为用户提供车辆选购、价格沟通、购车方案，使用咨询等多种服务，为汽车消费者带来贴心、可靠的体验。在车顾问模式下，用户有购买意向时，可以直接通过车顾问入口与销售或服务人员联系（见图7-7）。

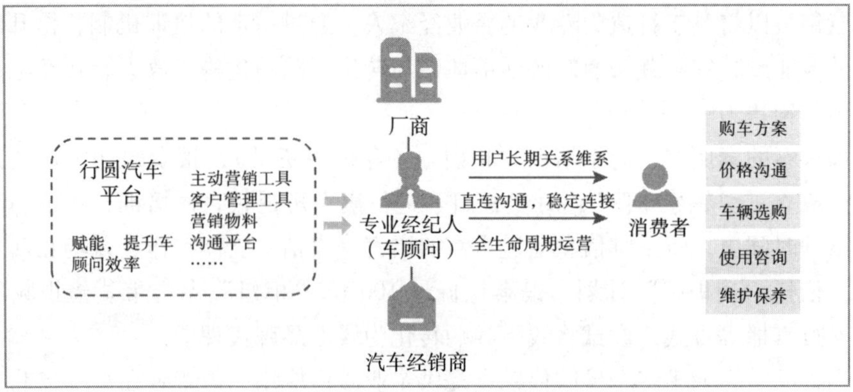

图7-7 行圆汽车平台“车顾问”经纪人赋能机制

（三）主动笼络消费者，拓展社会经纪人规模

各种社群主、热爱分享的消费者有成为社会经纪人的潜质，他们根植于消费者日常生活中，成为消费者日常交际圈的一部分，基于已存的社交关系如熟人关系、同好关系等，他们与普通消费者之间建立了信任纽带，这不仅拓展了品牌与消费者的连接场景，同时提高了销售转化的效率。

在新营销实操中，一方面，可以自主开展“社会经纪人”的招募活动，直接与他们建立联系，如寻找有为品牌分销的意愿且有较多空闲时间的消费者成为“社会经纪人”，为品牌商家做“代购”，在每个交易订单中为其提供一定的佣金作报酬；另一方面，可以借助一些第三方平台对接规模化的“社会经纪人”资源（见表7-2）。

表 7－2　　社会经纪人第三方招募平台

平台	招募条件	赋能工具或资源	分销方式
淘宝联盟	无条件，注册即成为淘宝客	淘宝联盟学院，集聚老师及大量资源为淘宝客传播与卖货提供指导	通过联盟 App 获取链接后，在社交平台发布及分享商品链接，他人通过链接购买即可获取佣金
京东联盟	无条件，注册即可	—	通过京粉 App，获取链接后，在社交平台发布及分享商品链接，他人通过链接购买即可获取佣金
苏宁推客	无条件，注册即可	—	分享商品到微信、QQ 等渠道，好友通过分享的链接购买商品后，推客即获得相应的佣金 好友通过分享的链接购买了商品即可成为其粉丝，30 天内好友在任意渠道购买苏宁易购线上商品其都可获取相应佣金
58 同镇站长	• 限定条件：每天需要加 30 个微信好友，发 20 篇文章 • 交纳 1000 元保证金及 1000 元招募费	—	建群分享商品链接，购买即可获取佣金
有好东西	具有一定资源积累的社群组织者或社群意见领袖	提供培训会员、社群运营、需求洞察等服务	将货品分享到社群中，每单可获取客单价一定比例的佣金
淘宝联盟淘汇邻	招募并选拔在区域社群有影响力的社群主	无成本无库存压力开店	自选商品带货并获取佣金
每日优鲜	• 具有小区社群资源的社群组织者或具有店铺资源的夫妻店、便利店店主等 • 需要交付押金	—	在社区群中发起拼团、统计需求、组织发货，每单都可有销售提成

资料来源：根据各平台官方网站资料整理。

其中社交电商平台即是营销孵化社会经纪人的入口。通过社交电商平台，营销可以对用户发布分销任务，以一定的佣金分成机制将普通消费者转化为社会经纪人，他们在社交圈子中分享商品链接，以利益、内容或信任度促成其他用户的购买，实现基于社交关系链的销售转化。

这是“人人能营销，万物皆可货”的营销新时期，包括品牌商家、第三方平台、商业传播者及普通消费者在内的不同力量都在推动着社交商业不停翻涌与扩张。准确把握“人”的作用、合理利用其价值，将成为新营销持续努力的方向。

【案例13】快手：打造“社交+”短视频营销平台[①]

作为用户空闲时间的有力争夺者，凭借“社交+移动+视频”三重属性，短视频在近几年异军突起，逐渐成为营销活动新阵地，而快手则是其中极具商业潜力的典型代表。截至2019年6月，快手月活跃用户数超过4亿，平台原创视频库存量达到130亿，而据2019年10月快手举办的“Fe+”新商业峰会，快手的关键客户数量突破1000家，代理商突破百家，“618”日均消耗突破5000万，全年业绩目标上调50%至150亿。[②]

如此高速的增长得益于快手构建的“社交+”营销模式：通过“社交+人”“社交+内容”“社交+结点”的模式，快手成为企业深挖私域流量、沉淀社交资产的营销阵地，而不仅仅是一个曝光平台。为了更好地实现“社交+”营销模式的落地执行，快手提供各类商业化产品及工具，赋能营销、驱动增长，实现传播销售一体化（见图7-8）。

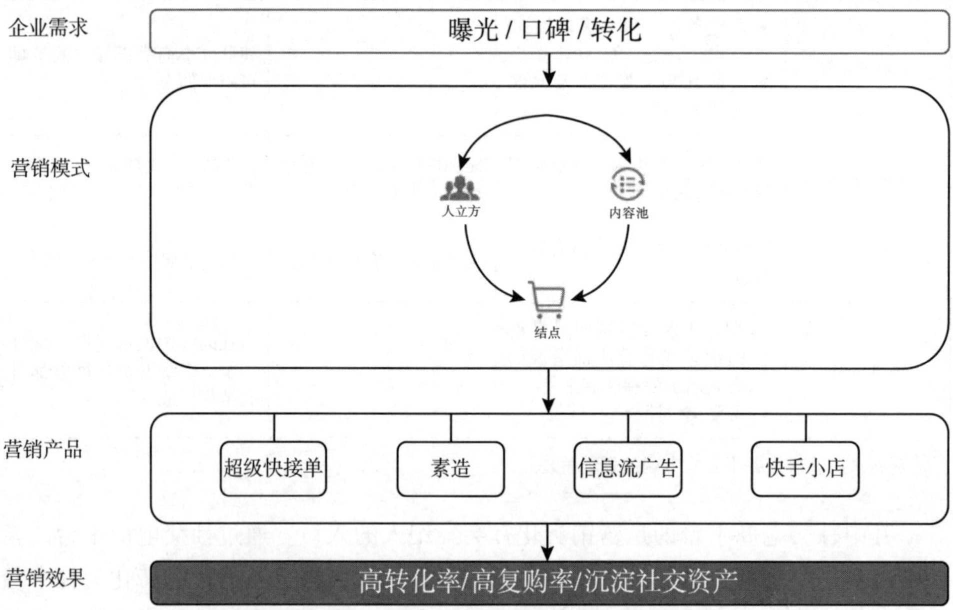

图7-8 快手的“社交+”营销模式示意

① 周艳，马涛，陈钦钦，张菁芮，尚晓东．快手“社交+”催生营销新物种［J］．国际品牌观察：媒介，2019（8）：24-31.

② 快手大数据研究院．《2019快手内容生态报告》.

一、社交 + 人：构建“人立方”体系，实现传播和销售一体化

（一）“老铁”经济构成快手“人 + 内容”社交营销的基础

建立在信任基础上的“人 + 内容”的快手社交营销，是营销实现社交资产沉淀的立足之本。得益于快手平台普惠的分发机制，更多的普通人得以走进大众视野并构建起自己的社交关系网络。根据官方数据，在快手上大约有 25 万健身达人、55 万旅行达人、10 万名设计师、9 万名厨师、20 万卡车司机、54 万记录早餐制作的创作者、5.6 万弹弓爱好者、0.4 万捏泥爱好者等[①]。这些创作者与“老铁”之间形成了紧密的社交联结，相比其他短视频平台，快手上赞评比较低、活跃度更均衡、粉丝动员效果更佳。

在这种社交联结的支持下，营销可以充分发挥“人”的作用，构建起由宣传的人、裂变的人、渠道的人组成的“人立方”，分别从传播广度、扩散深度、销售效度三方面强化营销对消费者的渗透。

以明星大 V 为代表的“宣传的人”通过自身的影响力，为品牌商家拓展传播广度，实现更大的曝光；以种子用户、社群主、柜姐店哥为代表的“裂变的人”依托于自身在特定圈层中的号召力，促进品牌商家信息在社交网络中的深层渗透与下沉扩散；而以批发商、小店主为代表的“渠道的人”突出的分销能力可以提升品牌商家的销售效度，其服务能力则有助于品牌商家与用户持续沟通与连接。营销通过对“宣传的人”“裂变的人”“渠道的人”的综合运用，可以有效连接、持续沉淀和长效运营商品与消费者的关系，实现传播与销售的一体化。

快手聚拢明星大 V、带货强 V、种子用户、社群主、“柜姐店哥”、批发商及小店主等多种角色个体，构建起涵盖宣传的人、裂变的人、渠道的人的“人立方”生态。

（二）超级快接单完成营销与“人”的高效对接

为了帮助营销充分运用快手平台上的用户资源，选择、挖掘合适的“人”参与营销活动，完成营销目标，快手推出“超级快接单”工具，实现客户和达人的高效对接，发挥社交营销价值，提升营销效率（见图 7 - 9）。

---

① 快手、中国传媒大学广告学院、国家广告研究院.《2019 快手社交 + 营销白皮书》.

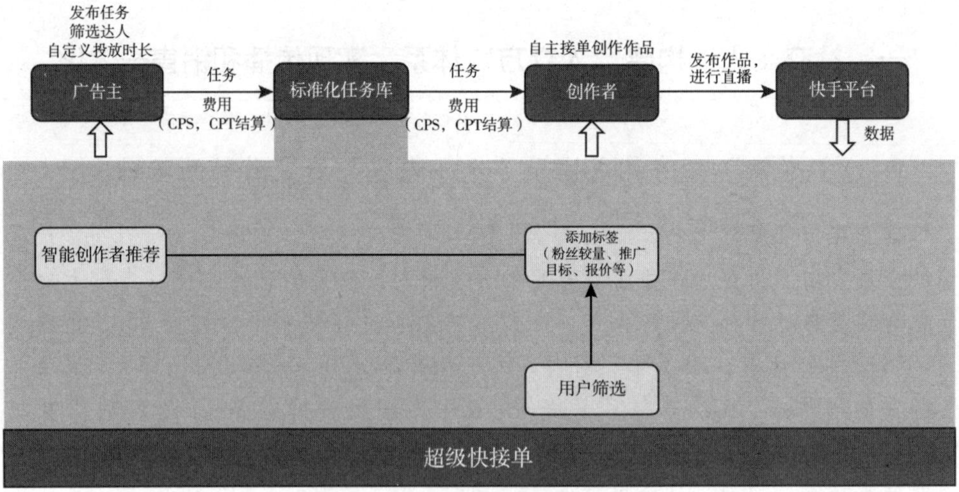

图7-9　快手超级快接单平台

通过平台邀请和自主申请两种方式，用户可以获得成为超级快接单内容创作者的机会，系统基于诸如粉丝量级等条件对以上用户进行筛选，同时建构起多维度的标签体系，如粉丝数量、擅长的内容领域与类型、内容风格、所在地域、报价等。在此基础上，超级快接单得以实现客户与达人的高效链接。

通过超级快接单的标准化任务库，客户可以根据自己的营销需求发布内容创作任务、自行筛选达人，创作者则自主接单、创作作品，并将作品通过自身快手账号进行发布，完成营销任务。

而在营销需求对接的过程中，超级快接单为客户提供了智选创作者推荐、创作者粉丝画像、自定义投放时长、深度链接跳转、单场多品牌混合直播和"CPT（按时长计费）+CPS（按销售计费）混合计费"功能。此外，平台还具有针对达人和客户的双向保护管控机制，保障交易的高效进行。

例如哈尔滨啤酒发起#一起哈啤拉拉拉#征集活动，征集花式拉盖脑洞视频，粉丝总数超千万的5位快手红人组团助威，不同网红达人通过创作不同特质的视频，号召鼓励粉丝积极参与征集活动，取得了不错的推广效果，活动共收获924条作品，932.8万人参与，聚合页超过7000万次的播放量，评论数700万条，喜欢数超20万个，成功为哈尔滨啤酒的新产品造势，完成了既定的推广目标。①

① 吴倩，张泽群，龙思薇．品效合一，主流品牌如何玩转短视频营销？［J］．国际品牌观察：媒介，2019（8）：50-55.

二、社交 + 内容：构建客户专属内容池，提升社交势能

（一）颗粒丰富的内容池助力营销

作为营销活动的载体，优质的内容可以使品牌商家在商业活动中抢占先机；具有社交势能的内容，可以在与用户互动中打造品牌声量，与更多用户建立情感联系；高相关度、互动分享的内容可以吸引用户参与，引发分享裂变，积累口碑。快手搭建了繁荣的内容生态，源源不断地供给社交话题内容。据《2019 年快手创作者生态报告》，快手上生活内容占比 28% 居第一位；居第二位的是快手小姐姐，她们既呈现颜值、才艺，也不乏素颜出镜、展现生活；美食、职业技能、技艺分别以 11%、8%、8% 列第三、四、五位。此外快手还覆盖了其他内容垂类，呈现出多元垂直的结构特点。丰富的内容种类使得快手可以覆盖更广的营销领域，实现不同的营销目标。

（二）自动化、智能化工具与机制提升营销内容的生产与分发能效

为了更好地发挥“社交 + 内容”的营销能效，快手通过素造平台、AI 内容制作、流量保护、置顶推广、精准投放等一系列工具与机制提升营销内容的生产与分发效率，为客户搭建专属于他们的内容池（见图 7 – 10）。

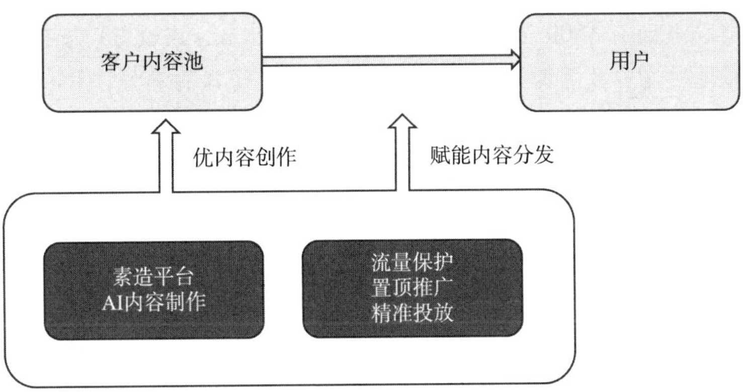

图 7 – 10　快手通过多种方式为客户搭建内容池

1. 素造平台和 AI 技术：人机协同辅助营销内容创作

面对营销活动中爆炸性增长的内容需求，快手于 2018 年推出了“灵动计

划”，吸引了超过50多家业内团队入驻，随后升级为“素造平台”深入营销全链路中。

通过素造平台，客户只需提出自己的营销需求，便可在快手平台上得到包含内容制作在内的一整套营销方案。而素造平台则通过快手的技术与数据支持实现派单智能化、数据透明化和素材需求的智能匹配。

专业团队的引入使得产出的内容质量更高，生产时间也更加迅速。数据显示，加入素造平台的代理商产出的内容从消耗到质量再到素材效果，均高于整个大盘。客户正面积极反馈率高达98%。为了最大化的发挥优质素材的价值，素造平台采用强运营的方式，配备专业的运营团队与代理商进行一对一沟通，最大化完成广告主的诉求。目前，素造已实现单月消耗额达2亿元、日均产出超900条素材。

除了辅以基于专业团队的内容优化能力，快手还提供AI素材制作工具，实现内容的批量化、自动化生产。一方面，AI素材制作工具可以实现基于模板的智能剪辑。以游戏行业广告主为例，他们拥有大量素材，每个素材都有不同的描述或内容，AI会根据内容做智能剪辑，自动化生产出精彩片段并组合，变成一个有故事的短视频营销内容。另一方面，AI素材制作工具可以实现封面的自动生成。在短视频领域，“封面”扮演着至关重要的角色，封面的质量在很大程度上决定了短视频的点击率。总结优质素材经验，通过AI实现封面的自动选择、标题的创作，可以帮广告主降低创作成本，生产出更加优质的素材。

此外，快手还利用平台上海量的内容数据、用户数据为创作者的内容生产提供帮助。快手每天有1500万条以上的UGC内容产出，以及80亿条原创视频库存总量。通过对这些数据的分析，挖掘用户对商业内容的喜好，如视频风格、创意、标题等，并将其反馈给创作者或辅助AI制作工具，用人机协同的方式提高商业内容的效率和质量。

2. 多项举措保证推广效率

对于内容分发而言，精准投放依赖定向引擎。快手每天有1500万条以上的UGC内容产出，以及80亿条原创视频库存总量。对于这些数据进行分析，通过深度学习增强对视频内容和用户的理解能力，快手可以挖掘出用户对商业内容的喜好，从而做到更加精准的广告投放。

除了业内通用的广义第二价格（generalized second price，GSP）机制，快手还引入多种用户体验保护机制。其关键在于将用户体验损失货币化，以衡量投放行为在收益上是否合理。团队用A、B测试评估短期内的用户行为变化，如点击率、点击次数、时长和点赞次数的下降，并观察这些短期指标的长期影响。在投放后，快手平台会为视频提供专属流量保护且投放期内视频不可删除隐藏，保证整个投放过程数据及效果的清晰可控。

此外，品牌主如果想全面提升商业视频内容曝光机会和点击率，还可以使用置顶等增值服务进一步提高推广效率：品牌选择的合作网红在发布快接单视频时，在内容发布后的24小时内，系统将优先在该网红粉丝的关注页内置顶商业内容，仅曝光一次。

三、社交+结点：多种结点帮助客户完成高效转化

（一）遍布平台的多样化结点促进销售转化

基于丰富的消费场景触点和强有力的商业产品能力，快手平台提供“社交+结点”的销售转化全链路解决方案。快手平台遍布着与用户消费场景贯通的多样触点，包括以信息流、开屏、固定位为代表的商业性触点，遍布平台公域流量中如话题标签页、头像挂件、定制表情、音乐等开放性触点，以及账号主页面、评论区、私信区等私有性触点，都是销售转化的流量入口。

通过触点与落地页的强效运营，可以将“触点”转变为“结点”，使消费者得以完成从信息获取到购买的一站式体验，帮助品牌商家实现获取线索、拉新导流、销售转化的营销目标，引导和促进消费者的销售转化的发生，构筑营销闭环（见图7-11）。

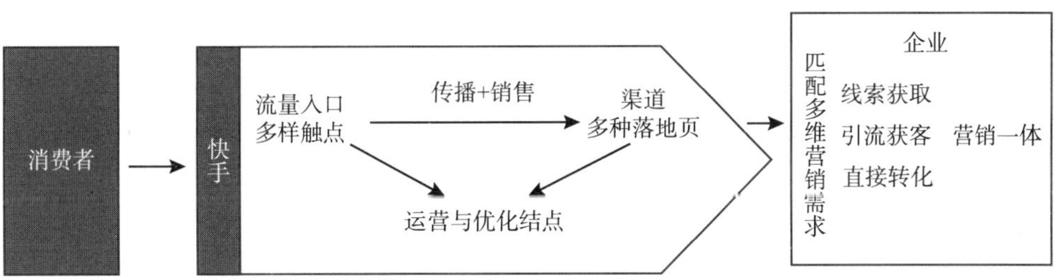

图7-11 快手多结点实现营销转化

（二）“小黄车”与“快手小店”缩短转化链路，构筑营销闭环

为了满足营销的转化需求，快手推出“小黄车”与“快手小店”，打造最短营销链路，促进销售转化的高效进行。

短视频、直播等内容通过具有真实感的亲身“种草”、激励性的优惠券等元

素，创造出独特的消费氛围，激发消费者的购物需求。而快手平台通过在短视频、直播模块中加入小黄车功能，让内容创作者/主播可以在内容创作时/直播开播前自行选择将推广商品放入小黄车界面内，而用户则可以在产生购买欲望时直接在观看页面购买，缩短营销链路，提高转化效率。

在通过小黄车功能缩短转化链路以外，快手还推出“快手小店”，使商家可以直接在平台内实现转化，减少了页面跳出带来的客户流失。同时为了帮助品牌商家更好的运营快手小店，实现更好的转化效果，快手接入了一站式工具的合作伙伴，为品牌商家持续提供更高效、更专业的小店工具。

第八章

新趋势之五：渠道社交化

在经济与媒介环境快速发展的当下，消费比以往任何时候都更深入地渗透到人们的生活当中，营销中的渠道也不再局限于具体的地点或平台之上，而是伴随着消费者聚集与流动中的互动，进入到更多样化的场景中，渠道社交化成为新营销必须要面对的现实情况，也为新营销实操提供了创新的机会。

第一节　渠道与社交的融合成为趋势

渠道社交化描述的是当前营销环境中，“渠道”与“社交”的深度融合。

一方面，线上和线下渠道的社交性已经成为现实，且日渐丰富，门店中的社交活动，以及电商平台中的社交模块，都折射出渠道的社交化，社交电商平台这类新的渠道形态诞生和迅速发展，则是渠道和社交融合更为直接的表现。

另一方面，社交平台中越来越多地出现了直接转化的入口，同时，经由社交中的人和社群，借助营销物料的创新与分发，社交互动与销售转化的结合越发密切，社交平台已然成为一种转化渠道（见图 8－1）。

渠道社交化提升了渠道的转化效能，同时赋予了其实现高效卖货以及运营消费者的多重价值。其一，渠道社交化升级了渠道的核心功能，提高了渠道获客和转化的效率：以社交平台或社交电商平台为流量入口，降低获客成本；借助社交贴近消费者，不仅实现个性化的商品信息传递，而且利用社交关系的信任纽带为商品背书，使转化更高效。其二，渠道社交化使得渠道功能被进一步拓展，渠道不再只是承接销售转化这一“单点”职能，而是具备了从引流到转化再到留存的消费者全生命周期运营的能力。

渠道社交化使得潜客与熟客聚拢起来，构建一种集转化、消费者运营于一体的新场域。

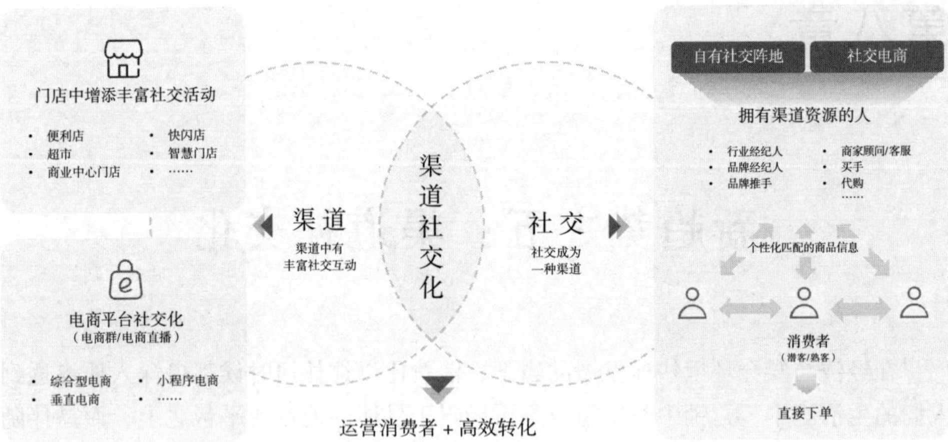

图 8－1　渠道与社交的融合

第二节　赋能渠道的社交化能力，实现对消费者的运营

通过在销售渠道中增添社交要素，用多样的社交互动增强线上线下渠道的活力，构建社交与渠道融合的私域网络，能形成从引流、转化到留存的全闭环，以渠道社交化来实现对消费者的运营（见图 8－2）。

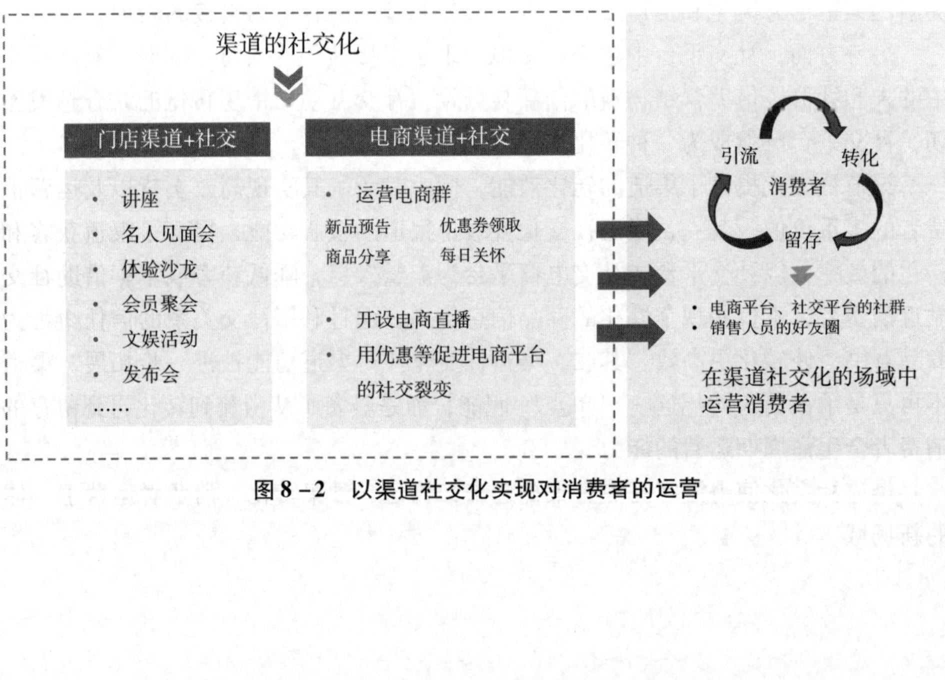

图 8－2　以渠道社交化实现对消费者的运营

一、在线下实体门店中构建社交空间，提供丰富社交活动

对门店渠道而言，消费者的到店意味着较强的消费意愿，企业可在门店中构建社交空间，营造社交氛围，通过社交互动强化消费者之间、店员与消费者之间的联系，建构起消费者对门店的情感连接。

具体而言，一方面可以在门店中结合产品类型、消费者的生活场景与兴趣需求，划分设置消费者能够放松、参与互动的社交空间，将门店升级为卖场 + 社交活动中心。

另一方面，则可开展丰富的社交活动，通过产品体验、知识讲座、新品发布、会员日聚会等活动来实现消费者之间、消费者与店员间的深层社交，在活动中还可借助于智能终端，实现更好的社交氛围，提升消费者在门店中的社交互动体验。

二、在线上电商渠道开拓社交场域，拓展社交玩法

电商平台中社交模块日益丰富，企业营销中依托电商平台的社交功能，可以进一步提升转化率，并与消费者之间建立更具有粘性的联系，真正成为其“购物专家”。

首先，可以利用电商渠道中的社交功能拓展社交形态，形成社交场域，包括在电商平台中建立群组并重视日常运营：如在群里发布新品预告、新品链接、优惠券限时领取等活动与信息；开设直播，通过直播时的社交互动深化在电商渠道中与消费者的沟通层级，拉近距离。

其次，可以在电商渠道中拓展社交玩法：如京东通过小游戏、砍价、集卡、红包等社交玩法，激发消费者参与电商平台上的社交互动，边玩边实现转化。

第三节　激发社交的渠道化能力，实现高效销售

在渠道社交化的场域中，社交互动与商品销售紧密相连，营销以熟人关系、优质内容、利益激励、实用服务为主要的社交驱动因素，通过分销者或内容生产者持续性地与规模化的普通消费者建立社交关系，让符合消费者偏好的商品信息在持续的社交互动中影响着其购物决策，形成新的转化入口，实现以社交化的方

式高效卖货（见图8－3）。

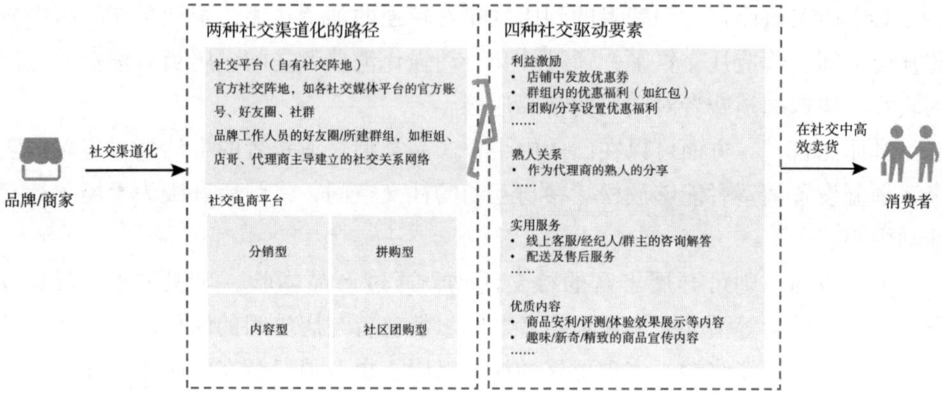

图8－3　在社交中高效卖货

这种将社交渠道化的做法一方面可以利用自有的社交阵地，如官方社交媒体账号、好友圈、社群等；另一方面也可以利用社交电商平台。

一、熟人关系、优质内容、利益激励、实用服务驱动社交中的销售转化

将社交升级为新“渠道”，需要熟人关系、优质内容、利益激励、实用服务等因素的配合使用。熟人关系加速销售转化，个性化偏好的内容催化从发现、购买到分享的全过程，利益激励转化与持续裂变，区域实用服务则可促活销售。

熟人社交由于拥有强情感连接与稳定信任度，销售转化在熟人圈子里的转化较陌生人之间更为高效，分销者可以通过微信朋友圈、群聊等将商品信息分享推荐到熟人圈子中，担当熟人圈子中的购物助手。

内容是商品信息的重要载体，符合消费者个性化偏好的内容能催化消费者参与互动、分享乃至产生购买欲望，内容发布者由此也可以成为分销者，帮助消费者完成购买。

与价格相连的优惠是促成消费者购买决策的重要因素，诸如群组内的优惠福利（如红包）、以团购或分享的方式设置优惠福利等，在渠道社交化场域中能激励消费者分享形成自发传播并促使持续社交裂变，最后多个消费者共同获取优惠，完成购买。

如咨询解答、货物配送等切合消费者理性需求的实用服务，是消费者社交互动的重要动力，通过提供围绕商品销售展开的实用服务，能有效消除销售转化的阻碍，提高转化效率，并在服务体验中强化与消费者的关系链接。

基于一定的熟人关系，通过优质内容或利益激励催化购物需求、购买行为、分享裂变的产生，并辅以契合消费者需求的实用服务，能有效地驱动社交中销售转化的发生。

二、社交渠道化的两大路径：自有社交阵地 + 社交电商平台

（一）聚拢私域流量，通过社交平台转化入口完成销售

自有社交阵地是构建与消费者的社交关系网络最主要、最直接的抓手。一方面可以通过对如微博、微信、抖音、快手等社交平台上自有社交账号体系的良好运营，在自有的官方社交阵地聚拢的好友圈、社群，深化与消费者的关系链接；另一方面，新营销要激发工作人员，如代理商等的社交势能，鼓励和支持他们与消费者建立起线上线下、多样化多层级的私人社交关系网络。

以上两种方式都可以聚拢私域流量。只有对聚拢来的这些流量和社交关系进行持续运营，才能将普通用户变成客户和顾客。

在与消费者构建的社交通路中，通过具有信任感、共情性、场景化的优质内容，以及优惠券、红包等利益激励，与消费者进行持续地个性化、人性化沟通。

将内容信息与转化链接有机结合——如 Instagram 的 checkout 功能、快手的快手小店、微信的小程序等均是社交平台铺设的转化入口，促使消费者一键下单，直接转化。

还可将转化链接发布到员工与消费者构建的私人社交网络中，如群组、好友圈，使购买转化渗透到消费者碎片化的日常生活里，让消费者通过社交平台的群组或好友，便捷的完成消费。

例如 Instagram 提供了多种转化入口，商家在 Instagram 上通过 Feed、Story 和 Direct 功能，直接与顾客互动。促进消费者将这个“发现—考虑”的行为机制转化成真实的购物消费。美妆品牌 ColourPop 在自有账号中，设定了商品标签，基于 Instagram 的 checkout 功能，消费者可以直接在平台内完成下单购买（见图 8－4）。

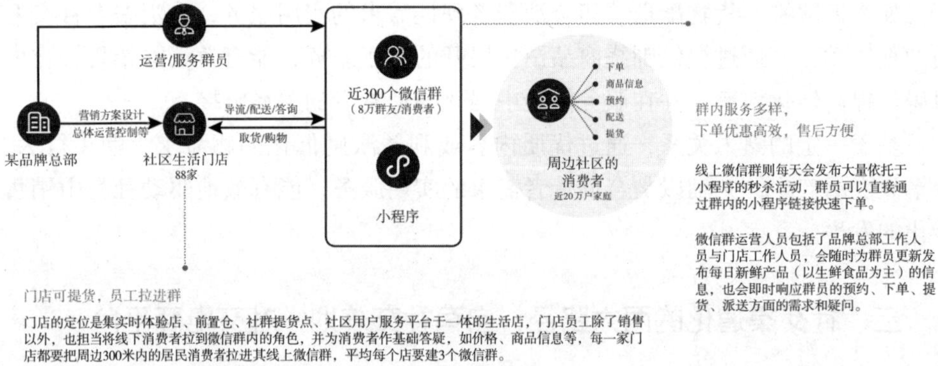

图 8-4　某品牌以“微信群 + 小程序 + 门店”模式，向社区消费者高效销售

（二）借助社交电商平台，提升销售效率

社交电商平台也是营销可以利用的社交渠道化场域之一。在社交电商平台的发展过程中，已经形成了分销型、内容型、拼购型、社区团购型等社交电商平台，可以将熟人关系、优质内容、利益激励、实用服务等因素运用于销售的过程中，催化转化的进行。

分销型社交电商平台，如云集等，是基于熟人社交来促成销售，平台负责从选品、配送和售后等全供应链流程，通过销售提成刺激普通用户成为分销商，使其利用自有社交关系进行分享裂变，实现“自购省钱，分享赚钱”。在这样的分销机制下，用户主动邀请熟人加入购买，甚至成为分销商不断裂变。

例如爱库存定位于帮助品牌方解决库存产品销售问题，其上游打通品牌方库存，下游服务职业代购，将品牌方与分销商嫁接起来。爱库存旗下拥有超过 20 万个职业代购群体，庞大的代购群体同时为品牌卖货，触达超 4 亿消费群体，商品日销量高达百万件。不仅解决了极大的销量问题，还能为品牌的口碑推波助澜。爱库存和森马合作，森马上线不到一小时即告售罄，总销售件数破 5 万件。

内容型社交电商是通过形式多样的内容引导消费者进行购物，实现商品与内容的协同，从而提升转化效率。它建立了从发现到购买再到分享的商业闭环，通过内容运营激发用户购买热情，同时也可反过来进一步了解用户喜好。内容型社交电商平台代表包括小红书、蘑菇街、小红唇等。

小红书推出了名为“小红店”的社交电商小程序，除了基于平台内容向消费者安利种草，吸引其分享与购买外，还推出了分享返利的方式来获取更多的用户。用户进入该商城可以直接购物并获得返利，邀请 50 人即可成为红人，并享受自购省钱、分享赚钱和平台补贴等福利。红人购物享受的福利比普通用户更多，最高返利可达40%。

以拼多多、京喜为代表的拼购型社交电商是以低价的方式吸引消费者成团完成交易，以拼团减价的模式聚集多位用户，以低价为核心吸引力，每个用户成为一个传播点，激发用户持续裂变分享，形成大额订单。

社区团购型社交电商平台，以优惠及社区配送便利，吸引消费者成团完成交易。平台以社区为基础，社区居民加入社区的各社群后，通过微信小程序等工具下订单，社区团购平台第二天将商品统一配送至团长处，消费者便可上门自取或由团长进行最后一公里的配送。其特点是以团长为基点，降低获客、运营及物流成本，同时预售制及集采集销的模式提升了供应链效率。

如某社交电商社区团购依托于微信小程序，以小区为中心，招募团长，然后让消费者以团长为中心通过社交工具实现营销拼团，熟人关系链裂变（见图8－5）。

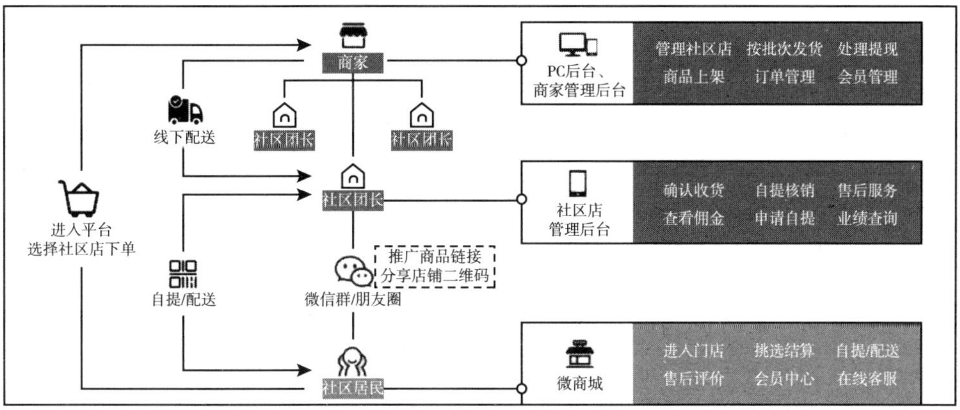

图8－5　某社交电商依托小程序完成社区销售

根据不同的营销目标与能力资源，灵活选择、搭配以上各类社交电商平台，借助广大普通消费者的社交关系网络，触达更多的社交场域，通过多样化的方式促进销售转化，实现高效卖货。

【案例14】孩子王：母婴领域的数字化全渠道服务商①

作为中国新家庭的全渠道服务商，孩子王专注于为准妈妈及0～14岁儿童提供一站式购物及成长全方位增值服务，是中国母婴行业的龙头、新零售的标杆

① 林沛杰. 孩子王：母婴领域的数字化全渠道服务商［J］. 国际品牌观察：媒介，2020（11）.

企业。

孩子王采用“工程师+育儿师”的模式，为会员提供全渠道一站式商品解决方案、育儿成长、社交互动等服务。经过10年的发展，孩子王已在全国16个省、3个直辖市、122座城市开设315家全数字化实体门店，完成G1到G7代门店的升级，拥有超过7000名国家认证的注册育儿顾问，服务超过2600万个中国新家庭。同时孩子王App和小程序快速发展，目前孩子王60%的销售业绩来自线上。

未来，孩子王将围绕“全面数字化、全面服务化、全面生态化”三个发展关键词，将深入用户场景不断创新迭代产品，让AI更懂用户。同时，在商品、场景、员工、内容方面进行彻底地服务化。在实现全面数字化和全面服务化后，与更多的合作伙伴紧密结合，努力打造更加智能化的生态系统，精准高效地响应新家庭用户有关衣、食、住、行、玩、教、学、帮、租的所有需求。

一、业务数字化赋能全渠道运营

孩子王一直坚持将数据作为生产资料，将一切业务数字化。自2015年开始，孩子王在技术团队、产品体系、数字化工作上做了大量投资。到2016年，公司总部的互联网技术研发和大数据人工智能团队人数占到约50%。

孩子王自主研发App、微信商城等核心前台系统、支持订单、库存、用户、活动、大数据等功能运营的中台系统以及支持配送、客户、售后、发票等功能的后台系统。2017年，孩子王通过生产要素的全面数字化，实现了共享的全融合模式，并把业务方向确定为“全面数字化下的全渠道经营”。

上海创为公司通过7年时间，帮助孩子王建立了整合营销分析支撑平台，并在此基础上建设了完整的战略、分析、执行三级管理机制。针对会员群体，通过数据挖掘，实现了精细到个体的资产化精确评估和需求预测分析，实现了营销个性化定制，同时增加会员的店面体验，并增强对渠道和品牌的控制力。

整合营销分析支撑平台首先与业务和管理系统以及财务系统集成，自动完成经营计划、预算、预测的编制及汇总，同时对企业业绩实时监控分析，并及时评估修正。在此基础上建立战略分析库，提高战略分析和决策水平，并分解下达战略规划重要指标。平台收集企业全景信息，通过全角度分析，建立有数据支撑的战略决策和行动转化机制，并对行动进行高效的监控和分析。同时建立报表、分析、行动三层管理机制，通过IBM Cognos Analytics、Planning Analytics和SPSS Modeler，实现了从预测、计划、预算到监控分析、营销方案制定，再到精准营销及模型再调优的完整闭环，将传统数据分析的结果转化为营销的行动目标。打通战略、分析、执行，并逐步优化各环节以提升整体业务成果。

（一）构建会员生命周期的精确资产化模型（对门店）

该模型对现有的会员结构和各生命周期的销售、收益进行评估、分析。通过实际的会员转化、流入、留出的趋势评估出一家门店或渠道的准确营销能力。各门店或渠道的评估结果汇总帮助高层制定精准的、有数据支撑的战略目标，再将战略目标下发，转化为具体的行动目标，使得一线经营人员能够做到有目标有依据，有的放矢地高效工作。

（二）构建完整业务链的商业智能分析管理系统（对销售的人）

让不同层次的人员清楚准确地了解自己职能范围内的工作状态和目标完成程度、风险以及风险改进情况。完整的业务监控体系和强大的分析工具，对重要的KPI进行监控，快速发现问题及问题深层原因，即时通知相关人员以积极应对。

（三）构建供应商营销活动效果计算分析模型（对供应商）

建立供应商营销活动效果计算分析模型，通过对历史营销活动以及各供应商所给的营销方案和政策进行影响结果分析，在秒级时间内便得到不同营销政策对营销活动的影响和提升的结果。可以与供应商准确预估出新方案和政策下带来的提升能否满足战略目标的要求，制定出合理的可达成自己目标的营销活动。

（四）构建会员分析预测模型（对会员）

制定营销方案后，构建整体会员的标签体系，建立会员价值、会员粘度、会员异动等模型，对会员打分，形成不同的营销矩阵。针对不同群体制定不同的营销策略。通过构建会员聚类、会员偏好、会员交叉销售模型，深层次了解会员群体属性和行为特征，推荐不同产品。通过构建不同的分析、预测模型，构建出完整实用的营销会员筛选工具，快速分析和定位目标群体，进行差异化的营销活动推送，可以大幅提高预测准确率。

（五）构建新店投资预测模型（对新的门店）

将新店开设的所有流程环节进行管控，借助大量的历史真实数据的演算，并由此预测所有环节的成本和收入情况，评估出准确投资的风险和收益。同时根据可信的预测得出预算，在开店的具体流程和进度中协调所有相关部门进行管控和分析。

二、全链路、强体验、重社交，加快向新零售方向转型

销售渠道是零售商达成与消费者的沟通并促成销售的关键路径，在新零售发展的大趋势下，线上线下渠道呈现出新的变化，具体表现为：线下卖场开始注重增强到店体验来获客并促进转化；线上商城开始注重以社交裂变和粉丝运营的思路来获取流量和运营存量；同时重视线上线下的联动，为顾客打造完整且简便的购物和体验服务的链路。

（一）双线布局销售渠道，为升级体验与社交转化奠定基础

孩子王基于自身数字化建设的成果，同样开启了新零售领域的探索。一方面，孩子王推进线下门店的升级迭代，致力于打造新零售社交服务场所，通过布局智能终端、场景化陈列商品、打造门店服务专区等方式来增强顾客的到店体验；另一方面，孩子王搭建了覆盖微信生态、天猫以及自有 App 的线上商城矩阵，并通过创立社群电商平台妈妈赚和各类微信福利群来进行社交转化，为线上商城引流。此外，它还建立了自己的 O2O 成长服务平台“成长加”，专门销售育儿相关的本地服务（见表 8－1）。

表 8－1　孩子王渠道布局的详细介绍

渠道类型	渠道类别	渠道名称	服务类型
线上渠道	线上商城	孩子王 App	涵盖孩子王为用户提供的所有功能。包括商品选购、育儿服务预订、订单查询、育儿顾问咨询、会员积分兑换、育儿知识学习等
		微商城	面向移动端的线上商城，功能与孩子王 App 总体一致
		微信小程序	同样为用户提供商品选购、育儿服务预订、订单查询、育儿顾问咨询等功能，但在平台页面布置上比孩子王 App 更加凸显“门店”这一类目
		天猫旗舰店	孩子王在天猫商城上的官方网店，所销售的商品品类比孩子王的其他商城要少
	O2O 服务平台	成长加 App	集“玩、教、学、帮、租”为一体，顾客可以通过在线上下单，然后到线下体验相应的服务。目前孩子王在全国有 124 座城市近 10000 家优质本土机构进驻

续表

渠道类型	渠道类别	渠道名称	服务类型
线上渠道	社群电商平台	妈妈赚 App	宝妈通过付费成为店主，即可通过推荐孩子王的商品赚取佣金，同时还能在妈妈赚平台上以优惠价格购买指定商品
	优惠福利群	微信群聊	包括福利秒杀群、商品内购群、育儿经验交流群等，孩子王的官方运营人员会在群里推送优惠商品的购买二维码或链接
线下渠道	线下渠道	第七代数字化门店	门店利用“扫码购”“大屏互动”“人脸识别”等互动技术，向会员提供育儿服务、游乐活动、门店拼团、商品租赁、商业保险等服务

（二）搭建微信小程序，创造便捷的消费与互动体验

为了盘活自身在微信生态的流量，并为顾客提供更加便捷的消费与互动体验，孩子王在 2018 年重点打造了自己的微信小程序。该小程序整合了孩子王官方 App 的核心功能，如商品销售、育儿服务预订、育儿顾问咨询等，同时它还是用户获取数字化门店体验的重要工具，能够降低用户体验数字化门店的门槛。比如，用户在收银台通过扫一扫小程序即可享受会员卡结算、进店签到、小程序扫码购以及利用与门店的数字化大屏互动等的服务功能。截至 2018 年底，孩子王的小程序累计会员超过 600 万，月活用户数量近 200 万左右。

（三）推出育儿综合服务平台，聚合母婴童成长内容与服务

除了在微信小程序上发力以外，孩子王还重点打造了自己的育儿综合服务平台。2018 年 4 月孩子王推出了“成长加”App，为用户生成孩子的个人档案，围绕成长阶段和家长需求定制个性化升学教育、兴趣培养等服务。

孩子王通过打造“成长加生态圈”，邀请机构和教师进驻平台，既面向家长和孩子输出知识型内容，包括儿歌故事、国学启蒙、趣味英语、宝宝养护以及孕产呵护等育儿课程，又为他们提供综合的育儿服务，包括旅游度假、艺术照拍摄、生日会定制、健康医疗以及金融保险等。

除此以外，孩子王还搭建了平台内部的社交圈子以及知识问答专区，供家长们分享生活和讨论育儿经验。

未来“成长加生态圈”将汇集用户、机构、平台以及中小创业者，覆盖教育培训、文化旅游、产业发展、家庭帮手、健康保险、教育金融六大领域，通过打

造成长课堂、成长云、成长 AI、成长在线、成长学院等产品，为用户提供商品、工具、服务、内容和活动。

（四）注重微信社群运营，建立良好口碑

社群是企业运营自身的粉丝群体、提升消费者忠诚度以及深化彼此情感联系的重要载体，孩子王也不例外。目前它主要通过创建微信群的方式来对会员群体进行经营管理，包括各类福利秒杀群、商品内购群、互相打卡群、育儿经验交流群。截至 2018 年，孩子王已经有上万个微信社群，社群一般按照会员孩子的年龄及购物门店划分，目前大约覆盖了 300 万用户。

同时孩子王还注重发挥育儿顾问在会员经营管理中的纽带作用。育儿顾问会在微信群里免费实时解答妈妈们的疑问，并不断输出分享原创的育儿经验文章，还会推送商品优惠以及线下活动等信息。

（五）线下开设数字化门店，打造新零售社交服务场所

2019 年，孩子王深度实践“全面数字化、全面服务化、全面生态化”的企业战略，重点突破关系、场景、内容、数字化四大核心，以提升用户体验为需求，打造新零售母婴服务社交场所。其中，线下的核心场景就是孩子王最新推出的第七代数字化门店—G7 智慧门店，它基于成熟的大数据体系以及先进的智能技术重新构建了门店与消费者的关系，是一个融购物、情感、社交、体验于一体的智慧场景。2019 年 1 月 25 日，孩子王首家第七代数字化成长服务门店在南京开业，其定位是母婴成长社交乐园。

另外，门店推广 App 扫码购功能将顾客导流到线上。在店内消费的顾客，用 App 扫描商品二维码，即可完成在线支付，免去排队收银的等待。当顾客被引流到线上后，App 提供的积分兑换、育儿服务预约以及精准营销推送等功能，将顾客重新引流到线下体验。会员在微信社群中的互动以及精彩活动分享等也吸引顾客更多地走到线下。线上线下渠道相辅相成，增加顾客的粘性，提升顾客的消费。

同时，孩子王实现了线上线下数据的互联互通，包括顾客互通、积分互通、订单互通以及服务互通等。商品、用户、员工和服务实时在线，顾客可以在任何时间、任何地点，根据自身需求在各种场景下选择最舒适的购物方式，随时随地与实名育儿顾问进行点对点的育儿问题咨询（见表 8 – 2）。

表 8－2　孩子王线下门店针对顾客需求设计满足方式

顾客需求	需求满足
购物	门店形成了近 1500 种商品解决方案，全渠道共 4000 个国际国内优质品牌，单店约有 15000 个 SKU*，满足了孩婴童成长过程中“衣、食、用、行、玩”的各项需求
线下活动	每年针对不同年龄段的儿童开展近 1000 场线下活动，让小朋友们在门店玩起来
智能体验	利用“扫码购”“大屏互动”“人脸识别”等互动技术，向会员提供育儿服务、互动活动、门店拼团、商品租赁、商业保险等服务
社交互动	育儿顾问提供一对一交流服务，为用户提供贴心的建议，与顾客建立情感链接

注：SKU（StockKeepingUnit），库存量单位，一般用于指代一个“单品”。

1. 智能大屏，实时交互

孩子王的智慧门店已经全面覆盖数字化智能大屏，为顾客提供全场景互动的体验满足。用户可以在新门店的“人脸互动”大屏上刷脸签到，查看最新优惠情况（见图 8－6）。

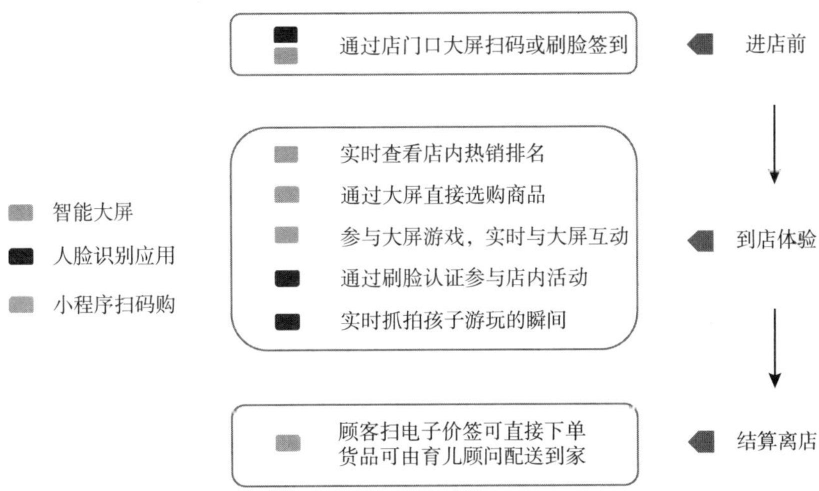

图 8－6　孩子王门店购物流程

随后，门店的当日活动信息以及结合顾客消费习惯的商品推荐就会通过后台被推送给顾客；专属的育儿顾问也会同时收到顾客到店的通知以及消费者的相关信息，然后为用户提供精准、定制化的服务。

顾客走进店内可以通过“电子价签”轻松了解商品价格和促销情况，在数字大屏上便捷地选购商品以及查看热销排行等，同时可以通过自助查询系统查看互动活动和服务项目，随时预约和参加。此外，顾客还可以参与大屏互动游戏，比如红包雨活动，所获得的红包可以直接当场使用。

2. 商品陈列场景化

为了给父母提供完整的育儿解决方案，孩子王实行商品解决方案场景化陈列。目前，孩子王已经打造了包含“户外出行体验区、KW 棉上臻选、儿童洗护专区、孕产妇服务中心，有机零食专区、特配奶粉专区、口腔护理、安全防护、营养品专区”在内的九大商品专区。

同时，每个专区的货架上还贴有清晰的细类标签，包括“婴儿辅食大餐”“新生喂养必备”等，为宝妈提供更加精准的解决方案。

3. 打造专属的成长服务中心

除了设立情景专区以外，孩子王还在新门店推出“成长服务中心”，为门店的用户提供专门的活动空间。它包含了育儿服务中心、儿童理发服务区、成长缤纷营、金融保险产品区、妈妈交流休闲区、成长相册服务产品、畅租卡展示区、“成长 +”平台专区以及黑金会员服务专区，父母可以在儿童成长服务中心找到符合自己宝宝年龄的项目。同时孩子王的全部服务产品都会被记录在自助查询系统当中，用户可以清晰了解和自主选择。

4. 人脸识别应用提升服务质量

目前孩子王在部分门店已经开始测试人脸识别技术，小朋友可以通过刷脸进入“童乐园”；父母可以通过人脸识别系统捕捉孩子在游玩时的瞬间，并同步到自己的设备当中。

同时，借助人脸识别，孩子王将会员线下门店的购买行为完全数据化，包括会员的商品购买和浏览行为、到店次数、门店停留时间等，这些数据将对改善门店的运营，以及为会员提供更加精准、更加个性化的服务提供有价值的参考。

5. 门店扫码，配送到家

2017 年孩子王推出“扫码购”功能，该功能整合了小程序、微信支付、扫一扫等产品功能，为用户提供一站式采购服务。

顾客只需要使用孩子王 App 或小程序扫描商品条形码，即可实时查看商品信息以及以往消费者的评价等。成功下单核销后，顾客即可拿着商品离开。此外，顾客还可以选择“门店配送”服务，由门店送货到家。目前，使用扫码购的用户已经达到 400 多万，日均订单占比达到 35%。

除此以外，会员在家也可进行扫码下单，并根据个人习惯选择“店内自提”或“店配速达”送货上门服务。

新观点

“在孩子王，用户可以实现所见即所得，所想即所购。例如，家里奶粉没了，直接拿起罐子扫描商品条码，奶粉就可以由门店配送到家。孩子在门店游乐时，随手拿起一个玩具，扫码便可以带走，或者选择门店配送到家。无论在什么地方，有育儿方面的困惑，拿起手机就可以咨询孩子王的育儿顾问。”

——孩子王首席技术官①

三、多环节融合经营，促进会员增值

会员体制是零售商提升顾客价值的重要抓手，对于推崇“单客经济”的母婴零售商孩子王而言，会员模式更是它的关键经营手段。孩子王基于其商品、服务、渠道和用户的数字化建设构建了会员管理的闭环，主要包括会员获取、会员分类、会员互动、会员增值以及会员反馈五个环节（见图8－7）。

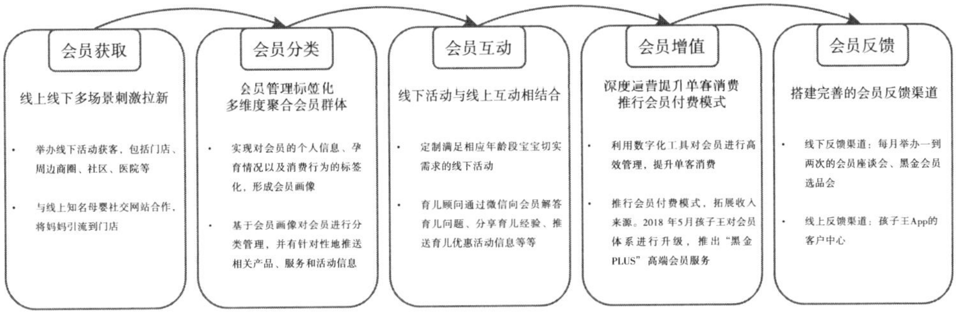

图8－7　孩子王会员运营思路

（一）会员获取：线上线下多场景刺激拉新

获客是会员经营的第一步，孩子王通过线上线下多个场景来刺激拉新，一方面，通过深入周边商圈、社区、医院等场所进行会员拓展，通过举办大型线下活

---

① 王波．基于信任思维构建强关系的实证研究——以“孩子王”营销模式为例［J］．技术经济与管理研究，2017（9）：73－80.

动“新妈妈学院”对孕妇新客进行重点获取，并借助随后的“妈妈班”及“好孕护照”等活动对孕妇新客进行运营维护；另一方面，与线上知名母婴社交网站合作，以城市为单位，由高级育儿顾问在当地知名母婴论坛及知名母婴 App 上与孕妇进行育儿、亲子等话题互动，从而将新会员引流至门店。

并且，孩子王的会员准入门槛较低，只要顾客在孩子王任一门店或线上消费渠道产生了交易行为，即可免费成为孩子王的普通会员。

（二）会员分类：会员管理标签化，多维度聚合会员群体

基于自身商品、服务和渠道的数字化建设，孩子王实现了会员管理的数字化，即实现对会员的基本个人信息、孕育情况、兴趣偏好、消费情况等用户行为和人生状态的标签化，同时育儿顾问也可以手动为会员打标签，由此形成用户画像，并在此基础上对会员进行分类管理。例如，孩子王根据妈妈孕育情况的不同，将妈妈群体分为孕早期、孕中期、孕晚期、0～6 个月、7～12 个月、1～2 岁、2～3 岁、4～6 岁和 7～14 岁等不同群体，并针对不同孕育阶段的妈妈群体提供有针对性的线下游乐活动。

除此以外，孩子王还根据会员的收入情况、消费频率、消费方式、累计消费金额等不同指标划分出多层次的会员群体，并有针对性地向会员推送满足其所处阶段需求的产品、服务和活动信息。

（三）会员互动：线下活动与线上互动相结合

线下会员活动是孩子王运营维护会员群体的重要手段。孩子王针对不同年龄段的宝宝家庭定制满足相应年龄段宝宝切实需求的线下活动，活动的体量庞大，并且覆盖线上线下多个渠道，孩子王每年都会举办包括“新妈妈学院”“孕博会”等孕妈妈系列及“儿童文化艺术节”“童乐会”“冬（夏）令营”等 1000 多场、10 多类的线下活动。同时，日常驻扎在线下门店的育儿顾问也会为到店的会员提供育儿相关的咨询服务。

除此以外，孩子王还建立了以育儿顾问为纽带的线上互动机制。育儿顾问主要通过添加会员微信、建立会员微信群等方式搭建线上互动渠道，然后与会员进行育儿问题解答、育儿经验分享与交流以及育儿优惠活动信息递达等方面的互动交流。

（四）会员增值：深度运营提升单客消费，推行会员付费模式

会员增值是零售商提升收入的重要方式，对于注重运营存量用户的孩子王而

言，会员增值更是其不可或缺的盈利模式。

在经营的初级阶段，孩子王主要利用数字化工具对会员进行高效管理，提升单客消费。孩子王的育儿顾问通过使用自研的“人客合一”工具，能够清晰地获取会员的用户画像，为会员提供更具有针对性的增值服务，从而有利于提高会员的单次消费金额及消费频率。

随着自身商品和服务生态的不断完善，孩子王开始逐步推行会员付费模式，拓展收入来源。2018 年 5 月孩子王对会员体系进行升级，推出“黑金 PLUS”高端会员服务，该服务分为每年 199 元的成长卡和每年 399 元的孕享卡两档。通过整合孩子王平台和外部合作伙伴的优质资源，向核心用户提供更优质的购物体验和定制个性化育儿成长服务。数据显示，黑金会员平均年化产值超过 16000 元，每个月的每用户平均收入（ARPU）值是普通会员的 2.7 倍，订单量是普通会员的 3.9 倍，购物频次是普通会员的 3.5 倍。截止到 2018 年底，孩子王的付费会员已经达到 30 万个。

（五）会员反馈：搭建完善的会员反馈渠道

在会员反馈上，孩子王每个门店每月都会安排一到两次的会员座谈会，主动收集会员的反馈，了解会员对产品与活动的感受与需求。同时，用户还可以在孩子王 App 的客户中心对商品和服务进行反馈。

此外，孩子王还支持 C2B 反向定制，根据会员的诉求推出定制化商品。另外，自 2018 年孩子王联合供应商定举办“会员选品会”，邀请黑金会员妈妈对商品进行多维度的筛选。

四、以育儿顾问为核心全方位构建育儿服务体系

孩子王以育儿顾问作为直接面向顾客的服务者和沟通者，向顾客提供实体商品解决方案和覆盖产前产后全周期的各类虚拟服务。同时为了提升育儿顾问的工作效率、服务水平以及工作积极性，孩子王围绕育儿顾问构建了专业培训、数字工具以及预算授权三位一体的赋能体系（见图 8 - 8）。

（一）育儿顾问：内部孵化的专业育儿服务品牌

“育儿顾问”是孩子王专业的育儿服务品牌，是孩子王直接面向用户的专业育儿服务者。目前，孩子王已经拥有超过 7000 名经资格认证的育儿顾问。所有的孩子王育儿顾问在入职前都需要接受资质审查，只有通过国家相关专业资格认证

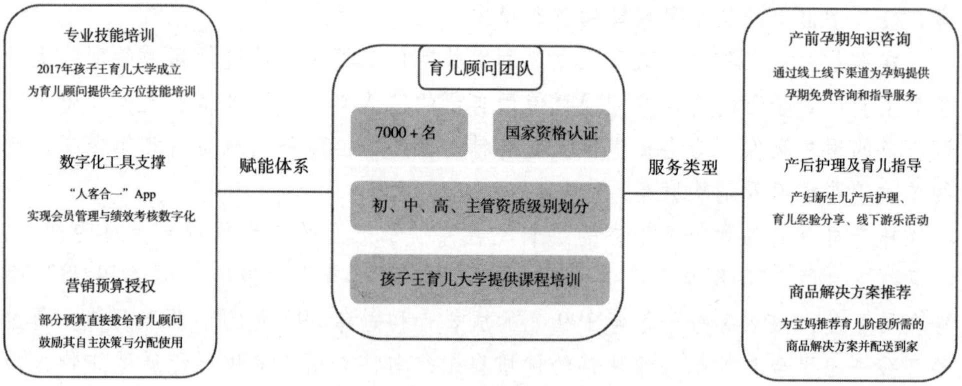

图8-8　孩子王育儿顾问体系

考试才能为妈妈们提供各项育儿服务，包括国家中/高级育婴师证、国家中/高级营养师证、高级催乳师证、母婴护理师资质、儿童成长培训师资质等。

为了促进育儿顾问的不断成长，孩子王对育儿顾问团队进行初级育儿顾问、中级育儿顾问、高级育儿顾问以及育儿顾问主管的划分，只有通过了相应等级培训的育儿顾问才能够提升自身的等级、获得更高的绩效。

此外，孩子王在2017年8月还专门成立了孩子王育儿大学，定期由相关母婴专家为育儿顾问进行课程培训，以提升育儿顾问的服务水平。

（二）实体商品+虚拟服务，覆盖产前产后全周期

对母婴零售商孩子王而言，商品销售是其首要任务，但是孩子王要求育儿顾问不以商品推销为重，而应该以解决顾客在育儿过程中的疑问和困难为首要任务，以求达到顾客的真正满意，与顾客建立强烈的情感链接，并由此提升品牌的口碑营销效果。基于这样的理念，孩子王围绕育儿顾问体系提出了"大服务策略"，即不仅仅依靠实体商品，而且通过一整套以商品为中心的服务和解决方案来满足用户的个性化需求。

目前，育儿顾问提供的服务不仅涵盖了实体商品和虚拟服务，并且覆盖了宝妈产前产后的全周期，包括：产前的孕期知识互动咨询服务和产后的产妇新生儿护理服务、育儿指导服务以及线下游乐活动服务，除此以外，还有贯穿产前产后周期的商品解决方案推荐服务共五大类服务（见表8-3）。

表 8-3　　育儿顾问的服务覆盖宝妈产前产后全周期

育儿阶段	服务类型	具体介绍
产前	孕期知识互动咨询	通过线上线下渠道为孕妈提供各项孕期免费咨询和指导服务，包括定期在门店开展的孕期知识讲座
产后	产妇新生儿产后护理	为产妇提供产后护理和指导，包括催乳、喂奶、产后康复等；同时为新生儿提供抚触、洗澡、护理等服务
	育儿指导	为家长提供各阶段的育儿经验分享和技能指导，定期开展父母课堂讲座
	线下游乐活动	定期在线下组织抓周、生日会定制、成长印记、黑金答谢会、哇啦训练营、爬爬赛、走走赛等活动
产前、产后	商品解决方案推荐	为宝妈推荐相应育儿阶段所需的母婴商品解决方案，育儿顾问还会将商品配送到家

育儿顾问平常驻扎在门店，为处在不同育儿阶段的宝妈量身定制不同的服务。宝妈可以通过孩子王 App 预定相应服务并到店体验，同时宝妈也可以选择预约上门服务。此外，育儿顾问还会在孩子王的 App 和微信群上分享育儿经验、实时免费解答妈妈们的疑问并推送门店的优惠活动信息等。

（三）培训 + 工具 + 预算，搭建全方位育儿顾问赋能体系

为了进一步提升育儿顾问的工作效能，孩子王从专业培训、数字工具和营销预算赋权三个方面来为育儿顾问搭建全方位的赋能体系。

高专业技能水平是高服务质量的重要保障。孩子王重视对育儿顾问的专业技能培训，并在 2017 年成立了孩子王育儿大学，专门开设用于专业内容研发的版块“育儿研究院”。孩子王联合多所知名学校、组织或医院打造专业知识及技能课程内容，联合优质专家及讲师资源对孩子王的育儿顾问开展一系列的育儿知识技能专业培训。

除了育儿研究院之外，孩子王育儿大学还设有云学院、商学院、企业文化、职能学院等组织架构，致力于通过专业服务、行业标准、智能培养等方面进行内部培训及外部培养，培养医护级育儿顾问团队。

除了提供专业技能培训以外，数字化工具也是提升育儿顾问服务水平的利器。孩子王专门为育儿顾问开发了“人客合一”会员管理工具，该 App 除了为

育儿顾问提供会员基本信息查询，如会员数量、购买频率、购买金额等以外，还会根据大数据分析将会员特征形成标签和画像，定期向育儿顾问推送个性化的精准营销任务。育儿顾问依据任务与会员进行沟通互动，能够清楚地了解到该会员过往的消费习惯、消费特征以及现阶段的潜在消费需求，从而为顾客提供精准的商品和服务。

此外，“人客合一”App还具备对育儿顾问的日常考勤和奖励核算等功能。育儿顾问所回答的问题、所提供的服务、所分享的商品以及由此产生的评价和销量，在“人客合一”App上都会转化为积分奖金，他们能够在“人客合一”App上清楚地看到自己奖金的变化。同时孩子王在考核制度上也有一定转变，不再以销售结果作为唯一的考量依据，而是综合考量销售结构、会员的评价、服务顾客的次数以及与用户互动的次数等指标，以此来激励育儿顾问与用户进行更广泛的互动。

孩子王不仅在工具层面为育儿顾问提供便利，在预算的可支配层面也给予了她们主动权。孩子王会将部分营销预算直接拨给育儿顾问，给她们充分授权并鼓励她们自行做出决策，按照顾客的实际需求使用，从而方便育儿顾问以更加独立灵活的方式来满足顾客的个性化需求，赢得良好的口碑。

1. 育儿专家：外聘的专业医学顾问

为了更全面且更具权威性地解答孩子王会员关于孕产及育儿方面的一系列问题，孩子王从2016年开始聘请各地区三甲及以上医院儿科、妇产科等知名专家，来作为孩子王育儿服务的专业顾问。

育儿专家的职责主要有两方面。一方面，他们定期驻扎在门店，全面解答孩子王会员关于孕产及育儿方面一系列问题；另一方面，育儿专家还将对孩子王的“育儿顾问”团队进行专业性培训，以提升育儿顾问的业务能力和业务水平。

2. 外部认证育儿师：平台集成的第三方育儿服务者

随着中国新家庭规模的剧增，孩子王仅仅依靠自营的育儿顾问团队已无法满足宝妈们的需求。为了进一步扩充育儿服务团队的规模，孩子王选择面向社会公开招募第三方专业母婴服务技能从业者或从业机构。这些第三方的从业者或机构只有通过孩子王的资格审查与专业考核，才能获得孩子王的外部认证。

育儿师或育儿服务机构在取得孩子王的外部认证以后，即可在孩子王育儿服务平台接单。另外，孩子王还会向他们定期提供专业技能、服务实操等一站式专业培训，支持育儿师获得资质提升认证考核。

为了进一步提升育儿师的工作积极性并扩大孩子王育儿服务的宣传覆盖范围，孩子王专门为育儿师设立了“分享赚钱”的利益激励机制。育儿师可以选择在朋友圈转发育儿服务的链接，然后让朋友打开链接并预约该服务，朋友接受该育儿师的服务并成功核销后，该育儿师即可获得3%的返利（500元封顶）。孩子王通过建立这种机制，不仅为育儿师提供了日常平台接单以外的收入途径，还将育儿师打造成一个个营销触点，提升其育儿服务的影响力。

第九章

新趋势之六：营销终端化

在互联网流量红利日渐衰退的新环境下，寻找新的沟通入口成为营销面临的挑战，而智能终端中蕴藏着丰富营销机会和资源，新的营销实操中已经开始重视将其作为消费者连接入口的价值，并不断地尝试探索出许多新玩法，我们将这种利用智能终端实现营销目的的趋势称为营销终端化。

智能终端设备种类多元、功能各异，能实现的营销功能不尽相同，总体来看可以从实现曝光、提升体验、提供服务、承接销售四个方面助力营销（见图 9－1）。

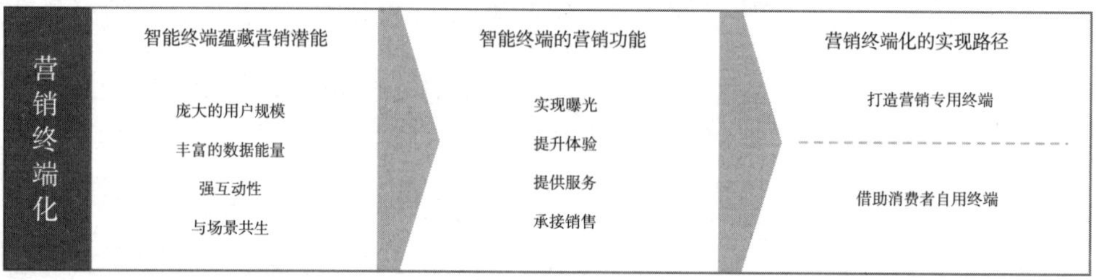

图 9－1　营销终端化

而在实现营销终端化路径中，一方面可以打造营销专用的终端；另一方面可以借助消费者自用终端。

第一节　智能终端蕴藏巨大的营销潜能

在物联网、大数据、人工智能的支持下，我们触摸到“万物皆媒”的新图景，手表、眼镜、头盔等新的终端层出不穷，且都具备智能化的特质。这些智能终端蕴藏着巨大的营销潜能，不仅用户规模庞大、互动性强，而且渗透在消费者生活的各种场景中，并沉淀了丰富的数据能量，正在成为营销新的发力方向。

一、智能终端用户规模庞大

智能终端庞大的产品出货量和保有人数构成了其营销价值的扎实基础。

截至2018年，全球智能手机的用户量已达到15亿[①]，而各类新型智能设备的用户规模也在不断增长，截至2019年6月底，中国智能家居的用户规模也已突破7600万，智能穿戴设备达到3500万的用户量[②]。其他多种类型的智能终端也正在成为新的流量入口（见图9-2）。

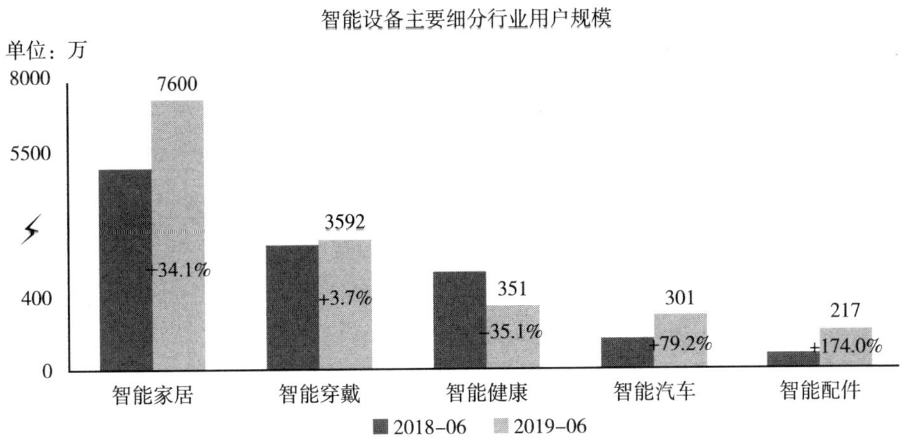

图9-2 智能设备主要细分行业用户规模

资料来源：QuestMobile TRUTH 中国移动互联网数据库2019年6月。

二、智能终端沉淀丰富的数据能量

基于智能硬件、互联网服务的不断拓展，用户的终端使用行为数据实现高精度细颗粒化，通过数据挖掘及分析技术，可以清晰全面地还原用户画像，帮助营销判断用户的人群特征、兴趣爱好以及内容偏好，实现精准投放、个性化服务等以人为中心的营销操作。在此意义上，智能终端背后连接的海量用户意味着无比丰富庞大的数字资产。

---

① 资料来源：市场研究机构Counterpoint，《2018年全球智能硬件代工制造（ODM/IDH/EMS）行业白皮书》.

② 资料来源：QuestMobile TRUTH 中国移动互联网数据库2019年6月.

三、智能终端具有强互动性

语音交互、视频识别、体感交互等智能交互技术的出现，极大地扩展了智能营销的边界。

一方面，由于互动的便捷性，消费者将决策权力更多地转交到智能终端手中，终端拥有了对用户更大的控制权。

另一方面，这些智能交互技术丰富了互动样态，延展了消费者在终端的交互深度，由此为营销带来许多新的玩法。随着语音交互等智能入口成为终端的标配，营销可以将商品的信息、服务与终端的语音助手连接起来，消费者只需要一声令下，语音助手便能快速执行与消费相关的行为。

四、智能终端与场景共生

智能终端与场景相融相生，比如个人场景中的智能手机和可穿戴设备，家庭场景中的智能电视、智能音箱等，移动场景中的智能汽车和车载终端，消费场景中的智能导购机器人、智能互动屏。营销一方面可以借助这些智能终端进入消费者生活的各个场景中，触达碎片化的消费者；另一方面，可以通过智能终端渗透到消费场景中的状态与行为，以更贴合、更原生化的方式与消费者建立深度的链接。

第二节　智能终端的营销功能

智能终端设备功能属性各有不同，综合来看，主要可以通过实现曝光、提升体验、提供服务和承接销售的四种功能来帮助企业与消费者建立连接，从而促进其商业价值的增长。

一、海量用户与丰富资源助力品牌实现曝光

智能终端的用户数量巨大，而且集成了规模化的应用程序可以直接连接消费者，为品牌曝光提供了丰富的营销资源。

从目前来看，手机终端和智能电视终端上比较成熟的营销资源开发多集中在展示广告领域，比如手机终端的软件商店与浏览器内嵌多样化的曝光点位，智能

电视拥有的开屏广告、推荐位广告、专题广告等都能为广告主带来一定的曝光效果（见表9－1）。

表9－1　　　　部分智能终端曝光点位

智能终端	曝光资源
华为手机	华为视频、阅读、音乐、智能助手（负一屏）、浏览器、杂志锁屏、主题、云文件夹等自有媒体，以及部分与华为联运的游戏应用，涵盖开屏广告、锁屏广告、横幅广告、信息流广告、激励视频、视频贴片等主流展示位类型
小米手机	小米应用商店、小米视频、小米浏览器、新闻资讯、小米音乐等广告资源
OPPO手机	软件商店应用中的热门必备、搜索联想/结果页、闪屏、浮标、轮播、PUSH；浏览器中的开屏、小把手、首页＋各站导航、言格等；全局搜索；锁屏日志
创维酷开智能电视	开机广告、视频前贴片、关机广告、应用启动广告、提醒类广告、屏保广告、频道入口广告、专题广告、推荐位广告、活动广告、商城广告等
康佳智能电视	30S开机广告投放、品牌冠名专区、专区页面原生广告、自有应用页面广告和场景互动等15种创新广告形式

二、智能技术打造个性化、沉浸式购物体验

在AI、VR等新技术的支持下，智能终端为消费者体验商品提供了更多元的实现方式，当下营销中也常常借助模拟试用、虚拟试妆、试衣等智能终端，让消费者融入进来，与品牌深度互动，从而加深与品牌的情感链接。

比如天猫智慧门店推出的虚拟试衣系统，让消费者通过大屏就可以快速看到自己试穿不同衣服的效果，通过缩短试衣时间来提升消费者的购物体验。

奔驰汽车借助电视大屏和手机扫码的小程序，在大屏和小屏组合联动之下，可以让消费者进行奔驰AMG C63 S新车模拟驾驶，通过模拟驾驶，带给用户沉浸式的体验（见图9－3）。

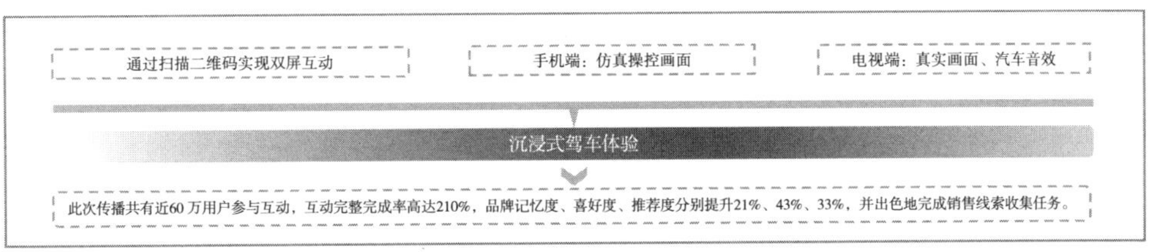

图9－3　奔驰通过智能电视提供虚拟试驾体验

三、基于消费者需求提供近场式服务

通过升级渠道或经销人员的终端，以及借助消费者的自用终端，也可以为消费者提供有价值的信息和实用性服务，从而为消费者的购物和生活提供便利。

小红书线下门店中的智慧大屏，只要消费者将商品靠近互动屏，便能查询相关信息，还能直观看到小红书 App 中海量的口碑笔记，从而有助于消费者做出购买决策。

日本三大便利店之一的罗森（Lawson）和松下电器公司都在发明特别功能的购物篮，顾客只要将物品放进篮内，里面的扫描器就会自动阅读物品上的电子标签。结账时，只要将篮子放在自动化柜台上，篮里的货品就会自动滑入购物袋，可以为顾客节省装东西的时间。

小米手环与优悦矿泉水联手打造“专属饮水健康管家”，通过手环震动 + 文字点亮的创意模式提醒用户喝水，将品牌与提醒功能巧妙结合起来。

四、智能终端构建新型消费连接，缩短转化路径

智能终端也可以直接实现商品售卖功能。营销中通过在智能终端上添加语音交互、界面互动等技术来建立与商品的连接，直接打通销售环节，这种方式极大地拓展了营销的销售场景。

零售巨头亚马逊，从 2014 年不断升级的 Dash 系列产品，就是通过这种购物终端构建商品与消费者的连接，缩短消费者的消费路径，直接实现消费者对特定商品的复购。

表 9-2　Dash 系列产品功能介绍

亚马逊 Dash 类型	功能介绍
Dash Button	一个 Dash Button 绑定一种品牌，内置 WiFi，可设定每次需要购买的商品种类和数量；点击按钮，消费者就能一键购买与之绑定的商品。
Virtual Dash Button	基于有屏设备的 Virtual Dash Button，用户可以在亚马逊官网及 App 上获取，可以在 Virtual Dash Button 上浏览该品牌所有产品并查看价格。 亚马逊 2018 年初发布了虚拟 Dash Button 开发包，允许第三方设备厂商在联网的带屏设备上安装。 例如三星冰箱内置了虚拟 Dash 按钮，用户发现冰箱中某一食物用完便可以直接从 Dash Button 下单。

续表

亚马逊 Dash 类型	功能介绍
Dash Wand	Dash wand 内置激光扫描器和麦克风，需要将其与家中 WiFi 连接，并关联 Amazon Fresh 账户。 可以用 Dash 扫描家中的任何一件商品，或是按住语音按钮说出你要购买的商品。通过 dash 输入的产品将会同步到 Amazon Fresh 的购买清单，可以在随后统一结算。

第三节 营销终端化的实现路径

智能终端在营销实践方面有着丰富的想象空间。随着终端设备功能属性的多元化和智能化，我们已经看到一些积极利用各种智能终端提升传播触点效率、加速线索转化速度、赋能渠道销售能力等方面的营销实践。企业、终端厂商、营销代理公司等不同主体，开发打造营销专用的智能终端，或借助消费者自用的智能终端，不断创新终端领域的营销实践，深度连接消费者，拓宽营销场景（见图 9－4）。

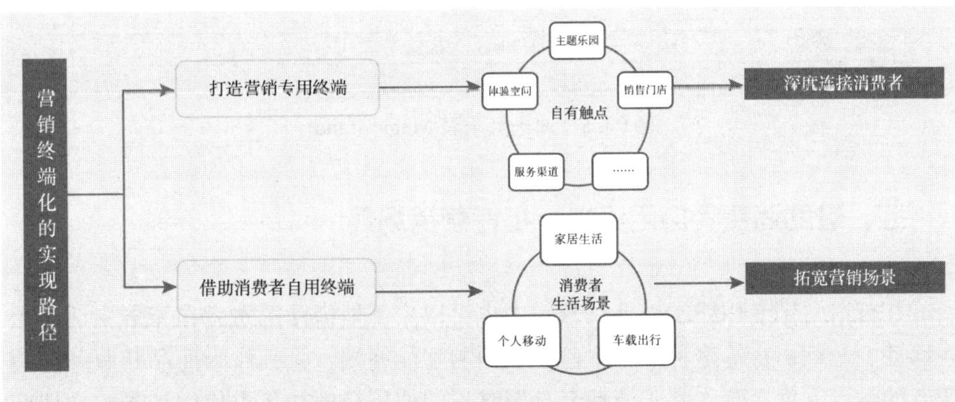

图 9－4 营销终端化的实现路径

一、打造渠道的营销专用终端，深度连接消费者

营销空间（销售门店、主题乐园、服务渠道等）是消费者与品牌沟通的重要场所，也是商品与消费者建立关系的结点。因此，可以通过打造营销专用的终端

来优化这一营销空间的运营效率。

具体而言，营销人员应当深刻洞察与消费者在这些终端触点中的沟通情况，基于消费者的需求与痛点，借助智能终端为消费者提供独特的产品或服务的体验，增强消费者与品牌的粘性，加强与消费者的沟通，为实现销售转化提供更多可能。

如迪士尼乐园为游客打造了一种专属的内置蓝牙和RFID技术的智能可穿戴设备Magic Band，目前已有两代产品面世。它既可以是一款迪士尼周边，也是一个专为迪士尼乐园设计的智能终端，可实现快速通过、支付、身份认证、累积积分等功能，也能收集游客的具体信息，从而进一步为游客提供个性化的体验。借助智能手环，迪士尼为游客提供了极大的便利性，优化了游客的游玩体验，从而建立与品牌的深度连接（见图9-5）。

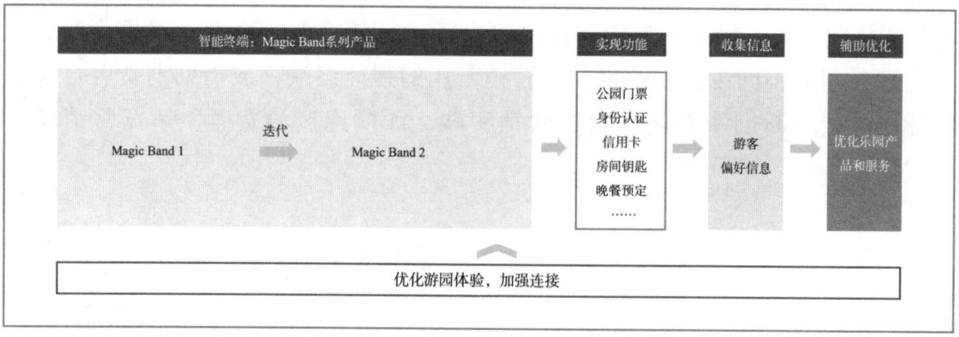

图9-5 迪士尼乐园 Magic Band

二、借助消费者自用终端，拓宽营销场景

在打造营销专用终端以外，营销中也可以广泛地借助消费者在家居生活、个人移动、车载出行等多种场景中已经使用的智能终端，将其作为商品和服务与消费者的触点深度运营，基于消费者自用终端的使用规模和各类使用场景，构架商品跟消费者的多种沟通、体验、销售、服务的通道，从而拓宽营销场景，与更多的消费人群建立连接。

如Food Network借助Amazon Alexa为观众提供独家语音服务，观众可以向Alexa询问每一集的菜谱。美食频道通过Alexa拓宽了自身的传播范围（见图9-6）。

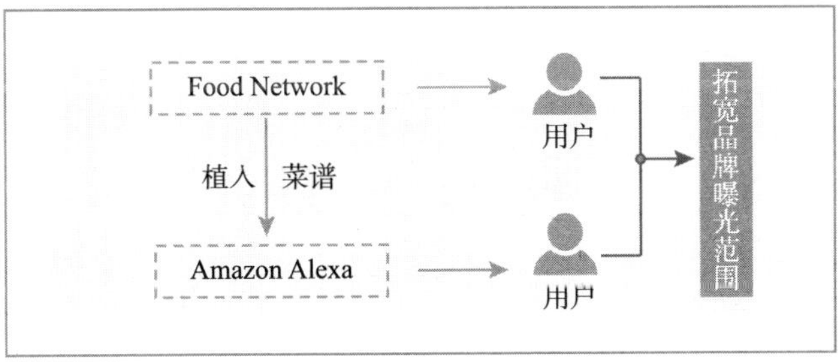

图 9－6 Food Network 借助 Alexa 拓宽营销场景

参考文献

［1］Diana Pearl，岳璐．全球营销大师们的关注点都在哪儿？［J］．国际品牌观察，2020（34）：40－42.

［2］常耀中．先进性或稳定性：华为公司供应链替代决策［J］．企业经济，2020，39（11）：83－90.

［3］陈苏城，周艳．肯德基中国：快餐巨头的创新营销驱动战略［J］．国际品牌观察：媒介，2020（5）：34－41.

［4］崔鹏，王攀．张磊：与时间交朋友的人［J］．中国企业家，2020（12）：34－44＋42.

［5］崔阳阳．BarkBox——基于D2C的宠物用户订阅电商品牌［J］．国际品牌观察：媒介，2020（11）.

［6］崔阳阳．完美日记：DTC的中国样板［J］．国际品牌观察：媒介，2020（11）.

［7］高璐．蒙牛冰淇淋聚焦品牌高端化［J］．成功营销，2017（Z1）：40.

［8］观海．“找茬”戛纳，展望未来——访碚曦投资协作体创始人李倩玲（Bessie Lee）［J］．中国广告，2019（8）：50－52.

［9］胡睿忱．亚马逊：打通线上线下的新零售布局［J］．国际品牌观察：媒介，2021（2）.

［10］克里·史密斯．体验式营销［M］．黄巍译．人民邮电出版社，2017.

［11］李碧雯．“人狠话不多”的朱啸虎：我只是点了一个导火索［J］．中国企业家，2020（2）：29－35.

［12］李及言，陈苏城．欧莱雅：国际美妆品牌的社会化、数字化布局［J］．国际品牌观察：媒介，2020（5）：47－52.

［13］梁潇．浅析杜蕾斯官微的运营之道［J］．视听，2015（10）：151－152.

［14］林沛杰．孩子王：母婴领域的数字化全渠道服务商［J］．国际品牌观察：媒介，2020（11）.

[15] 刘星. 中国创新红利正形成 [J]. 商业观察，2019 (6)：84 -85.

[16] 娄钟元. 关于营销变革与创新方向，业界大咖的观点分享 [J]. 国际品牌观察：媒介，2017 (11).

[17] 马涛. 重构人与车的连接，移动互联时代的汽车营销变革——对话行圆汽车创始人，董事长兼 CEO 邵京宁 [J]. 国际品牌观察媒介，2017 (11).

[18] 马涛，周艳. 营销进化的六个题中之义 [J]. 国际品牌观察：媒介，2017 (11).

[19] 玛丽娜·戈尔比斯. 社交经济：新商业的本质 [M]. 张琪译. 北京联合出版有限公司 2017.

[20] 聂乃知. 内容 IP：营销活动的新能量源 [J]. 国际品牌观察：媒介，2017 (11).

[21] 潘子卿. 埃森哲互动：体验营销代理商 [J]. 国际品牌观察：媒介，2021 (2)：56 -60.

[22] 山岸纪宽. 电通安吉斯内容与技术双管齐下 [J]. 成功营销，2016 (Z1)：36.

[23] 十三届全国人大第二次会议开幕会政府工作报告，2019 -3 -5.

[24] 史航. Webpower 谢晶：十年转型之路 [J]. 成功营销，2016 (Z2)：52 -53.

[25] 谭爽，王亚娜. 越年轻越娱乐 动员了半个娱乐圈的“年轻的选择”2016 优酷盛典 [J]. 成功营销，2016 (12)：26 -27.

[26] 王波. 基于信任思维构建强关系的实证研究——以“孩子王”营销模式为例 [J]. 技术经济与管理研究，2017 (9)：73 -80.

[27] 王赛. 营销 4.0：从传统到数字，营销的“变”与“不变”——“现代营销学之父”菲利普·科特勒专访 [J]. 清华管理评论，2017 (3)：60 -64.

[28] 吴殿义. 产业变局中的汽车营销——专访行圆汽车创始人董事长兼 CEO 邵京宁 [J]. 国际品牌观察：媒介，2019 (10)：58 -61.

[29] 吴殿义，龙思薇. 进入营销的纵深领域——专访聚胜万合总经理何微子 [J]. 国际品牌观察：媒介，2020 (5)：61 -63.

[30] 吴殿义，周艳. 数字化营销工具在图书营销中的发展与应用研究 [J]. 出版发行研究，2021 (3)：61 -68.

[31] 吴凤颖，龙思薇，甘玲. 人、货、场、内容：营销一体的新要素与新玩法 [J]. 国际品牌观察：媒介，2019 (10)：30 -35.

[32] 吴倩，关瑶，陈可缨. 结点：传播和销售结合的“最后一公里” [J].

国际品牌观察（媒介），2019（10）：51－57.

［33］吴倩，张泽群，龙思薇．品效合一，主流品牌如何玩转短视频营销？［J］．国际品牌观察：媒介，2019（8）：50－55.

［34］吴倩，周艳，龙思薇．激发内容生命力——专访传立中国创新内容董事总经理王柏麟［J］．国际品牌观察．媒介，2020（5）：53－56.

［35］吴声．超级IP：互联网新物种方法论［J］．中国商界，2016（7）：122.

［36］亚马逊137亿美元收购美国最大的食品超市全食超市［N］．中国证券报，22017－6－19.

［37］尹西明，王新悦，陈劲，李纪珍，戴蕙阳．贝壳找房：自我颠覆的整合式创新引领产业数字化［J］．清华管理评论，2021（Z1）：118－128.

［38］张汛．用广告引领品牌的首席创意官　专访阳狮集团中国区主席兼首席创意官郑以萍女士［J］．声屏世界·广告人，2017（4）：17，18－20.

［39］张泽群．“支付国家队”的营销之道［J］．国际品牌观察：媒介，2020（5）：42－46.

［40］张泽群，吴倩，吴殿义．如何“直接”面向消费者——海外D2C企业的探索VS快手的D2C价值［J］．国际品牌观察：媒介，2019（8）：56－61.

［41］周晓琳，陈苏城．本土4A的品牌营销增长战略——专访英扬传奇董事长吕曦［J］．国际品牌观察：媒介，2020（5）：57－60.

［42］周艳，马涛，陈钦钦，张菁芮，尚晓东．快手“社交＋”催生营销新物种［J］．国际品牌观察：媒介，2019（8）：24－31.

［43］周艳，吴殿义．新营销变革全景［J］．国际品牌观察：媒介，2020（5）：26－33.

［44］周艳，吴殿义，关瑶．矛盾与回应：六问新营销［J］．国际品牌观察：媒介，2019（10）：26－29.

［45］周掌柜．为什么大企业总是需要“危机公关”？［J］．公关世界，2019（3）：28－31.

［46］朱容州，王仁铎，亢得霖．社交裂变的价值与路径［J］．国际品牌观察：媒介，2019（10）：44－50.

［47］朱晓培．云集CEO肖尚略：数字化、共享化致敬传统零售［J］．互联网经济，2019（6）：56－61.

［48］左志新．共建媒体融合新生态——访澎湃新闻总裁、总编辑刘永钢［J］．传媒，2019（15）：9－11.

后　记

市场环境瞬息万变，营销从来都要求创新，也因此新概念总是容易激起热烈的讨论。但市场变化背后，自有根源和联结，探求变化的脉络，以进一步获得对全局的观察、形成趋势判断，是新营销课题的初心，对企业、媒体、渠道、代理公司、数据服务公司、社群主、消费者等的访谈，就此成为新营销课题组的日常功课。

从 2017 年开始，新营销课题已经持续进行了四个年头，推出了三个系列的研究。

在新营销 1.0 的研究中，我们关注到营销分离的痛点、行业对传播和销售一体化的需求，梳理了营销在内容组合、传播分发、销售促进等领域的创新探索。

在新营销 2.0 的研究中，我们提出了“人 + 货 + 场 + 内容”的新营销四要素，并且提出了新营销的内容赋能、利益激励、社交裂变、经纪人承接、结点落地等五个方面的实操策略的升级。过去单纯卖货、营与销分离操作的模式已难以为经营提供持续动力。必须着眼于构建更有效的用户连接关系，实施营销一体化变革；高效获取用户、维系用户、服务用户，形成用户运营的良性闭环，从而全面升级商业效率。营销一体的实施，需要从思维框架上整体升级“人、货、场、内容”的营销要素和组合机制，同时需要在实操落地中应用各种新方法、实现从营到销多环节效果的整合协同。

进入到新营销 3.0，我们提出了传播与销售一体化、品牌力 + 互动力 + 销售力协同的组合目标，从营销技术底层变革、营销运营流程创新的视角，介绍了 DTC 模式创新、营销技术与营销工具支持、营销内容的精细化运营、导向营销一体的“人立方”矩阵、渠道的社交化升级、终端的营销应用等新现象，并对欧莱雅、亚马逊、孩子王、快手、埃森哲互动、甲骨文等角色进行深度解析，多维度展开了一幅新营销全景图。

连续四年的观察、记录、分析和整理，研究团队始终保持对现象的关切、对概念的冷静、对一线的尊重和对方法的坚持。新营销的课题研究从 1.0 到 3.0，为大家展开了一幅新的营销图景。我们将四年的研究整理、打通，最终汇聚成这本《新营销变革与趋势》的著作。

新营销是流动的，在经济、技术、产业……诸多因素交叠驱动之下，呈现出复杂的面貌。尽管我们的视野不断延展，篇幅不断扩张，也难以在一部书中将一切营销细节尽形描绘，而只能选择新营销中的最强音，与业界、学界相互印证。

在此感谢所有参与和支持调研的企业和营销代理公司，感谢为我们提供智力支持的专家学者，感谢那些与我们交流分享的社群群主、种子用户和普通消费者。正是新营销的众多创新实践，提供了最富价值的思想源头，相信未来会有更多共识者加入，持续完善新营销体系。

我们也将继续探索，希望与业界伙伴们一起，不断拓展营销的视野，探索、印证新的营销之道。

周　艳
2021 年 1 月 1 日